2/94

México

Visto por ojos extranjeros

Through Foreign Eyes

CARL LUMHOLTZ

Muchacha tarahumara, 1892

Tarahumara girl, 1892

MÉXICO

Through Foreign Eyes

Visto por ojos extranjeros

1850–1990

Edited by Carole Naggar and Fred Ritchin

Produced in collaboration with Pilar Perez and Associates

New York   W. W. NORTON & COMPANY   London

To Pedro Meyer, Mexican photographer, this book's inspiration

Dedicación a Pedro Meyer, Méxican fotografo, la inspiración para este libro

This book has been made possible by a generous grant
from Banco Nacional de México (BANAMEX).

First Edition

The text of this book is composed in Electra
with the display set in Mixage Book and Medium
Composition by Trufont Typographers, Inc.
Manufacturing by Arnoldo Mondadori Editore, Verona, Italy
Book design by Hugh O'Neill
Visual sequencing by Carole Naggar
Library of Congress Cataloging-in-Publication Data

Mexico through foreign eyes : photographs, 1850–1990 / edited by
Carole Naggar and Fred Ritchin.
    p.   cm.
"Produced in collaboration with Pilar Perez and Associates."
ISBN 0-393-03473-9
    1. Mexico—Pictorial works.   I. Naggar, Carole, 1951–
II. Ritchin, Fred.
F1208.M622   1993
972.08′022′2—dc20   92-36919
                                          CIP

ISBN 0-393-03473-9

W. W. Norton & Company, Inc., 500 Fifth Avenue, New York, N.Y. 10110
W. W. Norton & Company Ltd., 10 Coptic Street, London WC1A 1PU

1 2 3 4 5 6 7 8 9 0

Tabla de contenido   # Table of Contents

AUBERT DE LA RÜE
Volcán, El Paricutín, s.f.
Paricutin Volcano, n.d.

Prefacio del Redactores

Editor's Foreword

Los fotógrafos, criaturas del mundo visible, tienen una larga tradición de viajar a lo ancho y a lo lejos, en busca de estímulos, de emociones y de revelación. Para el fotógrafo peregrino, quizás no haya país en la historia de siglo y medio de la fotografía, que tenga la consistente fascinación y que haya sido el lugar de tantos descubrimientos artísticos come México.

Henri Cartier-Bresson, el innovador fotógrafo de las calles, floreció como un magistral surrealista en los años de 1930, en México, antes de afirmarse en la postura de un foto reportero cuasi realista. El "Mexican Portfolio" del americano Paul Strand es la joya espiritual en el trabajo de toda su vida; La carrera breve pero intensa de la fotógrafo (y activista política) la italiana Tina Modotti, tuvo su formación en México; Edward Steichen, ese dechado de la fotografía en blanco y negro, del mundo de la moda y del retratismo, tomó sus primeros retratos en 35 mm a color en ese país; Helen Levitt, tan cómoda en las calles de Nueva York, hizo su único viaje al exterior, en gira fotográfica, a México, en 1941. Y en años más recientes, tales fotógrafos como el sicólogo infantil sueco, Kent Klich, el colorista americano Alex Webb y el fotoperiodista iraní Abbas, han encontrado en el pueblo de México, su cultura y su luz, mucho de su inspiración definidora.

También ha habido exploradores que vinieron en el siglo diecinueve, ávidos de retratar las riquezas de México para llevarlas a sus soberanos extranjeros; algunos encantados con sus ruinas; otros retratando pueblos indígenas. Las clases de fotógrafos que vinieron, reflejaban, generalmente, las sociedades que los producían, así como los movimientos fotográficos dominantes en las varias etapas. Algunos, como la alemana Gertrude Blom, que ha vivido por décadas con los indios tarahumaras, lo hizo para quedarse; otros, como el americano Marc Cohen, autor de un libro *Five Minutes in Mexico* (Cinco Minutos en México)—basado en trabajos hechos en tres viajes—han venido y se han ido, percatados de la imposibilidad de apreciar la complejidad de México, en menos tiempo que en una vida.

Miles de fotógrafos no incluídos en este volumen, han trabajado también en México, pero no era posible representar a cada uno de ellos, ni siquiera, con la tan pequeña cantidad de imágenes hechas por los fotógrafos que se incluyen. El criterio usado fue el de seleccionar de entre aquellos para lo cuales México representó una autoiniciación con el gran encuentro, no tan sólo y simplemente el objeto de una encomienda hecha por un medio publicitario u otra organización, o en el caso del viajero desinteresado que "venía de paso."

Photographers, creatures of the visible world, have a long tradition of traveling far and wide in search of stimulation, excitement, revelation. For the wandering photographer perhaps no country, over photography's century-and-a-half history, has had the consistent allure and been the site of so many artistic breakthroughs as Mexico.

Henri Cartier-Bresson, the innovative French photographer of the street, flowered as a masterful surrealist in Mexico in the 1930s before settling into the stance of a quasi-realistic photoreporter; the American Paul Strand's "Mexican Portfolio" is the spiritual jewel of his life's work; Italian Tina Modotti's brief but intense career as a photographer (and political activist) was shaped in Mexico; American Edward Steichen, the paragon of black-and-white fashion photography and portraiture, made his first 35 mm color pictures there; Helen Levitt, most comfortable on New York's streets, made her only photographic voyage abroad to Mexico in 1941. And, in more recent years, photographers such as Swedish child psychologist Kent Klich, American colorist Alex Webb, and Iranian photojournalist Abbas have found in Mexico's people, its culture, and its light much of their defining inspiration.

There had also been explorers who came in the nineteenth century, eager to portray Mexico's riches for foreign sovereigns; some entranced by its ruins; others depicting indigenous peoples. The kinds of photographers who came generally mirror the societies that spawned them as well as the photographic movements dominant at the various times. Some, like German Gertrude Blom who has lived for decades with the Tarahumara Indians, have come to stay; others, like American Mark Cohen, author of a book, *Five Minutes in Mexico* (based on work done over three trips), have come and gone, aware of the impossibility of appreciating Mexico's complexity in much less than a lifetime.

Thousands of photographers not included in this volume have also worked in Mexico, but it was not possible to represent everyone, nor even more than the smallest amount of the imagery made by the photographers who are included. The criteria we used was to select from among those for whom Mexico represented a self-initiated major

GERTRUDE BLOM
Ruinas de Lacanjá, K'in Obregón, (Lacondón), 1961
Ruins of Lacanjá, K'in Obregon, (Lacondon), 1961

También decidimos limitar el libro esencialmente a fotógrafos de Europa y de Estados Unidos, quienes representan, en mucho, el mayor número de fotógrafos que han visitado México, tanto para aquellos con medios económicos como para los que sintieron el llamado "del otro." Esto no significa menospreciar a nadie, pero es una forma de hacer destacar los problemas y las resoluciones potenciales de ciertas barreras culturales. Cómo los fotógrafos del sur ven al norte más industrializado, sería también de gran interés y sin duda, será el objeto de muchos futuros volúmenes. De hecho, este es el material de trabajo de unos de los más finos fotógrafos de México, Pedro Meyer, que más que nadie, es responsable por traer este proyecto desde la idea hasta su realización.

Finalmente, sin embargo, este libro es un tributo a México, a su tierra, su poderío histórico conmovedor que enriquece su presente, su pueblo y su multifacético y profundo abrazo del espíritu. Este libro y la exhibición que lo acompaña, no es un intento de documentar cuidadosamente la sociedad mejicana, sino exponer en qué forma tantos se han representado en sus visiones ese país y en las varias formas que han sido inspirados por él. En esa dirección y hasta qué medida han conseguido ver lo que allí existe, penetrar en ese espejo que todos llevamos y donde miramos la autoreferencia cultural, es lo que permanece como una ardiente interrogación.

CAROLE NAGGAR
FRED RITCHIN

encounter, not simply the subject of an assignment given by a periodical or other organization nor a disinterested "passing through."

We also chose to limit the book essentially to photographers from Europe and the United States, who represent by far the greatest number of photographers who have visited Mexico, both due to financial means and the pull of the "other." This is not meant to slight anyone else, but is a way to highlight the problems and potential resolutions of certain cultural barriers. How photographers from the South look at the more industrialized North would also be of great interest, and undoubtedly will be the subject of many future volumes. In fact, this is the subject of the work of one of Mexico's many fine photographers, Pedro Meyer, who more than anyone else is responsible for bringing this project from idea to actuality.

Finally, however, this book is a tribute to Mexico, to its land, its powerful histories constantly roiling and enriching its present, its people and their multifaceted, profound embrace of the spirit. This book, and the exhibition which accompanies it, are not an attempt to carefully document modern Mexican society, but to sample how so many have envisioned the country and in various ways been inspired by it. To what extent they have managed to see what's there—to pierce the self-referential cultural looking glass we all carry around with us—remains the burning question.

CAROLE NAGGAR
FRED RITCHIN

Reconocimientos

Acknowledgments

Un extraordinario número de personas en México, los Estados Unidos y Europa han contribuído generosamente con su tiempo, su entusiasmo y su experiencia en apoyo de este libro y de la exhibición que lo acompaña. Nadie ha ayudado más que Pilar Pérez, infatigable e ingeniosa, que ha tenido que ver con una miriada de personas e instituciones, para segurar las fotografías e información pertinente para este proyecto, trayendo un sinnúmero de nuevas ideas. Sus colegas en Pilar Pérez & Associates, Noreen Becker and Michele Pérez, son merecedoras de un enorme agradecimiento también.

Víctor Flores Olea, un fino fotógrafo, como Ministro de Cultura de México, desde un principio acogió con entusiasmo este proyecto, brindando una elocuente introducción. Pedro Meyer se propició como su iniciador, haciendo tanto como humanamente le fue posible para ver realizado este empeño. Gracias especiales merece Ray DeMoulin de la División de Fotografía Profesional de Eastman Kodak, por haber contribuído la generosa donación inicial que hizo posible este proyecto en cualquier sentido práctico. También merece nuestra profunda gratitud el Banco Nacional de México (Banamex) que proveyó la asistencia financiera que hizo que este libro fuese una realidad.

Tres individuos muy capaces y de fino humor, que ayudaron en los aspectos de la investigación fotográfica fueron Eniac Martínez, en México; Peter Samis y Esther Samra en los Estados Unidos. Wendy Byrne, Stacy Apikos-Boge y Jane Marsching contribuyeron con su técnica en el diseño de este volúmen. Un número de expertos compartieron libremente sus conocimientos de las fuentes informativas, incluyendo a Olivier Debroise, Jean-Claude Lemagny, Jay Oles, Pablo Ortiz Monasterio, Naomi and Walter Rosenblum, Phillipe Roussin, Mariana Yampolsky y Trischa Ziff. Max Kozloff puso lo suyo con su capacitada redacción. Suzanne Nichols y Fred Robertson realizaron hábiles reproducciones fotográficas. Henri Cartier-Bresson, Faith Hampton Childs, Nina Felshin y Marion Kahan, Patricia Lowinsky, Barry Norris, Jonathan Reff, Mel Rosenthal, Jane Thai y Jefferey Schwartz, trajeron su generosa ayuda en una variedad de formas. Hay otros que del mismo modo, aunque anónimamente, se les agradece sinceramente, y de la misma manera.

An extraordinary number of people in Mexico, the United States and Europe gave generously of their time, enthusiasm and expertise in support of this book and the exhibition that accompanies it. No one helped more than Pilar Perez, indefatigable and resourceful, who dealt with myriad individuals and institutions to secure the photographs and allied information for this project, and came up with a host of new ideas. Her colleagues at Pilar Perez & Associates, Noreen Becker and Michele Perez, are deserving of enormous thanks as well.

Victor Flores Olea, a fine photographer himself, as Mexico's Minister of Culture enthusiastically embraced this project from the very beginning and provided an eloquent introduction. Pedro Meyer served as its initiator, doing as much as was humanly possible to see that this project be realized. Ray DeMoulin of Professional Imaging, Eastman Kodak Company deserves special thanks for providing the initial, generous grant that made this project possible in any practical sense. The Banco Nacional de México (Banamex), which then provided the financial assistance that made this book a reality, also deserves our deep gratitude.

Three very capable and good-humored individuals aided in aspects of the photographic research—Eniac Martinez in Mexico, Peter Samis and Esther Samra in the United States. Wendy Byrne, Stacy Apikos-Boge, and Jane Marsching provided expertise for the design of this book. A number of experts freely shared their knowledge of sources, including Olivier Debroise, Jean-Claude Lemagny, Jay Oles, Pablo Ortiz Monasterio, Naomi and Walter Rosenblum, Philippe Roussin, Mariana Yampolsky, and Trisha Ziff. Max Kozloff pitched in with his extraordinary editing skill. Suzanne Nichols and Fred Robertson skillfully made photographic reproductions. Henri Cartier-Bresson, Faith Hampton Childs, Nina Felshin and Marion Kahan, Patricia Lowinski, Barry Norris, Jonathan Reff, Mel Rosenthal, Jane Tai, and Jeffrey Schwartz, provided generous assistance in a variety of ways. There are many others as well who, although anonymous, are thanked no less sincerely.

Without the help of the following organizations and individuals, neither the book nor exhibition would have been possible: Barbara Mathe, Jackie Beckett, American Museum of Natural History; Anthony Montoya, Aperture Foundation, Inc., Paul Strand Archive; Pierre Bonhomme, Sylvie Cohen, Association Francaise pour la Diffusion du Patrimonie Photographique, Paris; Margaret Bret-Harte and Barbara Sheldon, Arizona Historical Society; Roy

Sin la ayuda de las siguientes organizaciones y personas, ni este libro ni la exhibición hubiesen sido posibles: Bárbara Mathe, Jackie Beckette, American Museum of Natural History; Anthony Montoya, Aperture Foundation, Inc.; Paul Strand Archive; Pierre Bonhome, Sylvie Cohen, Association Francaise pour la Diffusion du Patrimonie Photographique, Paris; Margaret Bret-Harte y Barbara Sheldon, Arizona Historical Society; Roy McJunkin, California Museum of Photography, University of California, Riverside; Claude Baillargon y Marie-Agnes Benoit, Canadian Center for Architecture; Dianne Nielsen y Terence Pitts, Center for Creative Photography; Robert Mann, FotoMan, Inc. New York; Eliazar López Zamora, Fototeca del Instituto Nacional Archivo Histórico, Pachuca, México; Donald Anderle, Frances Terpak y Jeanine Flavell, del Getty Center for the History of Art and Humanities; Andreas Brown, Gotham Books, New York; Howard Greenberg, Howard Greenberg Gallery, New York; Yvonne Smith, Nita Stewart-Haley, Memorial Library; José Manuel del Val Blanco, Instituto Nacional Indigenista, Ciudad México; Susan Kismaric y Nicole Friedler, Photography Department, Museum of Modern Art, Nueva York; Katharine S. Bassney, International Museum of Photography at George Eastman House; Andrea Hales, del J. Paul Getty Museum; Roberto Grubo, André Kertesz Estate; Catherine Chermayeff, Agnes Sire, Tina Tryforos, Magnum Photos; Erika Billiter, Musée Cantonal des Beaux Arts; Karen Zukowski, Olana State Historic Site, New York; Linda Fisk, Pace McGill Gallery, Nueva York; Roy Flunkinger y Andrea Inselmann, The Harry Ransom Research Center; Dr. Lou Casagrande, The Science Museum, de Minnesota; Kathleen Grosset, Rapho, Paris; Paul J. Vanderwood, University of California, San Diego.

Estamos especialmente agradecidos a los muchos que han hecho préstamos y que han compartido con el público internacional las fotografías de esta exhibición. Sus nombres aparecen en la "Lista de Prestaciones."

Agradecemos a los siguientes individuos e instituciones por la presentación de esta exhibición: Cristina Gálvez Guzzy, Museo de Arte Contemporáneo Internacional Rufino Tamayo, Ciudad México; Miguel Cervantes y Fernando Trevino Lozano, Museo de Arte Contemporáneo de Monterrey, México; Cornell Capa y Willis P. Hartshorn, International Center of Photography, Nueva York.

Jim Mairs, de W. W. Norton, desde temprano, vio el potencial de este proyecto como el de un libro y entusiásticamente ha logrado llevarlo a realidad cumplidamente. Estamos muy obligados con ellos.

México a Través de Ojos Extraños, ha sido posible por medio de generosas donaciones de la COMPAÑIA EASTMAN KODAK y del BANCO NACIONAL DE MEXICO (BANAMEX.)

McJunkin, California Museum of Photography, University of California, Riverside; Claude Baillargon and Marie-Agnes Benoit, Canadian Center for Architecture; Dianne Nielsen and Terence Pitts, Center for Creative Photography; Robert Mann, FotoMan, Inc., New York; Eliazar Lopez Zamora, Fototeca del Instituto Nacional Archivo Histórico, Pachuca, Mexico; Donald Anderle, Frances Terpak, and Jeanine Flavell, the Getty Center for the History of Art and the Humanities; Andreas Brown, Gotham Books, New York; Howard Greenberg, Howard Greenberg Gallery, New York; Yvonne Smith, Nita Stewart-Haley Memorial Library; José Manuel del Val Blanco, Instituto Nacional Indigenista, Mexico City; Susan Kismaric and Nicole Friedler, Photography Department, Museum of Modern Art, New York; Katharine S. Bassney, International Museum of Photography at George Eastman House; Andrea Hales, the J. Paul Getty Museum; Robert Grubo, André Kertèsz Estate; Catherine Chermayeff, Agnes Sire, Tina Tryforos, Magnum Photos; Erika Billeter, Musée Cantonal des Beaux-Arts; Karen Zukowski, Olana State Historic Site, New York; Linda Fisk, Pace McGill Gallery, New York; Roy Flunkinger and Andrea Inselmann, The Harry Ransom Humanities Research Center; Dr. Lou Casagrande, The Science Museum of Minnesota; Kathleen Grosset, Rapho, Paris; Paul J. Vanderwood, University of California, San Diego.

We are especially grateful to the many lenders who have shared photographs with the international audience on this exhibition's tour. Their names appear in the List of Lenders.

We thank the following individuals and institutions for the presentation of this exhibition: Cristina Galvez Guzzy, Museo de Arte Contemporaneo Internacional Rufino Tamayo, Mexico City; Miguel Cervantes and Fernando Trevino Lozano, Museo de Arte Contemporaneo de Monterrey, Mexico; Cornell Capa and Willis P. Hartshorn, International Center of Photography, New York.

Jim Mairs at W. W. Norton saw the potential of this project as a book early on, and with Hugh O'Neill, Eve Picower, and Cecil Lyon, brought it to fruition. We are most indebted to them.

Mexico Through Foreign Eyes has been made possible through generous grants from the EASTMAN KODAK COMPANY and BANCO NACIONAL DE MÉXICO (BANAMEX).

SYLVIA PLACHY
Muchachas escolares de Coyoacán, Ciudad de México, 1987
Coyoacán School Girls, Mexico City, 1987

Una Revelación

A Revelation

VÍCTOR FLORES OLEA

Para reunir esta serie de fotografías Fred Ritchin y Carole Naggar han debido *elegir* entre varias opciones (de la misma manera en que lo hace el fotógrafo a través del visor); afortunadamente decidieron por el *juego de las formas* y, a través de ese juego, por el alumbramiento de lo desconocido; es dicir, por la alternativa plástica, por la calidad artística de las imágenes, evitando la tentación de la antropología, de la documentación histórica y social o del *folklorismo* en el que incurre frecuentemente el apresurado viajero. Por supuesto puedo imaginar que, en la exhaustiva investigación que llevaron a cabo, debieron encontrar el justo balance entre épocas, la armonía entre perspectivas y estilos, equilibrando así su conocimiento de México, su gusto por los grandes autores y el placer de una estética especialmente refinada en el campo de la fotografía.

Naturalmente, cuando hablo del *juego de las formas* deseo hacer el más alto elogio posible a esta colección: en ella no se pretende *ilustrar* ningún aspecto de la vida y la historia de los mexicanos, sino más bien presentarnos la relaboración artística, la comprehensión emotiva, cristalizada en imágenes, que algunos de los más grandes artistas de la fotografía en el siglo XX han tenido a lo largo de su contacto con México, de su vida en México, de su conocimiento de México. No se trata pues de *narrar* sino de encontrar e iluminar la combinación de las formas y las perspectivas, de la existencia que cobra su apariencia necesaria, la figura que le da vida a la idea, una cierta manera de ver el mundo que se refugia detrás de las máscaras; esa honda realidad escondida y desconocida que sólo el arte es capaz de alumbrar. Por eso este libro es más que un testimonio: es una revelación, una iluminación.

También es un acierto el nombre que se ha elegido para la muestra: *la fascinación del otro*. Pero no sólo en el sentido de que la mirada artística queda atrapada por la *originalidad* en que se expresa una vida insólita, nunca vista antes por el observador, sino en aquel otro más profundo en que el objeto de la mirada (México, los mexicanos) nos encontramos también a nosotros mismos reflejados en la mirada del *otro*, nos descubrimos en su pupila, en el espejo de la otra alma que acecha.

In bringing together this group of photographs, Fred Ritchin and Carole Naggar have had to *choose* their images in the same way that a photographer uses his lens to choose his picture. Fortunately, their selection emphasizes an *interplay of forms*; thereby revealing the unknown. That is to say, they have opted for an approach that underscores the artistic quality of the photographs and avoids an anthropological tendency to highlight historical and social documentation, or the kind of folklore that is tempting to a hurried traveler. I am certain that in their exhaustive search for material they had to find the right balance between periods, harmony between perspective and style, thus tempering their knowledge of Mexico, their preference for certain great writers, and an enthusiasm for an especially refined aesthetic in the photography field.

Naturally, when I talk about an *interplay of forms* I pay the highest possible compliment to this collection. Rather than *illustrate* any particular aspect of the life and history of Mexicans, it offers us an artistic reworking, an emotional comprehension, crystallized in images, which some of the greatest photographers in the twentieth century have possessed throughout their contact with Mexico, their life in Mexico, and their understanding of Mexico. This book, then, does not *narrate*, but instead finds and illuminates a combination of forms and perspectives, an existence that survives its necessary appearance, a figure that enlivens an idea, a certain manner of seeing a world that takes refuge behind masks—that deep hidden and unknown reality that only art is capable of revealing. As such, this book is more than testimony: it is revelation, illumination.

The title given to this collection, *Mexico Through Foreign Eyes*, is also appropriate. Not only because the artistic vision is captured in the *originality* of an extraordinary life never before seen by the observer, but also by that other more profound entity, the object of vision: Mexico and Mexicans. We find ourselves reflected in the vision of the *foreign other*, we discover ourselves in his pupil, in the mirror of his watching soul.

I don't believe I am exaggerating by saying that one of the constant traits of the Mexican soul has been its *fascination* for the very life reflected in that mirror. Historically we have spied upon ourselves, revealed ourselves, and been stripped bare in that mirror, at times seeing characteristics we do not like, and other times seeing virtues that flatter our vanity. In any case, under the other's watchful eye, we rid ourselves more easily of the masks that cover us, and remain at the mercy of that illusion, that conscience. And so we have always very punctually learned the lessons

En efecto, no creo exagerar al decir que uno de los rasgos constantes del alma mexicana ha sido el de su *fascinación* por la propia vida reflejada en ese espejo. Históricamente, allí nos hemos espiado y abierto, desnudado, encontrándonos a veces atributos que no nos gustan, otras espiándonos complacidos por las virtudes que hallamos en ese modelo y que halagan nuestra vanidad. En todo caso bajo la mirada del otro nos despojamos más fácilmente de la máscara que nos encubre y quedamos a merced de la propia ilusión, del la propia conciencia. Por eso hemos sido siempre tan puntuales en registrar las enseñanzas y los testimonios que, sobre nosotros mismos, nos han entregado los ojos extranjeros, las sensibilidades ajenas, desde los conquistadores y frailes españoles del siglo XVI hasta Einsenstein, Cartier-Bresson, Luis Buñuel y Malcolm Lowry, pasando por Alejandro von Humboldt y la condesa Calderón de la Barca.

Son muchas las miradas que nos han cruzado. Yo prefiero las que nos reconstruyen *estéticamente*, aquellas que nos recrean en la *forma*, en las perspectivas, en los volúmenes, en los colores, en las aristas, en las luces y en las sombras. Me interesan menos sin duda las que contienen un juicio moral o una opinión sobre los modos de vida. No porque tenga miedo al juicio adverso, sino porque sé que casi siempre tiene su raíz en particulares ideosincracias o intereses. En cambio el arte es siempre *desinteresado, hallazgo, revelación*, no sólo punto de vista o dictamen ético. Y, en primer término, siempre es encuentro consigo mismo, descubrimiento del propio ser y sustancia.

A lo largo de la historia ha variado tremendamente la calidad y la intención de las miradas sobre México, la recreación artística de nuestra vida individual y social. Al exotismo de los siglos de la Conquista y la Colonia siguió la *fascinación*, en el siglo XIX, por un México turbulento y recién llegado a la independencia. El avance técnico de la fotografía estimuló la verificación del paisaje mexicano, de su pasado monumental, de los rasgos característicos de nuestras etnias. Esa *fascinación* y atractivo culminó con la tormenta de la revolución mexicana, en que literalmente hizo explosión uno de los aspectos más enigmáticos y seductores del país: una fuerza plástica y un poder visual singulares y hasta misteriosos. No se trataba únicamente de las masas de los rebeldes luchando por tierra, justicia y democracia, y de sus legendarios héroes, sino que se trataba de un país que al mismo tiempo que buscaba la modernidad futura procuraba rescatar y reivindicar, valorar, su pasado histórico, sus raíces ancestrales. No sólo indagar su porvenir sino su pasado, no sólo la posibilidad urbana e industrial puesta enfrente sino la cultura autóctona y rural puesta atrás, la variedad de sus expresiones populares, el significado y la fuerza de su tradición. Las revoluciones del siglo XX generalmente han negado el pasado, oponiéndose a él y tratando de desmontarlo, desaparecerlo; la originalidad de la revolución mexicana, tal vez única en la historia del planeta, consistió en buscar

and testimonies about ourselves that foreign eyes have revealed to us—foreign sensibilities from the conquistadors and Spanish friars of the sixteenth century, to Eisenstein, Cartier-Bresson, Luis Buñuel, and Malcolm Lowry, to Alexander von Humboldt and the Countess Calderón de la Barca.

We have met with many gazes. I, personally, prefer those that have aesthetically remade us, those that re-create us in form, in perspectives, in volumes, in colors, in angles, in lights and shadows. Less interesting to me are those that bear a moral judgment or opinion about our lifestyles. Not because I fear harsh judgment, but because I know that such opinions are almost always rooted in the observer's particular idiosyncrasies or interests. Conversely, art is always *disinterested, discovery, revelation*, not only point of view, or ethical opinion. It is always an encounter with oneself, the discovery of one's being and personality in the first place.

Throughout history, the quality and intention of these gazes on Mexico have varied tremendously in the artistic re-creation of our individual and social lives. This *fascination* existed during the centuries of conquest and colonization and into the nineteenth century, when a turbulent and newly independent Mexico emerged. The technological advances of photography encouraged the affirmation of our Mexican landscape, of its monumental past, and the characteristic traits of our ethnic roots. That *fascination* and attraction culminated in the turbulence of the Mexican Revolution, in which literally one of the most enigmatic and seductive aspects of the country exploded: an artistic force and an extraordinary, even mysterious visual power. It pertained not only to its legendary heroes, among them the masses of rebels fighting for land, justice, and democracy, but to a country that searched for its modernity as it tried also to reclaim and rescue its ancestral roots. It examined its future but also its past, not only its modern industrial possibilities but also its traditional autochthonous and rural culture as well as the variety of its popular expressions, the significance and force of its traditions. Generally the revolutions of the twentieth century have denied this latter aspect, opposing and trying to destroy the past or make it disappear. But the originality of the Mexican Revolution, perhaps unique in world history, consisted in looking for modern life by conserving at the same time the roots of a previous life. Rather than negate or conjure the past, it did the opposite: it celebrated, exalted, and returned to it in order to find its misplaced greatness, a solid cement that would be capable of forging the future. Surely this fascination derives from that tremendous *live* artistic force that Mexico has exercised not only over foreign eyes but

la vida moderna conservando al mismo tiempo las raíces de la vida anterior, no negando y conjurando ese pasado sino al contrario: celebrándolo, exaltándolo, volviendo a él para encontrar una extraviada grandeza que era necesario recuperar, un cimiento sólido que fuera capaz de fundar el porvenir. De allí seguramente esa fascinación, esa tremenda fuerza plástica *viva* que México ha ejercido no sólo sobre los ojos extranjeros sino también sobre los mexicanos, sobre nuestra propia sensibilidad: el vuelco social revolucionario en una mezcla humana de raíz ancestral y de decisión para secularizarnos, para modernizarnos. La revolución mexicana: un puente vivo entre la vieja sociedad campesina que abandonamos y el futuro país industrial y tecnificado que queremos encontrar.

Naturalmente, en una historia turbulenta como esa es muy fácil caer en la tentación de las apariencias, de la superficie más inmediata: el *folk*. Por eso la mirada, las miradas, sobre México han estado también muchas veces debilitadas y "corrompidas" por esa apreciación puramente *externa*, *superficial* que es el *folklor*, que se queda en la piel y en la cáscara, en la crudeza del contorno. Miradas no sólo de extranjeros sino también de mexicanos, por supuesto. Al trascender la superficie e ir al corazón escondido de lo nuestro la serie de fotografías que ahora se presenta es un documento excepcional, único en su género, por su fuerza y expresividad para penetrar en la raíz, en la esencia de México y los mexicanos. Para nosotros se convierte de golpe en un documento de valor pedagógico, en una enseñanza, en una revelación.

Por cierto, esta preocupación por una mirada más exacta y profunda sobre nosotros mismos, capaz de trascender el engañoso velo de la estampa externa, motivó en México una de las corrientes de pensamiento más interesantes del siglo XX: la reflexión sobre el *ser* del mexicano, esa realidad evidente y que sin embargo escapa a la vista, esa sustancia presente y ausente, invisible e inasible para cuya comprensión hemos necesitado también la mirada de los extranjeros. Tal reflexión filosófica ha continuado como preocupación de la historia y del arte mexicanos: no sólo nos interesa la investigación acerca de los sucesos, de los hechos de nuestros dramas históricos, sino el impulso para encontrar, detrás de los acontecimientos y las formas aparentes y más exteriores de nuestra vida social y de nuestra psicología, algo así como una sustancia enterrada y encubierta, una perla que escondiera más allá de su superficie nacarada nuestro verdadero ser y sustancia. En esta corriente se inscribe *El laberinto de la soledad* de Octavio Paz.

Decíamos que el conjunto de las fotografías de este libro apuntan hacia esa sustancia, al posible *ser* del mexicano: es decir, revelarnos un México más profundo, una coherencia más secreta e íntima, ciertas constantes y maneras de ser que nos distinguen de otras naciones y que no se ofrecen fácilmente, a la primera mirada. Tal vez únicamente se ofrecen a la mirada de los artistas, que trasciende siempre la apariencia de los fenómenos y reconstruye (constituye)

also over Mexicans, over our own sensibility (a social revolution mixing up ancestral roots and provoking a secularization in order for modernization to occur). The Mexican Revolution is a vital bridge between the old peasant society that we abandoned and the future industrial and technical country that we want to find.

Naturally, in such a turbulent history it is very easy to be tempted by appearances and what lies on the surface: *folk culture*. For that reason, the gazes on Mexico have also been many times weakened or "corrupted," by that purely external, *superficial*, appreciation that is *folklore*, which remains on the skin and the shell, in the roughness of contour. Gazes not only of foreigners but also of Mexicans, of course. By transcending the surface and going to the hidden heart of our culture, the series of photographs presented here is an exceptional document, unique in its category by virtue of its expressivity and ability to penetrate the core of Mexico and Mexicans. For us, it is suddenly converted into a document of pedagogical value, in a lesson, a revelation.

Of course, this preoccupation with the most exact and incisive view of ourselves, capable of transcending the deceiving veil of the external stamp, motivated in Mexico one of the most interesting currents of thought in the twentieth century: our reflection of the Mexican *being*, that evident reality, which nevertheless escapes view, that substance present and absent, invisible and ungraspable, for whose comprehension we have needed, too, the vision of foreigners. Philosophical reflection has continued to be a preoccupation of Mexican history and art: not only does it interest us inasmuch as it relates to the accomplishments and historical dramas, but also serves as an impulse to find, behind the most apparent or observed events, our society and psyche. Something like a buried substance, a pearl— our true being—which would be hidden beneath its nacreous surface. In this current lies the *Labyrinth of Solitude* by Octavio Paz.

This photograph collection underscores this essence, the possible *being* of the Mexican; that is to say, it reveals a Mexico that is more profound, and whose more secret and intimate coherence has certain constants and manners of being that distinguish us from other nations and are not easily understood at first glance. Perhaps they are uniquely discerned by the gaze of artists, a gaze that always transcends the appearance of things and reconstructs (constitutes) the intimate forms, the hidden forms of things: making the invisible visible and making the absent present. It is what this collection, united by great examples of the world's photographic art, does in the dimensions of discovery and

las formas íntimas, ocultas de las cosas: haciendo visible lo invisible y presente lo ausente. Es por ello que situamos a esta colección, integrada por grandes obras del arte fotográfico mundial, en la dimensión del descubrimiento y de la revelación, de la iluminación. Con ésto, naturalmente, no quiero decir que México sea país de una sola identidad, de una sola dimensión, de una sola fórmula para su hallazgo e invención. No hay un México sino muchos Méxicos, no existe una sola convergencia sino una multitud de líneas coincidentes. Por eso hablamos de arte y no de historia ni de moral.

México, país de abundates rostros y paisajes, de muchas identidades y dimensiones, de múltiples máscaras e inumerables ropajes divergentes. México, país que se esconde detrás de los altares y de los dioses. Esto significa que no tenemos un solo ser y una sola identidad, un solo semblante y rasgo, sino más bien una variedad de identidades y atributos que van apareciendo y se van revelando, algunas veces de golpe como en la fotografía, otras paulatinamente como en la historia, país no con una máscara sino con una multitud de máscaras, tiempos diferentes y niveles superpuestos de desarrollo, mezcla y combinación de etnias, pluralidad de eras y sensibilidades que coexisten; es decir, combinación de edades y condiciones humanas, pasiones, dolores y sentimientos inconfundibles y hasta opuestos: como en una sinfonía integrada por variadas voces concertadas, al mismo tiempo en armonía y en lucha. Hay entonces muchas formas de acercarse a este mosaico de sensibilidades que es México, a sus elementos constantes, a los signos permanentes de su vida. Esto seguramente explica la variedad de los paisajes, de los tipos y personalidades, de las condiciones sociales que nos presentan las fotografías aquí reunidas.

En nuestra tradición intelectual, al lado, o coincidente con el *ser* del país, habría entonces un México profundo, significándose con ésto que los hombres y las tierras de estas latitudes tienen una veta última definitoria de sus cualidades más ocultas pero también más permanentes. Descubrir esa constante permanente y enigmática ha sido una de las aspiraciones más intensas y reiteradas de la fotografía desde su nacimiento, en todas partes del mundo; no sólo detener el tiempo, sino cristalizar las esencias y revelarnos los elementos secretos, eternos, de los hombres, de las sociedades, de las civilizaciones, de la naturaleza. Como ocurre en el caso del par de zapatos de campesino de Vincent Van Gogh o en *The Americans* de Robert Frank. Éste conjunto de fotografías no podía renunciar a esa aspiración: quitar los velos al México profundo, revelar sus atributos más duraderos, descubrirnos su paisaje humano y natural, *esencial*. Justamente por lograrlo plenamente el libro está más cerca de la poesía que del testimonio histórico, poesía que en este caso se expresa con medios plásticos y que nos revela el alma ardiente del país.

Tal vez la única observación que haría a la serie de fotografías aquí reunidas es que, en realidad, se refieren más a la

revelation, illumination. But I don't mean to imply that Mexico is a country of only one identity, or dimension, or that there is only one formula for its discovery and invention. There is not one Mexico, but many Mexicos, there exists not one convergence, but a multitude of coincidental lives. This is why art, not history or morality, explains us best. Mexico is abundant in many faces and landscapes, in many histories, in many identities and dimensions, in multiple masks and innumerable divergent expressions. Mexico hides behinds altars and gods. This means that we have not one being and one identity, one appearance and one characteristic, but a variety of identities and attributes that appear and reveal themselves, sometimes suddenly in a photograph, and other times gradually through history. A country with not one sole mask, but a multitude of masks, different times and levels superimposed by development, a mixture of ethnic roots, a plurality of eras and coexisting sensibilities. That is, a combination of ages and human conditions, passions, almost unmistakable, opposing pain and feeling: as in a symphony integrated by various arranged voices, there is at the same time accord and discord. There are then many ways to approach this mosaic of sensibilities, its constant elements, its permanent signs of life, that is Mexico. This surely explains the variety of landscapes, people and personalities, and social conditions portrayed by this book of photographs.

In our intellectual tradition, paralleling or coinciding with the being of the country, there would have to be a profound Mexico, meaning that the men and lands of these latitudes have a definitive vein in their most hidden, but also their most permanent characteristics. To discover that permanent and enigmatic constant has been one of the most intense and reiterated aspirations of photography since its birth, everywhere in the world, not only stopping time, but crystallizing essences and unveiling secret and eternal elements, of men, of societies, of civilizations, and of nature—as in the case of the *Farmer's Pair of Shoes* by Vincent van Gogh or in *The Americans* by Robert Frank. This collection of photographs couldn't renounce that aspiration: to remove the veils of a profound Mexico, reveal her most lasting attributes, discover her essential human and natural landscapes. It is precisely because this book captures Mexico so well that it is closer to poetry than to historical testimony, poetry that is expressed by artistic means and that reveals the ardent soul of the country.

(Perhaps the only critical observation I would care to make about the photographs here is that they refer more to a rural and popular existence than to a Mexico on its way to modernity, to its present-day urban-industrial character.

vida rural y popular del país que al tránsito de México hacia la modernidad, a su actual situación urbano-industrial. Situación comprensible puesto que los autores vienen casi siempre de las regiones desarrolladas del mundo y obviamente su mirada se dirige más naturalmente a las "originalidades", al carácter "inédito" de lo que les llama la atención, por las diferencias radicales con sus tierras de orígen.

Fuerte, significativa colección de fotografías porque está anclada en la tierra nuestra por algunos ritos ejemplares para los mexicanos, que obviamente no fueron ajenos a la pupila de los fotógrafos reunidos: la cercanía, inclusive la convivencia con la muerte, nuestra relación con la tierra, el carácter sagrado que la vida tiene para los mexicanos, nuestro vínculo con los dioses, y la misma pobreza que parece permanecer y prolongarse invariablemente a lo largo de las décadas, como si entre nosotros el tiempo estuviera detenido y no avanzara: es decier, la idea de un tiempo circular y repetitivo, el mismo hoy que ayer y mañana, igual el de este instante al de hace muchos años. De allí que parezcan extraídas del mismo mundo, por ejemplo, las fotografías de los años treinta de Henri Cartier-Bresson y algunas de las imágenes de Abbas cincuenta años después. ¿Por qué es así?

En un país como México, hecho de diferentes pisos y tiempos, las velocidades del reloj son distintas. Aquella parte de nuestra vida en que aún no habían penetrado los reclamos de la publicidad y el mercado, lenta todavía en el despliegue de sus ritmos y pulsaciones, ha sido sobre todo el atractivo de los fotógrafos, de los poetas, de los novelistas que vinieron a México en las décadas que siguieron a la revolución. Este aspecto es sobre todo la materia de la epopeya que han vivido, que han recreado esos artistas. Hablo de epopeya en nuestros días porque, en efecto, se trata de una vida más cercana a los ritmos naturales de la tierra, a las pulsaciones vitales espontáneas de los individuos y las comunidades. Ciertamente el mundo industrial y comercial, mucho más homogéneo y menos original, y que hoy es observable en prácticamente todos los rincones del mundo, es materia más difícil del drama, es materia más complicada para la poesía. (¿Me pregunto hasta cuándo existirán esos "nichos" de tradición en México y en otras partes? ¿En el futuro los fotógrafos deberán renunciar a los "exotismos" y conformarse con reflejar los modos de vida "universales" de la modernidad publicitaria y comercial?).

Colección pues que no se propone ser un instrumento de la historia (aunque lo sea también por el valor testimonial que el tiempo otorga a las imágenes fotográficas), ni una minuta antropológica (aún cuando los tipos humanos— Strand—nos hablan del carácter, de la fisonomía de un pueblo), ni la ilustración sobre una cultura (aún cuando lo es también por el temple, por los rasgos, por la civilización de la sociedad a que alude); es, sobre todo, en su conjunto, una obra poética, es decir, en esencia una obra de ritmos y formas, de exclamaciones y silencios, de cadencias y

This is an understandable focus given that photographers almost always come from the most developed regions of the world and naturally turn their gaze on "the origins," the unheard-of character that calls their attention, that seems so different from what they know best in their own lives.)

A strong, significant collection of photographs this is, because it is anchored to our land by some of the principal themes of Mexican spirituality, which were obviously not far from the pupils of these photographers' eyes: the closeness to, even cohabitation with, death; our relationship to the earth; the sacred character that life has for Mexicans; our bond with the gods; and the same poverty that seems to permeate our history, even now, as though time had stopped among us: in other words, the idea that time is circular and repetitive, the same today as yesterday and tomorrow, identical this instant to ancient times. The photos by Henri Cartier-Bresson in the 1930s and the photos by Abbas fifty years later seem extracted from the same world. Why is this so?

In a country like Mexico, made of different places and times, the velocities of the clock are different. That part of our life in which advertising and the marketplace have not yet penetrated, slow still in its unfolding of rhythms and pulse, has especially been an attraction for photographers, poets, and novelists who came to Mexico in the decades following the Revolution. This aspect is especially true of the lyric poetry in our days because, in effect, it is about a life that is closer to the natural rhythms of the land, to the spontaneous, vital pulse of individuals and communities. Certainly the industrial and commercial world, much more homogeneous and less original, apparent in practically every corner of the earth, is a matter too difficult for drama, a matter too complicated for poetry. (I wonder how long these "traditional" niches will last in Mexico and other countries? Will photographers in the future renounce those "exoticisms" and accept photographing the "universal" ways of life of a modern world that we see in advertisements and commercials?)

This is a collection that does not intend to be a historical instrument (although it may be because of its testimonial value, endowed by the various time periods reflected in its images), nor is it an anthropological record (even though men—like Strand—talk to us about character, the physiognomy of a town), nor the illumination of a culture (even though it may be shown by its valor or deeds, by the civilization that society alludes to). It is especially in its whole form, a poetic work, that is to say, in essence, a work of rhythms and forms of exclamations and silences, of cadences

melodías transfiguradas en luces, sombras y colores que son capaces, como todo gran arte, de revelar el ser profundo, el alma secreta de una realidad.

Es muy difícil pensar en una serie de fotografías sobre México de mayor calidad que las aquí presentadas: la mirada sensible, tierna y penetrante del *otro* sobre nuestro país. Para nosotros los mexicanos, para todo el mundo, esta colección es, al mismo tiempo, una enseñanza, un símbolo y un reconocimiento. No la mirada sobre el propio exotismo que no nos atreviéramos a ver, y que nos sorprendiera a nosotros mismos por su rareza, percibiéndolo como algo fuera de lo común. Enseñanza porque lleva de la mano nuestra mirada y nos permite leernos con particular profundidad, dejando *ver* nuestra propia naturaleza, hallar nuestras heridas ocultas y nuestras esperanzas manifiestas, símbolo también porque aceptamos con interés y pasión esa imagen nuestra en el espejo; reconocimiento porque decimos sí, porque la recibimos y confesamos de buena gana, porque también somos así, indudablemente, sí. Éste es el alcance del conjunto de imágenes excepcionales sobre México que nos presentan Fred Ritchin y Carole Naggar, captadas, vividas, gozadas por algunos de los artistas más grandes del último siglo y medio en el tiempo y en el espacio de la fotografía.

and melodies transfigured in lights, shadows, and colors that are capable, like all great art, of revealing a profound self, the secret soul of a reality.

It is very difficult to think of another photography book related to Mexico of a higher quality than this. A vision that is comprehensive, compassionate, and revealing of the *other*, of our country. For us Mexicans, for everyone, this collection is a lesson, a symbol, and a confirmation. Not because it exalts the exoticism that we would not dare to see, and that might surprise us for its rarity or its abnormality. It is a lesson because it leads us by the hand to let us read ourselves with special understanding, allowing us to *see* our own nature, find our hidden wounds and our obvious hopes. It is also a symbol because we accept with interest and passion our image in the mirror; and a confirmation because we say yes, because we receive and willingly confess that we are, undoubtedly, that way, too. Fred Ritchin and Carole Naggar have produced a collection of exceptional images of Mexico, a Mexico which has been captured, lived, and enjoyed by some of the greatest artists of the last century and a half, in the time and space of photography.

GUSTAVO SCHEIBE
Grupo de indios mexicanos, c. 1890
Group of Mexican Indians, c. 1890

PAUL STRAND
Mujer, Pátzcuaro, 1933
Woman, Pátzcuaro, 1933

PAUL STRAND
Cristo, Tlacochoaya, Oaxaca, 1933
Christ, Tlacochoaya, Oaxaca, 1933

PAUL STRAND

Hombres de Santa Ana, Michoacán, 1933

Men of Santa Ana, Michoacán, 1933

PAUL STRAND
Virgen, San Felipe, Oaxaca, 1933
Virgin, San Felipe, Oaxaca, 1933

PAUL STRAND

Entrada, Hidalgo, 1933
Gateway, Hidalgo, 1933

PAUL STRAND
Calvario, Pátzcuaro, 1933
Calvary, Pátzcuaro, 1933

ANONYMOUS

En Exteriores, *Redes* (*The Wave*), Alvarado, 1933
On Location, *Redes* (*The Wave*), Alvarado, 1933

Strand/Mexico

NAOMI ROSENBLUM

Los dos años que Paul Strand pasó en México, en los primeros años de 1930, fueron cruciales en su desarrollo como un fotógrafo de madurez. Durante este interludio, su pensamiento político y su perspectiva fotográfica, ya cambiadas por las experiencias de Nuevo México, recibieron otras transformaciones.

Quizá, al igual que otros artistas que abandonaban los Estados Unidos, Strand buscaba dar salida a las tensiones de una sociedad fieramente comercializada y competitiva, esperando encontrar una existencia más satisfactoria y más plena en lo que prometía ser una cultura más simple. Y quizá, como otros viajeros, su necesidad de cambio se agudizó con las decepciones personales, en su caso el final de un matrimonio de diez años con Rebecca Salsbury; la terminación, después de diez y seis años, de la amistad con su mentor Alfred Stieglitz, así como la denegación a su solicitud para una beca Guggenheim.

En otros aspectos, sin embargo, la experiencia mexicana de Strand fue singular. Difería esencialmente de la de sus compatriotas, tales como Anton Bruehl y Edward Weston, porque él no hizo el viaje como visitante o turista, sino como invitado y con la certeza de encontrar para sí mismo un sitio en el arte y en el gran experimento social que tenía lugar allí.[1]

Aunque llegaba con retraso al despliegue del renacimiento mexicano, un papel de importancia se le garantizaba debido a su amistad con Carlos Chávez, uno de los compositores más distinguidos del país, el que era jefe del Departamento de Bellas Artes de la Secretaría de Educación. Chávez, con quien Strand se había encontrado antes en Taos, consideraba la fotografía, y en especial el cinema documental, como un medio por el cual el gobierno pudiera hacer llegar sus urgentes mensajes sociales en un arte inteligible a las personas iletradas; Strand vendría a ser un agente del esfuerzo revolucionario en las artes fotográficas.

Esta certeza le dio a las imágenes fijas cuanto a los filmes producidos por Strand, un caracter distintivo sin

The two years Paul Strand spent in Mexico in the early 1930s were crucial in his development as a mature photographer. During this interlude, his political thinking and photographic outlook, already changed by experiences in New Mexico, underwent further transformation. Perhaps like other visual artists leaving the United States, Strand sought release from the tensions of a fiercely competitive commercial society, hoping to find a fuller and more satisfying existence in what promised to be a more simple culture. And perhaps like other travelers, his need for change was sharpened by personal disappointments, in his case the end of his ten-year marriage with Rebecca Salsbury, the termination after sixteen years of a close relationship with mentor Alfred Stieglitz, and the denial of his application for a Guggenheim grant.

In other respects, however, Strand's Mexican experience was unique. It differed essentially from that of compatriots such as Anton Bruehl and Edward Weston because he went not as a visitor or tourist, but on invitation and with the certainty of finding a place for himself and his art in the grand social experiment being undertaken there.[1] Although he was arriving late in the unfolding of the Mexican renaissance, a role was virtually guaranteed him by his friendship with Carlos Chávez, one of the country's foremost composers who became chief of the Department of Fine Arts of the Secretariat of Education. Chávez, who Strand had encountered earlier in Taos, looked to photography and especially to the documentary cinema as a means by which the government might transmute its urgent social messages into an art intelligible to ordinary unlettered persons; Strand was to be the agent of this revolutionary effort in the photographic arts.

This awareness gave both the still images and the motion picture that Strand eventually produced a distinctive character unlike his own previous work and different from that of other North Americans working in Mexico. Traveling throughout the capital region in the spring of 1933 in the company of Chávez's young nephew Agustín Velásquez, Strand produced about sixty images, which he printed in platinum in Mexico City.[2] The trip deepened his appreciation of the social structures governing the lives of ordinary people and made him aware of the vivid manifestations of faith visible in architecture and artifact. For him, the religious figures he photographed symbolized this "intense faith," which he felt the world badly needed, although in different, more "realistic" form.[3]

He also experienced a resurgent interest in portraying ordinary people. Not since photographing on the streets of

precedente en su propio trabajo anterior y diferente del de otros norteamericanos que trabajaban en México. Viajando a través de la región capitalina en la primavera de 1933, en compañía de Agustín Velázquez, joven sobrino de Chávez, Strand produjo cerca de sesenta imágenes que fueron impresas en platino en Ciudad de México.[2] El viaje profundizó su consideración por las estructuras sociales que gobernaban las vidas de la gente común y lo hizo percatarse de las vívidas manifestaciones de fe visibles en la arquitectura y en los artefactos. Para él, las figuras religiosas que fotografiaba simbolizaban esa "fe intensa" que creía que el mundo necesitaba con urgencia, aunque en una forma diferente y más "realista."[3]

También experimentó un renacido interés en el retrato de la gente común. Desde sus fotografías de las calles de Nueva York, Strand no miraba con tanta intensidad a aquellos a quienes no conocía personalmente, ni meditaba tan inquisitivamente en el papel que representaban en el esquema de las cosas. En su trabajo fotográfico como retratista en los poblados de provincias, colocaba un prisma de ángulo recto en el lente de su cámara, un "subterfugio" que le permitía evitar el aspecto de confrontación cuando se usan aparatos demasiado visibles montados en un trípode. Como le sucedía al principio en los retratos callejeros de Nueva York, esta táctica le permitía esperar el momento de elevada resonancia emocional y organizar los elementos visuales dentro de una estructura pictórica coherente. Los paisajes, las naturalezas muertas, y los retratos de niños, hombres y mujeres que resultaron de sus viajes a través de Michoacán y Oaxaca, son profundamente satisfactorios estéticamente y profundamente perturbadores emocionalmente. La reunión de opuestos por la cual Strand investía a los campesinos analfabetos y afligidos de miseria, con una sensación de dignidad monumental, de belleza así como de angustia, reflejaban no solamente su recientemente adquirido conocimiento de la explotación de la clase trabajadora, sino su propio sentido personal de extrañamiento de los valores burgueses.[4] Para algunos, podría parecer irónico que aquellos que estaban supuestos a recibir los mayores beneficios del cambio revolucionario debieran ser presentados en sus retratos como monumentalmente inmutables, pero Strand, sin duda, comprendía que la vida campesina, de la que él era testigo, no se transformaría rápidamente.

Sus experiencias fotográficas así como la luciente recepción brindada a sus primeros trabajos, cuando fueron exhibidos en la Sala de Arte, en la capital, en febrero de 1933, retaron a Strand con la proyección elitista acerca de la insensatez de exponer su (*missing words, faltan palabras en el original*) de la vista pública. En letra a Ansel Adams, en 1933, el no (*faltan palabras*) "el caracter democrático del pueblo que vino . . . (*faltan palabras,*) trabajadores en pantalones de mezclilla, soldados, indios, . . ."[5] Ambos expe (*faltan palabras*) confirman su intención de aceptar la

New York in 1916, had Strand looked so intensely at those unknown to him personally, nor pondered so intently their role in the scheme of things. For his portrait work in the provincial villages, he placed a right-angle prism on his camera lens, a "subterfuge" that allowed him to avoid the confrontational aspect of using highly visible apparatus mounted on a tripod. As it had in New York for the earlier street portraits, this tactic enabled him to await a moment of heightened emotional resonance and to organize the visual elements into a coherent pictorial structure. The landscapes, still lifes, and portraits of children, men, and women that resulted from the trips through Michoacán and Oaxaca are deeply satisfying aesthetically and profoundly disturbing emotionally. The conjoining of opposites, by which Strand invests poverty-stricken illiterate peasants with a sense of monumental dignity and beauty as well as anguish, reflected not only his newly acquired understanding of the exploitation of the working class, but his own personal sense of alienation from bourgeois values.[4] To some, it may seem ironic that those who stood to benefit most from revolutionary change should be portrayed as monumentally immutable, but Strand undoubtedly sensed that the peasant life he witnessed would not be quickly transformed.

The experiences photographing, as well as the glowing reception accorded his earlier work when it was exhibited at the Sala de Arte in the capital in February 1933, challenged Strand's elitist outlook about the meaninglessness of exposing his work to public view. Writing to Ansel Adams in 1933, he noted the "democratic character of the people who came . . . middle class—workmen in blue jeans, soldiers, Indians."[5] Both experiences firmed up his intention to accept the directorship of the Comisión de Cine to produce films for a similar audience; with the agreement of the Secretariat of Education he worked up a projected series that in his words "would give social and educational ideas a dramatic and esthetic form," and he wrote a scenario for the initial production.[6] Originally titled *Pescadores*, but released as *Redes* (*The Wave*), it would deal with the predicament of peasant fishermen.

Strand assembled and took to the fishing village of Alvarado on the gulf coast an experienced crew consisting of himself and Fred Zinnemann and novices from the capital who wished to learn the film business, namely Emilio Gomez-Muriel, Agustin Velásquez Chávez, and Julio Bracho. Only one professional actor was employed, although two of the lead parts were played by non-professionals from Mexico City.

The film's objective, in Strand's words, was to "give the local drama a greater significance, and still keep it

dirección de la Comisión de Cine, para producir películas para un auditorio similar; con el acuerdo de la Secretaría de Educación, preparó un proyecto de series que en sus palabras "ofrecerían a las ideas educacionales y sociales una forma estética y dramática", y así describió el escenario para la producción inicial.[6] Titulado originalmente *Pescadores*, pero editado como *Redes*, el tema tendría relación con la difícil existencia de los campesinos pescadores.

Strand se preparó trasladándose a la aldea de pescadores de Alvarado en la costa del golfo. Contaba con su experiencia y la de Fred Zinneman, así como aficionados de la capital que querían aprender el negocio del cine, entre otros Emilio Gómez-Muriel, Agustín Velázquez Chávez y Julio Bracho. Solamente un actor profesional fue empleado, aunque dos de las partes principales fueron interpretadas por actores no profesionales de Ciudad de México.

El objetivo del film, en las palabras de Strand, era el de "darle al drama local una significación mayor y al tiempo mantenerlo dramáticamente real".[7] Sería un himno, con el ritmo y las satisfacciones del trabajo bien hecho y una denuncia de la banalidad y la falta de sentimientos de los patronos explotadores. *Redes* incorporaba una conjunción de antagonismos. La belleza de la resolución formal, especialmente aparente en las secuencias de la pesca, brindaba una narración acerca de la pobreza, de las artimañas socarronas, de la violenta confrontación física y de la muerte con su distintiva tensión. En este trabajo, así como en las vistas fijas, Strand monumentaliza la clase trabajadora, mientras que también reconocía un conflicto entre las lealtades y motivaciones de los individuos involucrados.

El filme probó ser una empresa complicada. El dinero escaseaba, la mayoría de los empleados era inexperta, el procesamiento fílmico tenía que ser hecho en Hollywood, y el tiempo de la programación no se mantenía. En noviembre de 1934, Strand se vio envuelto en el fuego cruzado de antagonismos personales y políticos entre los miembros de la Secretaría de Educación. Con Carlos Chávez fuera, la parte musical que el músico estaba supuesto a componer ya no era aceptable. Agustín Velázquez, cuyo empleo dentro del personal había satisfecho la necesidad de otro mexicano nativo en el conjunto, comenzó a poner en juego un tortuoso papel contra Strand en la Dirección de Cine. Al final de 1934, su autoridad, minada por las intrigas de los burócratas de la Secretaría, hizo que Strand, abruptamente, abandonara México, sin la película y sin poder ver en su totalidad la obra terminada.

La experiencia mexicana desestabilizó la personalidad de Strand, pero las imágenes fijas y la película (que fue eventualmente completada) constituyen una excepcional dimensión de trabajo. Lo mucho del intenso sentimiento que repercute a través de estas imágenes puede atribuirse a los dilemas personales de Strand o a su descubrimiento del arte como un testimonio social responsable, todo el cual puede permanecer en el misterio, pero sus logros son

dramatically true."[7] At once a paean to the rhythm and satisfactions of work well done and a denunciation of the venality and lack of feeling of exploitative employers, *Redes* embodied a conjunction of opposites. The beauty of the formal resolution, especially apparent in the fishing sequences, endows a narrative about poverty, sly underhandedness, violent physical confrontation, and death with a distinctive tension. In this work, as in the still images, Strand sought to monumentalize the working class, while yet acknowledging a conflict of loyalties and motives among its individual members.

The film proved to be a complex undertaking. Money was short, many of the crew inexperienced, processing had to be done in Hollywood, and the time schedule would not hold. By November 1934, Strand found himself caught in the crossfire of personal and political antagonisms among members of the Secretariat of Education. With Carlos Chávez out, the musical score he was to have composed for the film no longer was acceptable. Agustin Velásquez, whose employment on the crew had satisfied the need for another Mexican national on the staff, began to play a devious role with regard to Strand's directorship of the Comisión de Cine. At the end of 1934, his authority undermined by the bureaucrats in the Secretariat, Strand left Mexico abruptly, without the film and without seeing the completed work.

The Mexican experience unsettled Strand personally, but the still images and the film (which eventually was completed) constitute an exceptional body of work. How much of the intense feeling that resonates through these images can be attributed to Strand's personal dilemmas or to his newly found belief in art as a socially responsible statement may ever remain a mystery, but his achievement is palpable. In Mexico, he had discovered the forms by which quotidian experience might be transmuted into art. The challenge of making ordinary people and their doings seem worthwhile and even exceptional was one he continued to address for the remaining forty years of his active career.

1. In November 1932, Strand went to Mexico "as guest of the *Secretaria de Educacion* and at the invitation of Lic. [Narciso] Bassols." Paul Strand to Sr. Lic. Garcia Tellez, Feb. 7, 1935. Private Collection.

2. Their mission was to collect the artwork of Mexican children for exhibition in Mexico City in May 1933. Strand contributed an essay to the catalogue entitled "El Significado de la Pintura infantil."

palpables. En México, él descubrió las formas por las cuales, las experiencias cotidianas pudieran trasmutarse en arte. La demanda de hacer valederos los hombres comunes y sus afanes, y hacerlos hasta excepcionales, fue una que, él continuó cumpliendo durante los siguientes cuarenta años de su carrera.

1. En noviembre de 1932, Strand viajó a México "como invitado de la *Secretaría de Educación* y por invitación del Lic. Narciso Bassols." Paul Strand al Lic. García Téllez, 7 de febrero, 1935. Colección privada.
2. Su misión era la de coleccionar trabajos artísticos de los niños mexicanos para su exhibición en Ciudad México, en mayo de 1933. Strand contribuyó con un ensayo en el catálogo intitulado *"El significado de la pintura infantil"*.
3. Paul Strand a Irving Browning, 29 de septiembre de 1934. Colección privada.

4. Con el propósito de hacer estas imágenes más ampliamente accesibles que las pictografías en plata o platino, Strand seleccionó veinte para reproducirlas como grabaciones y fueron publicadas en 1940, en forma de portafolio titulado *Fotografías de Méjico*.
5. Paul Strand a Ansel Adams, 14 de octubre, 1933, Archivo del Centro de Fotografía Creativa, Tucson, Arizona.
6. Paul Strand a García Téllez, 7 de febrero, 1935. Colección privada.
7. Paul Strand a Irving Browning, 29 de septiembre, 1934. Colección privada.

3. Paul Strand to Irving Browning, September 29, 1934, Private Collection.
4. In order to make these images more widely available than platinum or silver prints would be, Strand selected twenty to be reproduced by sheet-gravure process and published them in 1940 in portfolio format entitled *Photographs of Mexico*.

5. Paul Strand to Ansel Adams, October 14, 1933, Archive of the Center for Creative Photography, Tucson, Arizona.
6. Paul Strand to Garcia Tellez, Feb. 7, 1935, Private Collection.
7. Paul Strand to Irving Browning, September 29, 1934, Private Collection.

LINDA CONNOR

Chichén Itzá, Yucatán, Mexico, 1976

LINDA CONNOR
Silla, Baja, México, 1975
Chair, Baja, Mexico, 1975

LINDA CONNOR
Angel, Oaxaca, México, 1976
Angel, Oaxaca, Mexico, 1976

HENRI CARTIER-BRESSON

Juchitán, México, 1934

Juchitán, Mexico, 1934

HENRI CARTIER-BRESSON
Ciudad de México, 1934
Mexico City, 1934

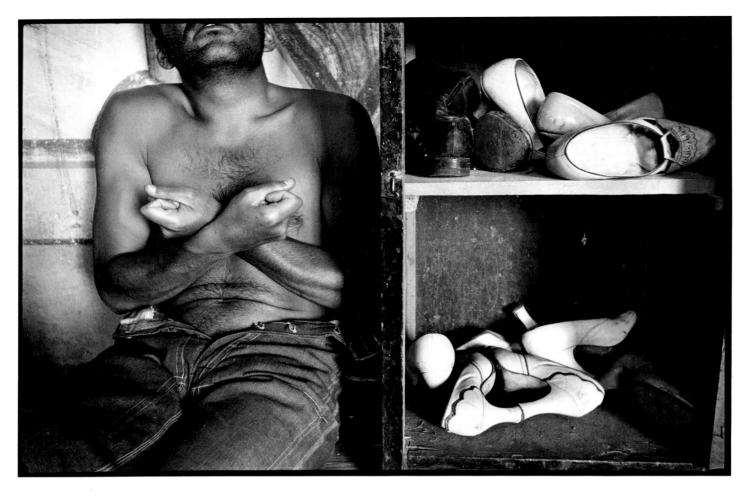

HENRI CARTIER-BRESSON
Santa Clara, México, 1934
Santa Clara, Mexico, 1934

Bottom:
Los Remedios, México, 1963
Los Remedios, Mexico, 1963

HENRI CARTIER-BRESSON
Juchitán, México, 1934
Juchitán, Mexico, 1934

HENRI CARTIER-BRESSON
Calle Cuauhtemoctzin, Ciudad México, 1934
Calle Cuauhtemoctzin, Mexico City, 1934

HENRI CARTIER-BRESSON
México, 1934
Mexico, 1934

HENRI CARTIER-BRESSON
Puebla, México, 1934
Puebla, Mexico, 1934

La fascinación del Otro

The Fascination for the Other

CAROLE NAGGAR

Yo llegué a Estados Unidos hace cuatro años por lo que pensé sería una corta estancia. Fue en un verano indio, y en Woodstock; las hojas de los árboles iban del dorado al naranja y al rojo, un sueño para un fotógrafo. Pero no fotografié las hojas. En un camino campestre, frente a una casa de madera ví un rayo de sol cayendo sobre una mesa de bastidor, colmada de calabazas y cayotes.

Si yo hubiese vivido treinta y tantos Halloweens y sí la escena hubiese tenido un simple nombre para mí, ¿hubiese estado emocionada para tomar esa foto? Para mí, una extranjera, eso era una ofrenda americana.

La biblia hace la distinción entre tres forasteros: el Nokhri, un invasor que ataca en nombre de la ley; el Zar, que decide convertirse en extraño para su propia raza y para sí mismo; y el Ger—del hebreo Hitgayer, salir adelante, acercarse—que visita o reside en una tierra extraña, no se convierte a sí mismo a la religión y a los valores de aquellos que lo rodean. Pero, no obstante, los respeta. Por lo mismo es considerado una persona especial: los nativos no deben echarlo u ofenderlo, en memoria de la visión de Abraham: "porque ustedes, Dios les ha dicho, fueron extraños en Egipto". Fue en la Tierra Prometida que Dios le dijo a Abraham que los judíos algún día habrían de ser exiliados. Por lo tanto, la aparición de Ger está ligada a una promesa.

Por lo de la biblia y por lo de las calabazas y porque soy lo que soy—eso dicen mis papeles—una Residenta Extranjera (permanente) me inclino en favor de un enfoque positivo hacia el forastero y su posible papel en una cultura diferente; y porque pienso que los extraños pueden, algunas veces, con paciencia y modestia—y porque no toman las cosas a la ligera—tener acceso a verdades que han venido a ser banales para los lugareños.

Hace cinco siglos, dos mundos, dos sueños se encontraron: de una parte Cortés y los españoles. De la otra Moctezuma y los aztecas. El escritor francés Jean-Marie Le Clezio, el poeta mexicano Octavio Paz[1] y otros muchos comentaristas piensan que la Conquista pudo no haberse realizado si el sueño de los conquistadores no hubiese ajustado extrañamente dentro del antiguo sueño de los aztecas, que pensaban que del otro lado del mar vendrían guerreros que usarían cascos, guiados por Quetzalcóatl, para ser gobernados por ellos.

I arrived in the States four years ago for what I thought was a short stay. It was Indian summer, and in Woodstock, the leaves ranged from golden to orange to red, a photographer's dream. But I did not photograph the leaves. On a country lane, in front of a wooden house, I saw a ray of sun falling on a trestle table piled high with pumpkins and squashes.

If I had lived through thirty-some Halloweens, and if that scene had had a simple name for me, would I have been moved to take that picture? To me, a foreigner, these were an American offering.

The Bible distinguishes between three different kinds of foreigners: the *nokhrî*, an invader that attacks and debases in the name of his law; the *zār*, who decides to become a foreigner to his own race and to himself; and the *gēr*—from the Hebrew root *hitgayer*, to go forward, to become close. The *gēr*, who visits or resides in a foreign land, does not convert himself to the religion or values of the ones around him. But nevertheless he respects them. Therefore he is considered special: the natives should not push him away or offend him, in memory of Abraham's vision: "because yourselves," God says to him, "you have been foreigners in Egypt." It was in the Promised Land that God told Abraham that Jews would someday be exiles. Therefore, the apparition of the stranger as *gēr* is linked to a promise.

Because of the Bible, and because of the pumpkins, and because I am—my papers say—a "resident alien" (permanent), I tend to favor a positive approach to the foreigner and his possible role in a different culture; and to think that foreigners can sometimes, with patience and modesty, and because they take nothing for granted, gain access to truths that have become too banal for the insider to see.

Five centuries ago, two worlds, two dreams, met: on one side, Cortés and the Spaniards. On the other, Moctezuma and the Aztecs.

French writer Jean-Marie Le Clezio, Mexican poet Octavio Paz[1] and many other commentators think that the Conquest could not have occurred if the conquerors' dream had not fit strangely into the ancient dream of the Aztecs, who thought that from the other side of the sea, warriors would come bearing helmets, guided by the god Quetzalcóatl, to rule again on them.

At first, the Aztecs see the Spaniards as "teules": gods. The present they give these gods, gold, seals their destiny: in a method to be perfected several centuries later (since, as we know, there was no more budget for the *Shoah* than for

Al principio, los aztecas veían a los españoles como "teules": dioses. Los ofrendas que entregaron a esos dioses, oro, selló su destino. Con un método que sería perfeccionado varios siglos después (ya que por lo que sabemos, no había más presupuesto para el Shoah o para la Conquista) las víctimas son forzadas a costear su propio exterminio. "El sueño de oro español" escribe Le Clezio, "destructivo, despiadado, algunas veces llega al extremo de la crueldad. Un sueño absoluto, cual si la apuesta fuese la posesión de algo más que poder y riquezas, más bien una regeneración por medio de la violencia y la sangre, con la cual alcanzar el mito de El Dorado, donde todas las cosas deban ser eternamente renovadas".[2]

Cortés hizo que cincuenta de sus soldados escalaran la cima de la pirámide de Huitzilopotchli. Desde allí empujaron por las escaleras las estatuas de los dioses. Bernal Díaz del Castillo rememora: "Fueron como atemorizados dragones, grandes como novillos, y otras figuras eran como una mitad de hombre y la otra mitad de perro, de gran tamaño y formas malévolas. Y cuando vieron a sus dioses despedazados, los caciques y sus sacerdotes que estaban allí comenzaron a llorar y a ponerse las manos sobre las caras, y en su lenguaje suplicaban perdón a sus dioses, porque en lo adelante no tendrían a su alcance más ninguno . . ."[3] Para Moctezuma este era, en verdad, el fin, la conclusión de un período cósmico. Con la destrucción de sus imágenes sagradas los aztecas comprendieron que ellos también morirían.

Cortés comprende que para los indios las estatuas son formidables acumulaciones de poder. Por lo mismo, él hace que los españoles distraigan a los indios de sus órdenes sagradas inclinándolos en beneficio de los invasores. No contento con destruir sus ídolos los ha reemplazado con símbolos e imágenes católicas. En 1523, el franciscano Pierre de Gand, abre una escuela de escritura, dibujo y escultura en México, donde la casta de los tlacuilos (escribas) reproducen en colores los grabados que se importan del norte de Europa. Dos años más tarde, el clero desmantela los santuarios indios. Los indios son puestos a trabajar para construir monasterios de las órdenes de los franciscanos, agustinos y dominicos, tales como los de Actopán, Acolmán o Epazoyucán, donde las paredes de imágenes recuentan episodios de los Testamentos.[4] Pero pronto, los indios ya dejan de copiar imágenes pasivamente; con una mezcla de rabia y júbilo, cobran venganza apropiándose de las imágenes católicas y modificándolas para que sirvieran a sus propias necesidades. En el repertorio de los santos, por ejemplo, los indios escogieron aquellos de cuyos atributos evocan cualidades prehispánicas. El color azul en el manto de la virgen hace recordar el usado por Huitzilopochtli, hijo de la virgen Coatlicue. Entre las fiestividades católicas, los indios seleccionan aquellas que coinciden con su calendario ritual.

Así, desde el siglo diecisiete, los tiempos modernos comienzan bajo el signo de lo que ha sido llamado por Serge Gruzinski como "La guerra de las imágenes".[4]

the Conquest) victims are made to finance their own extermination. "The Spaniards' dream of gold" writes Le Clezio, "consuming, ruthless, sometimes reaches the extreme of cruelty. Absolute dream, as if the stake was the possession of something else than power and riches, rather a regeneration through violence and blood to reach the myth of Eldorado, where everything must eternally be anew."[2]

Cortés has fifty of his soldiers climb to the top of the Huitzilopochtli pyramid. They push the statues of the gods down the stairs. Recalls Bernal Díaz del Castillo:[3] "They were like frightful dragons, big as calves, and other figures were like half man half dog of a large size and other malevolent shapes. And when they saw their gods in pieces, the caciques and the priests that were there started crying and put their hands on their faces, and in their language they asked their gods forgiveness, because from now on they were no more in their hands . . ."

To Moctezuma, this is truly the end, the conclusion of a cosmic period. Through the destruction of their sacred images, the Aztecs understand that they will die, too.

Cortés understands that, to the Indians, images are formidable accumulators of power. So he makes the Spaniards divert the Indians' sacred order toward their own need: Not content to destroy the idols, he has them replaced by Catholic images and symbols. In 1523, the Franciscan Pedro de Gante opens a school of writing, drawing, painting, and sculpture in Mexico where the caste of the *tlacuilos* (the scribes) reproduces in color the engravings imported from Northern Europe. Two years later, the clergy dismantles Indian sanctuaries. The Indians are also put to work to build Franciscan, Augustinian, and Dominican monasteries such as Actopan, Acolman, or Epazoyucan, where walls of images recount episodes from the Testaments.[4]

But soon, the Indians no longer copy images passively: with a mixture of rage and jubilation, they take revenge by appropriating Catholic images and diverting them to meet their own needs. In the repertory of the saints, for instance, they choose those whose attributes evoke Prehispanic qualities: The blue in the Virgin's mantle recalls the hue worn by Huitzilopochtli, son of the Virgin Coatlicue. Among Catholic festivals, the Indians select those coinciding with their ritual calendar.

Thus, from the seventeenth century, modern times begin under the sign of what has been called by Serge Gruzinski "the War of Images."

Desde 1492, los indios sufrieron una larga cadena de masacres. Habían sido esclavizados, convertidos, obligados a trabajar en las minas de oro y plata para la obtención de artículos de consumo para el ascenso del capitalismo. Su identidad les ha sido negada. En el México moderno comandan muy pequeño poder. Sin embargo, por mi propia experiencia como viajera y de la experiencia de observar las fotografías tomadas por forasteros, llego a pensar que algo de aquella civilización y sus creencias ha sido salvado. Más aún, cuando los forasteros vinieron a México después de la conquista, se sintieron fascinados precisamente con aquellos que los conquistadores trataron con tanto empeño en suprimir. Lo que Freud ha llamado el regreso de lo oprimido está claramente en juego en esta duradera fascinación por lo otro.

Un temprano ejemplo, y en mi mente, uno que da el tono para los viajeros subsecuentes, es el del escritor Barnardino de Sahagún.[5] Cuando él mismo llegó después de la conquista, existía un clima de fin-de-mundo en el México que él experimentó: más de 240,000 almas habían muerto en el espacio de pocos meses, como producto de la guerra, la hambruna y las enfermedades. Y se dispuso a componer una relación de lo que estaba en proceso de desaparición para siempre. Poetas indios, doctores y científicos, relataron su vida, explicaron su lenguaje, sus canciones y sus dioses. Pronto, sin embargo, Sahagún se desentendió de su postura objetiva y del relato científico. Se sintió fascinado con esa cultura; transformado y transportado por la magia de sus rituales, sus danzas sagradas y sus sacrificios, con aquella vida que a cada instante se trasmutaba dentro de otro espacio-tiempo, dedicada a los dioses. El libro de Sahagún, comenzado como un tratado científico, había llegado a ser un homenaje lírico hacia 'el otro'.

Esto es lo que sucedió a los fotógrafos extranjeros, que sintieron la naturaleza verdadera de México. Encuentro en su trabajo una fascinación fundada en un oscuro sentido de culpa, no de duda, como en una desesperación nacida de la insensatez de la civilización moderna, un descontento con su propia herencia, la que los ha empujado hacia México en busca de una fuente de rejuvenecimiento. ¿Es la creación de imágenes en una tierra extraña una actividad predatoria? Algunos piensan de esa manera y apuntan que los fotógrafos, a menudo, se comportan como sí México fuese un país que debe colonizarse de nuevo, esta vez simbólicamente. Creo que la voluptuosidad y la violencia no están nunca absolutamente ausentes de la creación de imágenes, pero también creo que los nexos entre los fotógrafos y sus objetivos (cual la relación entre los conquistadores y los conquistados) nunca son simples. Pienso que aun cuando sus intereses primarios fuesen científicos, impulsados por Humboldt en sus "Observaciones" de 1836 (que creó un marco teorético para sus investigaciones), los viajes en el siglo XIX han sido búsquedas personales y una ocasión para indagar importantes asuntos como el espacio, el tiempo y los orígenes.

Solamente Egipto ha atraído tantos fotógrafos como México en el siglo XIX. Pero en México (a diferencia de Egipto donde la mayoría de la fotografía contemporánea es tomada por turistas) esta fascinación todavía perdura; de

Since 1492, Indians have been through a long chain of massacres. They have been enslaved, converted, put to work in gold and silver mines to provide commodities for the rise of capitalism. Their identity has been denied. In modern Mexico, they retain but very little power.

Yet, from my own experience as a traveler and from the experience of looking at pictures taken by foreigners, I came to think that something of their civilization and their belief has been salvaged. Moreover, when foreigners came to Mexico after the Conquest, they became fascinated precisely with what the Conquerors had tried so hard to suppress. What Freud has called the return of the repressed is clearly at work in this lasting fascination for the other.

An early example, and, to my mind, one that sets a tone for subsequent travelers, is the writer Bernardino de Sahagun.[5] When he arrived after the Conquest, there was an end-of-the-world quality to the Mexico he experienced: more than 240,000 people had died in the space of a few months from the war, famines, and illnesses. He set out to write a record of what was in the process of disappearing forever. Indian poets, doctors, and scientists explained about their life, their language, their songs, and their gods. Soon, however, Sahagun departed from his stance of objective, scientific recording. He became fascinated with the culture, transported and transformed by the magic of its rituals, its sacred dances and sacrifices, its life where every instant is transmuted into another space-time, dedicated to the Gods. Sahagun's book, initiated as a scientific treatise, had become a lyrical homage to the other.

This is what happened to the foreign photographers, who felt the true nature of Mexico. I find in their work a fascination—founded on an obscure sense of guilt, no doubt, on some desperation with the meaninglessness of modern civilization, some dissatisfaction with their own heritage, that has driven them to Mexico in search of a source of rejuvenation. Is image making in a foreign land a predatory activity? Some think so, and point out that photographers have often behaved as if Mexico were a country to colonize again, this time symbolically. I believe that voyeurism and violence are never entirely absent in image making, but also that the links between photographers and their subjects (as the relationship between conquerors and conquered) are never simple.

I think that even when their primary interest was scientific, propelled by Humboldt's 1836 "Observations" that set the theoretical frame for their findings, the nineteenth-century trips often become personal quests, an occasion to ask important questions about space, time, and origins.

hecho, ha sido raro encontrar algún fotógrafo que no haya estado en México. Me parece que tanto entonces como ahora, los fotógrafos caminan sobre una fina raya entre el peligro de lo remoto que brinda lo otro que es simplemente exótico, y el peligro de la fusión, cuando el fotógrafo hace de lo otro una extensión de sí mismo. En ambos casos, existe una reducción, una simplificación. La tensión desaparece. Los retratos se velven planos, solamente retratos. Pero entonces—antes como ahora—un retrato se hace conocido, exige atención, nos dice alguna verdad acerca de lo otro y su mundo.

Tal es el caso con uno de los primeros exploradores de México, el francés Desiré Charnay, un fotógrafo autodidacta que llegó a México en 1857, justamente antes de la guerra entre México y EEUU, cuando los primeros daguerrotipos habían sido impresos en México. El francés hizo cuatro expediciones entre aquella fecha y 1886. Aunque raramente tomó fotografías de seres humanos (como tales) excepto por algunos retratos antropológicos de indios, con vistas frontales y laterales, cerca de un aparato medidor, o de otros donde ayudantes indios y europeos aparecen para establecer escalas comparativas de los monumentos. La razón del interés de Charnay en la arqueología era de índole claramente personal. Veía los monumentos como un reflejo del alma de sus constructores, siendo un medium para conocer del origen del país y de sí mismo como ser humano. "¿No están los monumentos inclinados a decirnos sí sus fundadores fueron nuestros hermanos y nuestros contemporáneos o si este profundo país tiene una génesis distinta?" preguntaba.[8] A veces, cuando él caminaba en la selva como sí lo hiciera en un jardín romántico con ruinas (pero con muchos más mosquitos) sentía la melancolía de una cultura perdida, que su equipo devela como un sueño o una memoria olvidada, de entre la vegetación. En Palenque, escribe: "Nada hay extraño en un paseo entre estos extraordinarios edifices; este abandono, este silencio, esta soledad, la espesa sombra de los árboles que coronan los monumentos y pirámides, ahondan mucho más el misterio que se desliza sobre las ruinas y nos da una indecible tristeza".[10] Charnay es un poeta de la arquitectura maya, sensitivo al musgo y a las sombras, la estructura y el detalle de los monumentos. Nos hace sentir lo físico de los templos, como si fuésemos adoradores que alternativamente levantan la cabeza para ver el punto en que la piedra y el cielo se juntan, y observan las escenas culpidas, los mosaicos y los bajorrelieves. Hojeando sus álbumes[11] que nos llevan de un lado a otro, como en un interminable ciclo donde los retratos están estructuralmente unidos como las piedras en un edificio, los motivos y sus variaciones reapareciendo en diferentes monumentos, sentimos lo que él debió haber sentido mientras viajaba: que para acceder a México, el viajero debe entregar su sentido del tiempo occidental como una acumulación lineal, y aprender la extrema lentitud. Quizá Charnay aprendió todo eso por medio de las inmensas dificultades que encontraba para usar el proceso coloidal en un calor húmedo como el de México. O quizás, también, lo aprendió de su don de observación desinteresada, del espacio mítico que reflejan los monumentos. Extrañamente, sus fotografías

Only Egypt has attracted as many photographers as Mexico in the nineteenth century. But in Mexico (contrary to Egypt, where most of the contemporary photography is taken by tourists) this fascination still lasts: in fact, it has been rare to meet any photographer at all that had not been to Mexico. It seems to me that, then as now they walk a thin line between the danger of a remoteness that renders the other simply exotic, and the danger of fusion, when the photographer makes the other an extension of himself. In both cases, there is a reduction, a simplification. Tension disappears. Pictures become flat, only pictures.

But then—then as now—suddenly a picture makes itself known, demands attention, tells us some truth about the other, and his world.

Such is the case with one of the first explorers of Mexico, the Frenchman Désiré Charnay, a self-taught photographer who arrived in Mexico in 1857, just after the war between Mexico and the United States, when the first known daguerreotypes had been taken in Mexico. He made four expeditions between that date and 1886. Though he rarely photographed human beings (except for some anthropological pictures of Indians, front and side view, near a measuring apparatus, or others where Indian and European helpers appear to give a scale to the monuments), the reason for Charnay's interest in archaeology was clearly personal: he thought of monuments as a reflection of their builders' souls, as a medium to learn about the country's origin, and his own as a human being. "Aren't monuments bound to tell us if their founders were our brothers and our contemporaries or if this profound country had a genesis apart?" he asks.[6] Sometimes, when he walks in the jungle as he would in a romantic European garden with ruins (but with many more mosquitoes), he senses the melancholy of a culture lost, that his team uncovers as a dream or a forgotten memory, from under the vegetation. In Palenque, he writes: "Nothing strange as a stroll among these extraordinary edifices; this abandon, this silence, this solitude, the thick shadow of the trees that crown the monuments and pyramids deepen even more the mystery that glides over the ruin and gives you an unspeakable sadness."[7]

Charnay is a poet of Mayan architecture sensitive to moss and shadows, the structure and the detail of the monuments. He makes us feel the physicality of the temples, as if we were worshipers who alternately lift their heads to see the point where stone and sky mingle, and observe the details of the engraved scenes, mosaics or bas-reliefs. Leafing through his albums[8] that take us from one site to the other, as in an endless cycle where the pictures are

parecen abrir el camino y complementar las vistas de los monumentos tomadas por dos fotógrafos americanos, ambos mujeres, más de un siglo después.

En 1982, después de fotografiar los dibujos terrestres de los indios de Nazca, en una planicie del suroeste de los Andes, en Perú, Marilyn Bridges se dispuso a retratar las ruinas mayas de la península de Yucatán, las pirámides y templos de Chichén Itzá, Uxmal, Tulum, Coba, así como las pirámides de Palenque en el estado de Chiapas. Volando sobre nuevos territorios donde las cartas aéreas no eran siempre exactas, ella, a veces, descubría pirámides sin identificación, surgiendo de la vegetación. Como en los retratos de Charnay, la piedra y la selva son vistas muy entretejidas, como sí reclamaran el mismo espacio. Se cree que esos lugares fueron hechos para los ojos de los dioses, y es imposible verlos en su totalidad desde la superficie terrestre. Desde el espacio, las ruinas fragmentarias pueden verse completamente, mostrando la topografía y la interrelación de estructuras, como en una petrografía. Aunque tomadas a alta velocidad, las fotografías de Bridges contienen el mismo espíritu de cuidadosa, hasta compuesta, contemplación del trabajo de Charnay. "Sentí como sí yo estuviese en la presencia de una gran fuerza, una fuerza que ofrecía unidad, que desafiaba las estrechas perspectivas de nuestras vidas, requiriéndonos que nos echáramos atrás lo suficiente para poder contemplar el todo", escribe Bridges. En sus retratos vemos cómo las pirámides, profundamente empotradas en el suelo, son también el punto de encuentro del cielo y de la tierra; sus cuatro lados nos incitan a meditar en el sagrado significado del número cuatro para los aztecas, quienes creían que el universo había nacido de una combinación de cuatro elementos. "Sobre el terreno", dice Bridges, "cada sitio descubre solamente su propia identidad, pero desde el aire la cohesividad de la que fue la gran civilización de los mayas, una vez más se presenta clara y sin tiempo". Los aztecas estaban convencidos de la creación y destrucción cíclicas de la tierra: su mundo que ellos creían había comenzado en el año 3114 AC, fue barrido por los españoles. Observando los retratos de Bridges, podemos tener la perspectiva de los dioses sobre nuestra vida y civilización; meditar en el tiempo cíclico y en nuestra fragilidad. Este es uno de los caminos en el cual la imagen del otro puede volverse hacia nosotros e interrogarnos. Linda Connor, una americana que ha viajado por México, en 1976, 1989 y 1991, habiendo fotografiado el país con una cámara de 8 × 10, busca también documentar los restos de lo sagrado y de reconstruir la presencia de los antiguos habitantes y su relación con las fuerzas de más allá, tal cual se reflejan en las formas que dejaron en la tierra".[13] Bajo su lente, México es visto con el asombro de una primicia, y sin embargo, está lleno de memorias. Estatuas, monumentos, pilares, hechos de las piedras más pesadas, se vuelven ligeros como copos de nieve, como un suspiro en el cristal de una ventana. Las cosas respiran y ondulan cual un paisaje visto a través del parpadeo de una llama; como un jardín que tiembla bajo la neblina del surtidor. Todas las cosas vibran, cual sí los átomos, danzando, se hicieran visibles. En tal mundo, las fronteras del espacio-tiempo son fáciles de cruzar; no hay

structurally united to each other as the stones in an edifice, the motives and their variations reappearing in different monuments, we feel what he must have felt while traveling: that to accede to Mexico, the traveler must surrender his Western sense of time as a linear accumulation, and learn extreme slowness. Maybe Charnay learned that through the immense difficulties he had in using the collodion process in a humid heat such as Mexico. Or maybe again, he learned it from his gift of unselfish observation, from the mythical space that the monuments reflect. Strangely, his photographs seem to open the way and to complement the views of monuments taken by two American photographers, both women, over a century later.

In 1982, after photographing the Nazca Indians' earth drawings in a plain southwest of the Andes, in Peru, Marilyn Bridges set out to take pictures of Mayan ruins on the Yucatán peninsula, pyramids, and temples at Chichén Itzá, Uxmal, Tulum, Cobá, as well as pyramids at Palenque in the state of Chiapas. Flying over new territory where the aerial charts were not always accurate, she often spotted unmarked pyramids peeking through vegetation. As in Charnay's pictures, the stone and the vegetation are seen as intermingled, claiming the same space. The sites, it is believed, were made for the eyes of the gods, and it is impossible to view them entirely from ground level. From the sky, fragmentary ruins can be seen in totality, showing topography and interrelation of structures, as in a calligraphy of stones. Though done at high speed, Bridges's pictures contain the same spirit of careful, even arranged contemplation as Charnay's work. "I felt as though I was in the presence of a great force, a force that provided unity, that challenged the narrow perspectives of our lives by requiring us to step back enough to view the whole" writes Bridges. In her pictures, we see how the pyramids, deeply embedded in the ground, are also the meeting place of sky and earth; their four sides drive us to meditate on the sacred meaning of the number four for the Aztecs, who thought that the universe was born from a combination of the four elements. "On the ground" says Bridges, "each site bares only its own identity, but from the air the cohesiveness of the once great civilization of the Maya again becomes clear and timeless."

The Aztecs were convinced of the cyclical creation and destruction of the earth; their world, which they thought had started in 3114 B.C., was swept away by the Spaniards. Looking at Bridges's pictures, we might take the perspective of the gods on our own life and civilization, meditate on cyclic time, on our own fragility. This is one of the ways in

EUGENE OMAR GOLDBECK
Patrulla de Inmigración en la Frontera, Febrero, 1926, M. M. Hanson, Inspector Encargado.

Immigration Border Patrol, February 1926. M. M. Hanson, Inspector in Charge

distinciones entre lo animado y lo inanimado, lo humano y lo animal, la vida y la muerte. Al adoptar intuitivamente el concepto maya del tiempo como el de un ciclo recurrente, Connor va más allá de lo documental, más allá de las apariencias, alcanzado la naturaleza mística de México. Carl Lumholtz, un antropólogo, zoólogo y botánico, estuvo fotografíando extensamente en México, a partir de 1890. Al principio hizo retratos estrictamente antropológicos, pero pronto se percató que la objetividad es un mito, y que su propia presencia estaba cambiando lo que observaba. Más tarde no vaciló en pedirle a sus subalternos que posaran y de pedirles que le trajeran objetos de culto o estatuas.

Comprendió que ser un extranjero le había proporcionado ser testigo de personas y eventos desconocidos para los mexicanos, la mayoría sin percatarse de la existencia de treinta mil indios tarahumaras en la Sierra Madre: "Se

which the image of the otherness can turn back to us, questioning.

Linda Connor, an American who traveled to Mexico in 1976, 1989, and 1991, and photographed with an 8 × 10″ camera, also seeks "to document the remains of the sacred, and to reconstruct the presence of prior residents, and their relation to the forces beyond as reflected through the forms they left in the land."[9] Under her lens, Mexico is seen with the wonderment of a first time, yet it is full of memories. Statues, monuments, pillars made of the heaviest stone become transient as snow flakes, a breath on a window pane. Things breathe and undulate as a landscape seen through a fluttering flame, as a garden that trembles under a sprinkling mist. Everything vibrates, as if dancing atoms had become visible.

In such a world, time-space frontiers are easy to cross; there is no distinction between animate and inanimate, humans and animals, life and death. By adopting intuitively the Mayan's conception of time as a recurring cycle, Connor goes beyond the documentary, beyond appearances, reaching to the mythic nature of Mexico.

Carl Lumholtz, an anthropologist, zoologist, and botanist, photographed extensively in Mexico starting in 1890. At first he took strictly anthropological portraits, but soon became aware that objectivity was a myth, and that his very presence was changing what he was observing. Later on, he did not hesitate to ask his subjects to pose, to bring cult objects or statues outside for him. Being a foreigner, he realized, had brought him to witness people and events unknown to Mexicans, mostly unaware of the existence of thirty thousand Tarahumara Indians in the Sierra Madre: "They are scattered throughout a mountainous and, to the outside world, but little known district."[10]

Lumholtz wrote about how the Tarahumaras and other Indians had an ambivalent attitude to photography; according to circumstances, they projected good or evil on the machine: "These Indians are very difficult to study, as they are shy and timid, and, with a true Indian trait of character, extremely distrustful of strangers," he writes. "In Cusarare, in the month of March [1890], when we were photographing them . . . they submitted to be gazed at and to have their picture taken, without, of course, understanding what it all meant. Our interpreter spoke well for us, and we separated apparently friends. Their minds, however, became uneasy, and messengers were sent in every direction with words of warning against some white people behaving in a strange manner, and probably bent upon taking their country, as there was a great number of them."[11]

encuentran dispersos en un área montañosa y en un poco conocido distrito".[11] Lumholtz escribió acerca de cómo los tarahumaras y otros indios tenían una actitud ambivalente hacia la fotografía; de acuerdo a las circunstancias ellos proyectaban lo bueno y lo malo en las fotografías; "Estos indios son muy difíciles de estudiar, ya que son asustadizos y tímidos y con una traza muy india en su caracter, son en extremo desconfiados de los extranjeros". Escribía: "En Cusarare, en el mes de marzo (1890) cuando estábamos fotografiándolos, ellos se sometieron mirando fijamente y se dejaron fotografiar sin comprender, desde luego, lo que aquello significaba. Nuestro intérprete les habló bien de nosotros y terminamos aparentemente amigos. Sus mentes, no obstante, se volvieron inquietas, enviando mensajeros en todas direcciones, alertando a todos de ciertos hombres blancos que se comportaban de extraña manera y que parecían apoderarse del país, ya que había un gran número de ellos".[12] Las cicatrices de la Conquista estaban aún

The scars of the Conquest were still painfully present in the Indians' minds; at first they reluctantly accepted the foreigners, then rejected them as potential conquerors whose weapon is the camera. Then they proceeded to launch other accusations upon Lumholtz and his crew, such as cannibalism and soul stealing. But, after a spell of dry weather, the rain started and seemed to follow the anthropologist wherever he went: "They associated my movements with the rain" he writes, "and, owing to this belief, were sorry when I parted from them. They began to take a delight in posing before the mysterious camera, which, they imagined, had, after all, turned out to be a powerful rain-maker."

Lumholtz's best photographs transcend mere scientific observation, and reflect the respect, wonderment, and fascination for the other's essential mystery that he and the Indians must have felt in each other's presence. The images that Lumholtz used to illustrate his texts we now look at as some of the most powerful portraits ever made of the Indians.

The truths that Lumholtz captured become more obvious when we compare his to the photographs taken by Paul Strand some forty years later. Confronted with this same quality of the Indians that Lumholtz and other travelers have experienced—shyness, understandable reserve, and defiance of the foreigners—Strand did not confront his subjects or try to gain their confidence through time. Instead, he chose to use a trick camera with a prism and a second, false lens aiming at something else while he was making portraits of unaware subjects. They are no more looking at us than they were looking at him. The deception goes even further: by the time Strand was in Mexico, modern civilization had made its way to the villages he was photographing. Writer James Oles points this out,[12] "None of Strand's photographs of Mexico include traces of the modern era or even so much as a telephone wire or light bulb or tin can." Maybe in compensation for the inadequacies he was feeling in his own way of life, Strand chose to make of Mexico an ideal, timeless refuge, where the contradictions and sufferings of urban poverty are absent.

As Olivier Debroise has explained,[13] it is impossible to radically oppose a "Mexican" photography to a "Foreign" one; they tend to feed each other and exchange their models: Very often, when there occurs in Mexico a return to the sources and an acceptance of the Indian culture's forms of representation, it is also the time of a greater openness to the other. This of course has been the case in the 1920s, and there are sure signs of such a renaissance in our time.

dolorsamente presentes en las mentes de los indios; al principio aceptaron con renuencia a los extranjeros, rechazándolos después como conquistadores potenciales cuya arma era la cámara fotográfica. Entonces comenzaron a lanzar acusaciones contra Lumholtz y su gente, tales como de canibalismo y robo de las almas. Pero, tras un intermedio de sequía, las lluvias parecieron seguir al antropólogo dondequiera que se dirigiera, "asociaron mis movimientos con la lluvia, escribe, y debido a esta creencia, se sintieron apenados cuando hube de dejarlos. Comenzaron a deleitarse con posar ante la misteriosa cámara, la cual, imaginaban, se había convertido, después de todo, en una poderosa creadora de lluvias". Las mejores fotografías de Lumholtz trascienden la mera observación científica y reflejan el respeto, el asombro y la fascinación por el misterio esencial del otro, que tanto los indios como él mismo debieron haber sentido en presencia de cada quien. Las imágenes que Lumholtz utilizó para ilustrar sus textos nos permiten, ahora, contemplar algunos de los más poderosos retratos de los indios como no se había hecho antes.

Las verdades que Lumholtz capturó se vuelven más obvias cuando las comparamos con las fotografías tomadas por Paul Strand, unos cuarenta años después. Enfrentando la misma cualidad de los indios que Lumholtz y otros viajeros habían experimentado: timidez, comprensible reserva y desafío hacia los forasteros, Strand no se enfrentó a sus personajes ni trató de ganarse su confianza con el paso del tiempo. Por el contrario, se decidió por utilizar un truco mecánico usando un prisma y un segundo lente falso que enfocaba hacia otro lugar mientras él concluía los retratos de los desapercibidos sujetos. Estos no miran hacia nosotros como no lo hacen hacia el artista. El engaño llegó más lejos: en el tiempo que Strand estuvo en México, la civilización moderna había abierto caminos hasta las aldeas en las que él estaba fotografiando. El escritor James Oles, señala este punto: Ninguna de las fotografías de México tomadas por Strand, incluye trazas de la era moderna, ni siquiera un alambre de teléfonos o una bombilla eléctrica o una lata vacía".[13] Quizás, como compensación por las limitaciones que sufría en su propia forma de vida, Strand decidó hacer de México un refugio intemporal, ideal, donde las contradicciones y sufrimientos de la pobreza urbana estuvieran ausentes.

Como ha explicado Olivier Debroise,[14] es imposible oponer radicalmente una fotografía "mexicana" a una "extranjera"; ambas tienden a nutrirse una a otra y intercambiar sus modelos. Con mucha frecuencia, cuando en México ocurre un regreso a las fuentes y una aceptación de las formas representativas de la cultura indígena, es ese el tiempo, también, de una mayor apertura hacia el otro. Este ha sido, por supuesto, el caso en los años de 1920, y existen signos seguros de un renacimiento en nuestro tiempo. Y precisamente, lo que Strand ha enmarcado en sus retratos del pueblo mexicano, su relación con el medio ambiente, se hace muy interesante cuando se contemplan las imágenes captadas por fotógrafos como Ellen Auerbach, Eliot Porter, Marc Cohen y Max Kozloff.

And precisely what Strand has framed out of his portraits of Mexican people, their relationship to their environment, is of interest when looking at pictures by photographers such as Ellen Auerbach, Eliot Porter, Mark Cohen, and Max Kozloff.

Though their styles greatly differ, these four photographers seem to share several characteristics. One of them is openness. They try not to project their preconceptions on what they feel and see, but rather, to let the confusion of reality overwhelm them and teach them what to record. They let their intuition dictate what to photograph; and they also have a desire to be taught by the people among whom they live.

Ellen Auerbach speaks eloquently about the knowledge she received from Mexico. She always lets herself feel the aura of a place, serene at times, at other times darker, more violent. She felt it, for instance, when contemplating the stone degrees of the pyramids, neutral to some, but to her still drenched from the blood of the Mayan's sacrificial victims. Absence, too, can convey a strong feeling: Auerbach recalls one of her trips, in 1955 or 1956, with Eliot Porter, when she felt drawn to a statue in a church, covered with a drape, and asked him to photograph it. "But there's nothing to see" he retorted. Interestingly, the image he reluctantly took conveys a very important aspect of Mexico, and helps to explain why André Breton felt at home there—though "surrealism" does not seem to me the exact way of describing this special way that Mexico has to link the visible to invisible presences.'

Another way of seizing the special quality of Mexico lies in the attention to what we call, somewhat scornfully, "details." There is much to be understood of Mexico through the organization of the surface, the configuration of objects in space. Again, it seems that the dichotomies drawn by the Western world between body and soul, mask and reality, art and life, do not apply to Mexico, When Auerbach and Porter photographed the church interiors, they captured in the very arrangement of objects, more than mere appearances. Their approach included no rearrangement ("we tried to keep people from cleaning up before we came") and, most important, no use of artificial light: a window, a door ajar, a candle were often the only light. "If there was only candle light, we would use a long exposure. We wanted to get the feeling, the atmosphere. Sometimes, we could not see what we were photographing."[14]

What they sometimes could not see, but have rendered visible, includes, for instance, a Christ wearing a child's slippers; and a peasant's straw hat covered with leaves; another dressed in blue peasant clothes; a black Jesus on a

Aunque sus estilos difieren notablemente entre sí, estos cuatro fotógrafos parecen compartir ciertas características. Una de ellas es la apertura. Los mismos parecen no proyectar sus preconcepciones sobre lo que ellos sienten y observan, sino, más bien, permiten que la confusión de la realidad los domine y les enseñe lo que deben captar. Permiten a la intuición dictar la fotografía; sienten también el deseo de ser guiados por las gentes entre las que viven.

Ellen Auerbach habla elocuentemente sobre el conocimiento que ha recibido de México. Ella siempre se permite a sí misma el sentir el aura de un lugar, a veces sereno, otras más oscuro, más violento. Por ejemplo, siente, cuando contempla el gradiente de piedra de las pirámides, para algunos neutral, pero para ella todavía encharcado con la sangre de las víctimas sacrificadas por los mayas. La ausencia puede, igualmente, convocar sentimientos fuertes. En uno de sus viajes, en 1955 ó 56, acompañada de Eliot Porter, Ellen Auerbach recuerda cuando fue atraída por una estatua en una iglesia, cubierta con un manto, y le pidió a Porter que la retratara. El comentó: "Pero no hay nada que ver." Es interesante que la imagen que él se negaba a fotografiar comunica un aspecto muy importante de México, y ayuda a explicar por qué André Bretón se sentía como en casa "allpi," aunque el surrealismo no me parece la vía adecuada para describir ese modo especial con que México anexa las presencias visibles con las invisibles. Otra manera de medir la cualidad especial de México reside en atender lo que llamamos, con cierto desdén, los "detalles". Existe mucho de México que debe ser entendido, por medio de la organización de la superficie y la configuración de objetos en el espacio. Una vez más parece que las dicotomías trazadas por el mundo occidental entre el cuerpo y el alma, la máscara y la realidad, el arte y la vida, no tienen aplicación en México. Cuando Auerbach y Porter fotografiaban los interiores de las iglesias, habían captado en el propio arreglo de los objetos, más que meras apariencias. Sus enfoques no incluían arreglos previos ("tratábamos de evitar que las gentes limpiaran antes de que llegáramos".[15]) y, lo más importante, no usar luces artificiales: una ventana, una puerta entreabierta, un velón, eran, a menudo, la única iluminación; "Si solamente teníamos las luces de los cirios, usábamos mayor exposición. Queríamos tener el sentimiento, la atmósfera. A veces no podíamos ver lo que estábamos fotografiando".[15] Lo que ellos, a veces, no podían ver, pero se hizo visible, incluye, por ejemplo, un Cristo usando unas zapatillas de niño, y el sombrero de paja de un aldeano cubierto de hojas de árbol; otro vestido con ropa campesina; un Jesús negro en un crucifijo hecho de tubería; un Jesús y María, de piel oscura; un desván lleno de ángeles esperando por una reparación, uno de ellos con la cara exacta a la de Quetzalcóatl.

En 1519, en la isla de Cozumel, Cortés reemplazó la imagen de la diosa luna maya con una estatua de la Virgen de la Inmaculada Concepción. La Virgen de Auerbach se mezcla con la diosa de la Luna.

Al documentar las calles y no las iglesias, la ciudad y no el país, trabajando en blanco y negro, Marc Cohen, cuyas fotografías, para el observador común pueden parecer documentales solamente, comparten, no obstante, varias

crucifix made of pipes; a brown-skinned Jesus and Mary; an attic full of angels waiting for repair, one of them with the exact face of Quetzalcóatl.

In 1519, on Cozumel island, Cortés replaced the image of the Mayan moon goddess with a statue of the Virgin of the Immaculate Conception. Auerbach's Virgin blends Virgin and moon goddess.

Documenting the streets and not the churches, the city and not the country, working in black and white, Mark Cohen, whose photographs to a casual observer might seem only documentary, nevertheless shares several important characteristics with Auerbach and Porter. One of them is his relentless attention to details, such as in this picture of a grocery window where he seized the accumulation of beer bottles, canned goods, and labels. And another is his custom of printing in a monumental size so that we are drawn into the picture, as if we were children pressing our face to a window. Max Kozloff, too, in his striking color picture of a hardware store, makes us feel Mexico in an almost palpable way, through the specific range of its colors that assail us, demanding our attention. By realizing that the same rules of accumulations and display are at work in the church and in the shop window, we understand the irrelevance, in Mexico, of a Western-like delineation between sacred and profane.

How much can a foreigner critique what he sees? Do his sympathy, the knowledge and the insights he brought with him give him a right to be critical? And finally, can he hope to achieve positive changes in the society's fabric through his images? This is a question traditionally asked about the function of photodocumentary photography, and one we can ask again from pictures done at various periods by Henri Cartier-Bresson, Helen Levitt, Via Wynroth, Kent Klich, all of them Europeans and Americans.

Henri Cartier-Bresson went to Mexico in 1934 and stayed there for a year, living in the poorest neighborhoods of Mexico City. He took most of his pictures in the perimeter of Candelaria de los Patos, Cuadrante de la Soledad, not far from the Mercado de la Merced and the Calle Cuauhtemotzin and Calle Chimalpopoca,[15] sometimes traveling to Juchitan and Puebla. Helen Levitt made only a brief trip to Mexico in 1941, her only one outside the United States. We can feel from Levitt's pictures that she was an outsider, scared and disoriented outside her familiar territory, and that is not quite the impression we get from Cartier-Bresson's pictures—in the space of one year, people must have gotten used to the "man with face the color of a shrimp."[16] But both sets of pictures shed a harsh, bleak light on

características importantes con las de Auerbach y Porter. Una de ellas es su acusada atención a los detalles, cual en la fotografía de una ventana de una tienda de víveres, donde captura la acumulación de botellas de cerveza, comidas enlatadas, rótulos, y generalmente, en su costumbre de imprimir en tamaño monumental de forma de atraernos al retrato, como sí fuésemos niños pegando nuestras caras en el cristal de una vitrina. También Max Kozloff en su impresionante retrato a color de una ferretería, nos hace sentir a México en una forma tangible, por medio de una gradación específica de sus colores que nos asaltan, reclamando nuestra atención. Al comprender que las mismas reglas de acumulación y despliegue están en juego, tanto en la iglesia como en la vitrina comercial, comprendemos la impertinencia, en México, de una delineación al modo occidental entre lo sagrado y lo profano. ¿Cuánto de lo que ve puede criticar un forastero? ¿Pueden su simpatía, el conocimiento y las interioridades que trajo consigo, otorgarle el derecho a ser crítico? Y finalmente, ¿puede esperar alcanzar cambios positivos en el tejido de la sociedad por medio de sus imágenes? Esta es una pregunta que tradicionalmente se hace acerca de la función de la fotografía fotodocumental, y una que podemos repetir por esas imágenes tomadas en varios tiempos por Henri Cartier-Bresson, Helen Levitt, Via Wynroth, Kent Klich, todos ellos europeos y americanos.

Henri Cartier-Bresson fue a México en 1934 y permaneció allí por un año, viviendo en los vecindarios más pobres de la Ciudad de México. Tomó la mayoría de sus retratos en el perímetro de Candelaria de los Patos, Cuadrante de la Soledad, no lejos del Mercado de la Merced y las calles de Cuauhtemotzin y Chimalpopoca[15], otras veces viajando hasta Juchitán y Puebla. Helen Levitt, en 1941, hizo solamente un breve viaje a México, su única salida de los Estados Unidos. Podemos sentir con los retratos de Helen Levitt, que ella es una extraña, asustada y desorientada fuera de su territorio familiar, y que no nos impresiona como lo hacen los retratos de Cartier-Bresson en el espacio de un año las gentes deben haberse acostumbrado "al hombre con la cara del color de un camarón".[16] Pero ambas colecciones de retratos brindan una ruda y fría luz sobre México. Una honda tristeza y resignación se filtran a través de ellas.

Si alguna cosa, las condiciones de vida parecen haberse empeorado para los pobres de México en los siete años que separan la estancia de Cartier-Bresson del viaje de Helen Levitt. La sensación de una cierta armonía que transmiten los trabajos de perfección formal de Bresson (aunque el contenido sea de frialdad) ha sido hecha pedazos. La pobreza de México, aquí, no es vista como el resultado de factores socio-económicos, pero como degradante y erosiva del tuétano de la propia vida. Los retratos de Levitt contienen una mezcla de lo grotesco y lo timorato, teñidos de un humor negro. La pobreza, aquí, significa una pérdida de valores, desencanto, fragmentación, una disonancia reflejada: arreglo espacial de los cuerpos en su marco, en las expresiones perdidas y vacías de las caras.

En cuanto a los niños y adolescentes fotografiados por Kent Klich, el fotógrafo danés, entrenado como sicólogo, y

Mexico. A deep sadness and resignation seep though them.

If anything, life conditions seem to have worsened for Mexico's poor in the seven years that separate Cartier-Bresson's sojourn from Helen Levitt's trip. The sense of a certain harmony that Bresson's pictures conveyed through their formal perfection (even if their content was bleak) is shattered. Mexico's poverty, here, is not seen as a result of socioeconomic factors, but as degrading, eroding the very core of life. Levitt's pictures contain a mixture of grotesque and frightening, tinged with black humor. Poverty, here, means a loss of values, disenchantment, fragmentation, a dissonance reflected in the spatial arrangement of the bodies in the frame, in the lost and vacant expressions of the faces.

As for the children and teenagers photographed by Kent Klich, a photographer from Denmark trained as a psychologist who has lived with them for long periods of time in the last five years, they resemble "los olvidados" in Luis Buñuel's film: they are part of street gangs living in the ghettoes of downtown Mexico, addicted to glue, paint thinners, and other inhalants as well as alcohol. The image of the half-rotten, raw, nibbled ear of corn in an aluminum plate in one of Klich's pictures is a sad echo of the glorious, erect, and lush corn plants in Modotti's photograph taken fifty years earlier.

Laurence Salzmann, who first went to Mexico as a trainee in an anthropology program, went back on several occasions, spending time living with and photographing two families, one outside Juárez, the other in the state of Tlaxcala. He arrived there before the villages underwent significant changes. "It was a mostly rural area of Mexico, and people were tied to the land," he says. "Television was coming, but it had not been so modernized. I could see people gathering the juice for the pulque from the meguay just like in the 1920s."[17] His in-depth, non-intrusive portrait of the families reminded me of the multifaceted book of Oscar Lewis *The Children of the Sanchez*, in which each member of the family gives his version of the same events, and Salzmann told me that he had been at the time a friend of the writer, and always showed his pictures to him. Though documentary, Salzmann's pictures convey faithfully the sense of the unknown that Salzmann was experiencing as a foreigner, as though freely admitting that there was something about them he would never quite grasp. "People were very welcoming, but it was still a very

que ha vivido entre ellos por largos períodos de tiempo en los últimos cinco años, parecen semejarse a "Los olvidados", la película de Luis Buñuel; Son parte de las pandillas callejeras, viviendo en guetos en el centro de México, adictos a oler adhesivos, a los disolventes etílicos y otros inhaladores, así como al alcohol. La imagen de una mazorca de maíz, medio podrida, cruda, carcomida, sobre un plato de aluminio, en uno de los retratos de Klich, es un eco triste de los maíces gloriosos, erectos y lozanos de la fotografía de Modotti, tomada hace cincuenta años.

Lawrence Salzmann, que vino a México, como aprendiz en un programa de antropología, volvió en varias ocasiones, utilizando su tiempo para convivir y fotografiar a dos familias, una fuera de la ciudad de Juárez y la otra en el estado de Tlaxcala. Llegó allí antes que los poblados pasaran por cambios significativos. "Era mayormente un área rural de México, donde la gente estaba muy vinculada al suelo", dijo, "la televisión estaba llegando, pero aún no estaba muy modernizada. Veía a la gente recogiendo el jugo del maguey para el pulque, igual que en los años de 1920".[17] Su retrato de las familias, en hondura y sin ser intrusivo, me recuerda el multifacético libro de Oscar Lewis "Los hijos de los Sánchez", donde cada miembro de la familia ofrece su versión de los mismos sucesos. Salzmann que en aquel tiempo había sido amigo del escritor y siempre le mostraba las fotografías que tomaba. Aunque documentales, los retratos de Salzmann comunican fielmente el sentido de lo desconocido que Salzmann estaba experimentando como forastero, aunque admitiendo libremente que había algo acerca de ellos que nunca podía alcanzar. "La gente mostraba su bienvenida pero aun así era un lugar muy foráneo. Existía ese sentimiento de aventura. Algo iba a suceder, pero no se sabía lo que era".

Inspirada también, entre otros, por Oscar Lewis, Via Wynroth, la que pasa buena parte del año viviendo en Chicxulub Puerto, una aldea de pescadores donde ella posee una pequeña casa, cuya playa fue destruida en 1989 por el huracán Gilberto, y en cuyo lugar ella ha estado trabajando en un proyecto a largo plazo "Entre dos mundos", que incluye textos y fotos en colores, tomadas en Tinum y Chicxulub Puerto. En los últimos diez años Via Wynroth ha llegado a conocer a la gente íntimamente: "Yo no confío, necesariamente, en mi respuesta inmediata", dice Via. Ella desea adaptarse a la concepción del tiempo de los nativos, más que imponerse sobre ellos: "Una de las razones por la que dejé Nueva York fue la acumulativa relación con el tiempo: estando "ocupada", planificando por adelantado . . ." En Yucatán Via Wynroth ha encontrado que el tiempo no va en una sola dirección; La relación con el pasado impregna la relación con el futuro, la muerte no se ve como un final. De aquí la importancia de los niños así como la de los ancianos, en esa civilización y en los retratos que ella ha tomado. Ella ha observado la madeja de tiempo en que los aldeanos están atrapados; "Uno de los conceptos erróneos de nuestro siglo es el de que todos vivimos en el mismo tiempo. Y yo observo a las mujeres mayas en sus huipiles, donde duermen, nadan en ellos, encienden sus televisores en blanco y negro, y observan anuncios de Kotex". En su esfuerzo de adaptarse en vez de imponerse, Via

foreign place. There was this feeling of adventure. Something was going to happen, but you did not quite know what it was."

Also inspired, among others, by Oscar Lewis, Via Wynroth, who spends a good part of the year living in Chicxulub Puerto, a fishing village where she owns a small house, whose beach has been destroyed in 1989 by Hurricane Gilberto, has been working on a long-time project. "Between Worlds," that includes both texts and color pictures taken in Tinum and Chicxulub Puerto. In the last ten years, Wynroth has gotten to know the people intimately. "I do not necessarily trust my immediate response," she says.[18] She wants to adapt to their conception of time, rather than imposing hers: "One of the reasons I left New York was the cumulative relationship to time: being 'busy,' planning ahead . . ." In the Yucatán, Wynroth has found that time is not one-way: the relationship to the past impregnates the relationship to the future; death is not seen as an end. Hence the importance of children, as well as the older people, in that civilization, and in her pictures. She has observed the time warp in which the villagers are caught. "One of the misconceptions of our century is that we all have to live in the same time. And I see the Mayan women in their huipil—they sleep, swim in them—turn on their little black-and-white television, and watch ads for Kotex." In her effort to adopt rather than impose, Wynroth has come to lose confidence in the immediacy of the photographic image: it might well be a carrier of illusions. "I am interested in the neutral, the dailyness, even the boring, rather than charged moments, colorful, exotic, aesthetically compelling," she says.

While her knowledge of the place and its people grows, and as she gets to be "part of the family," Wynroth freely admits that this creates a new set of photographic problems: she tends to self-censor more, to feel less free to photograph in situations where she is more involved. She also wonders "at what point can the foreigner speak up, criticize? Some of the fishermen, for instance, need to kill tortoises to eat, and the tortoises are a protected species. Or squatters who could not live from the corn, and have settled near the sea in shacks with no drainage and no running water, pollute the water and the fish. Mexicans cannot understand how this fish could be bad for them, since they have always eaten it." Wynroth mentions other issues, such as recycling of garbage, where she must be tactful when she intervenes.

Wynroth ha llegado a perder la confianza en la inmediatez de la imagen fotográfica: podría ser un carguero de ilusiones: "Estoy interesada en lo neutral, lo cotidiano, hasta lo aburrido, en vez de los momentos recargados, coloridos, exóticos, estéticamente compulsivos", dice ella.

Al crecer su conocimiento del lugar y de sus gentes, y al irse convirtiendo "en parte de la familia", Via admite con libertad que eso mismo crea un nuevo juego de problemas fotográficos: ella tiende a autocensurarse más, a sentirse menos libre de usar la fotografía en situaciones donde ella se ha involucrado. También se pregunta "en qué punto puede el forastero hablar y criticar. Por ejemplo, algunos pescadores necesitan matar tortugas para comer y las tortugas son especies bajo protección. O advenedizos que no pueden vivir del maíz y se han asentado junto al mar en chozas sin alcantarillas ni agua corriente y que contaminan el agua y el pescado. Los mexicanos no pueden comprender por qué ese pescado puede ser dañino para ellos sí siempre lo han comido". Via menciona otros asuntos, tal como el reciclaje de la basura, donde ella, para intervenir, debe usar mucho tacto.

Lawrence Salzmann y Via Wynroth se las han arreglado, en varios niveles, para formar parte del tejido del país y ofrecer una visión del pueblo, tanto en lo profundamente espiritual cuanto en la raigambre de la vida diaria, sin esconder los problemas de esa sociedad. Aún más radical es el problema de Gertrude Blom, que ha decidido vivir en México y ha puesto casa en San Cristóbal de Las Casas, fotografiando los pueblos maya y ladino de Chiapas, desde 1943. Ella vino a México en 1940.

Su primer retrato fue el de un hombre Lacandón, sentado sobre un leño: "Yo no lo había oído ni visto venir, recuerda ella, y parecía ser parte de aquel leño, parado, totalmente inmóvil, y erecto, mezclándose con la fronda".[19] Desde entonces en lo adelante sus retratos exudan una diversidad de sentimientos, una casi punzante sensación de armonía. La agudeza se comprende mejor cuando nos percatamos de que el mundo de los lacandones está amenazado. El lado oscuro de las fotografías de Gertrude Blom, es el de los "retratos" de los arbolados de la selva húmeda tan cercana al pueblo lacandón, su documentación incansable de la destrucción a que someten a esa selva: en los últimos treinta años, más de cuatro millones de acres han sido quemados por rancheros, compañías madereras y fincas ganaderas, estimulados por la política gubernamental. Las grandes pilas de viejos troncos de arboles quemados por los rancheros, me han ayudado a recordar la activa involucración de Blom como una organizadora anti-facista en la república de Weimar; parecen hacerse eco de los montones de libros de "literatura degenerada" quemados por los nazis, que se adelantaban a las ejecuciones en masa de judíos, gitanos y comunistas.

Tristemente, la mayoría del pueblo y sus modos de vida que han sido recogidos en filmes parecen estar al borde de la desaparición, pues México va siendo empujado, un poco voluntariamente, dentro del siglo veintiuno, mientras el

Laurence Salzmann and Via Wynroth managed, at various levels, to be integrated in the fabric of the country and to give a vision of the people deeply spiritual as well as rooted in everyday life, not concealing the society's problems. Even more radical is the case of Gertrude Blom, who has chosen to live in Mexico and has set up house in San Cristóbal de las Casas, photographing the Ladino and Mayan people of Chiapas since 1943. She had come to Mexico in 1940.

Her very first picture is of a Lacandon man sitting on a log. "I had not seen or heard him come up," she recalls. "He seemed to be part of that log, standing totally immobile and erect and melting into the forest."[19] From then on, her portraits exude a complexity of feelings, an almost poignant sense of harmony. The poignancy is better understood when we realize that the Lacandon's world is menaced. The darker side of Gertrude Blom's photographs is, as it were, her "portraits" of the trees of the rain forest so close to the Lacandon people, her relentless documentation of its destruction. In the last thirty years, over four million acres have been burned by the farmers, lumber companies, and cattle ranchers, encouraged by government policies. The high piles of charred, ancient tree trunks, helped me recall Blom's active involvement as an antifascist organizer in the Republic of Weimar; they seemed to echo the piles of charred books of "degenerate literature" burned by the Nazis, prefiguring the mass executions of Jews, Gypsies and Communists."

Sadly, most of the people and ways of life that have been recorded on film seem on the verge of disappearing, as Mexico is pushed, half-willingly, into the twenty-first century, as the Western world imposes its ways of life, its conception of time, life, and death. The photographs remain as witnesses, and, as I look into the people's eyes, as I reread the prophecies of the Codex Fiorentinus,[20] I find myself sometimes entertaining the hope that the destruction is not irrevocable, that maybe the images are a symbol of another chance of existence to come for things and people extinct. "Some other time it will be thus, some other time things will be thus, in another time, in another place. What was done long ago and now is not done again, will be done another time, another time will be thus, as it was in remote times. The ones that live today, another time will live, another time will be."

The Lacandon people, who call themselves the *hach winik*, or true people, have never been conquered by the Spanish or converted by the Christians. Their prophet, Chan K'in viejo, thinks "that the roots of all living things are

mundo occidental impone su manera de vivir, su concepción del tiempo, de la vida y de la muerte. Las fotografías quedan como testimonios, y al mirar en los ojos de las gentes, mientras releo las profecías del Código Florentino,[20] me encuentro abrigando la esperanza de que la destrucción no es irremediable, que quizás las imágenes son un símbolo de otra oportunidad de existencia venidera para las cosas y los pueblos extintos: "Alguna otra vez será así; una vez más las cosas serán así, en otro tiempo, en otro lugar. Lo que fue hecho hace tiempo y ahora no se ha vuelto a hacer, será hecho en otro tiempo, otro tiempo será así, como fue en tiempos remotos. Los que hoy viven, vivirán en otro tiempo, otro tiempo habrá de ser".

El pueblo lacandón, que se llama a sí mismo "el hach winik" o pueblo verdadero, nunca ha sido conquistado por el español o convertido por los cristianos. Su profeta, Chan K'in Viejo, piensa "que las raíces de todas las cosas vivientes están todas juntas y unidas; cuando la selva del Lacandón sea destruida y el último del "pueblo verdadero" muera, el mundo terminará".[19]

Como él, pienso que destruyendo 'el otro', significa atacar esa parte de nosotros de la que aún no conocemos, mientras que, quizás, creando una imagen fiel del otro es un esfuerzo para comprender mejor nuestra propia condición.

1. J. M. Le Clezio, "Le Rêve Mexicain," París, Gallimard, 1988.
2. Octavio Paz, "The Labyrinth of Solitude." Grove Weidenfeld, N.Y. 1985.
3. Bernal Díaz del Castillo, "Historia verdadera de la Conquista de la Nueva España," 1517–1521, Porrúa, Mexico, 1968m T. 1. p. 109. Translation of "The Discovery and Conquest of Mexico," translated by A. P. Maudslay. Farrar, Straus and Cudahy, NY, 1956, p. 104.
4. Véase Serge Gruzinski, "La Guerre des Images," Fayard, París, 1990.
5. Historia general de las cosas de la Nueva España, Porrúa, México, 1975.
6. crossed out, *tachado*.
7. crossed out, *tachado*.
8. Desiré Charnay "Ma dernière expedition au Yucatán," Le Tour du Monde, Paris, 1er. semestre, p. 313.
9. crossed out, *tachado*.
10. Désir Charnay, "Anciennes Ville du Nouveau Monde, Voyages déxplorations au Mexique et dans l'Amérique Central, 1885, p. 189.
11. Carl Lumholtz, "Among the Tarahumaras, the American Cavedwellers," Scribners Magazine XVI, No. 1, July 1894.
12. Ibidem, p. 40–42.

13. Carta de Peter Samis a Carole Naggar y Fred Ritchin, 1991.
14. De una entrevista con Ellen Auerbach y el autor, NYC, marzo 13, 1992.
15. Juan Rulfo, "Le Mexique des années 30 vu par Henri Cartier-Bresson, En "Henri Cartier-Bresson: Carnet de notes sur le Mexique, exhibition catalogue. Paris, Centre Culturel du Mexique, 1984.
16. Carta de Ben Maddow a Peter Galassi, citada en "Henri Cartier-Bresson: "The Early Work," Introducción al catálogo de exhibición del Museo de Arte Moderno, Nueva York, 1987.
17. De una conversación telefónica con Lawrence Salzmann con la autora. Marzo de 1992.
18. De una entrevista de la autora con Via Wynroth, NYC. Febrero 3, 1992.
19. Alex Harris, en la introducción a "Gertrude Blom. Bearing Witness," editado por Alex Harris y Margaret Sartor, University of North Carolina Press, 1984. La cita de Gertrude Blom procede de una entrevista con Alex Harris y Margaret Sartor, citada en el mismo texto.
20. Codex Fiorentinus, edición facsímile, AGN, Mexico, 1969, Libro VI, p. 196, traducida al español por Alfredo López Austin.

tied together; when the Lacandon forest is destroyed and the last of the 'true people' dies, the world will end."[21] Like him, I think that destroying the other means striking at this part of ourselves that we do not yet know, while maybe, making a faithful image of the other is an effort to better understand our own condition.

1. J. M. G. Le Clezio, *Le Rêve Mexicain*, Paris, Gallimard, 1988.
2. Octavio Paz, *The Labyrinth of Solitude*, Grove Weidenfeld, New York, 1985.
3. Bernal Díaz del Castillo, *Historia Verdadera de la conquista de la Nueva España*, 1517–1521, Mexico, Porrua, 1968, T. 1, p. 109. Translation *The Discovery and Conquest6 of Mexico*, translated by A. P. Maudslay. Farrar, Straus and Cudahy, New York, 1956, p. 104.
4. See Serge Gruzinski, *La Guerre des Images*, Fayard, Paris, 1990.
5. *Historia General de las cosas de Nueva Espana*, Mexico, ed. Porrua, 1975.
6. Désiré Charnay "Ma derniere expedition au Yucatan," in *Le Tour du Monde*, Paris, 1er semestre, p. 313.
7. Désiré Charnay, *Anciennes Villes du nouveau Monde, Voyages d'explorations au Mexique et dans l'Amerique Centrale*, 1885, p. 189.
8. Carl Lumholtz, "Among the Tarahumaras, the American cavedwellers," *Scribner's Magazine* XVI, no. 1, July 1894.
9. Letter from Peter Samis to Carole Naggar and Fred Ritchin, 1991.
10. Lumholtz, "Among the Tarahumaras."
11. Ibid., pp. 40–49.
12. Letter from Peter Samis to Carole Naggar and Fred Ritchin, 1991.

13. Interview of Ellen Auerbach by the author, New York, March 13, 1992.
14. Juan Rulfo, "Le Mexique des annees 30 vu par Henri Cartier-Bresson," in *Henri Cartier-Bresson: Carnet de notes ur le 9 Mexique*, exhibition catalogue. Paris, Centre Culturel du Mexique, 1984.
15. Ibid.
16. Letter of Ben Maddow to Peter Galassi, quoted in "Henri Cartier-Bresson: The Early Work," Introduction to the catalogue of exhibition at Museum of Modern Art, New York, 1987.
17. Phone conversation between Laurence Salzmann and Carole Naggar, March 1992.
18. Interview of Via Wynroth by Carole Naggar, New York, February 3, 1992.
19. Alex Harris, in introduction to *Gertrude Blom: Bearing Witness*, edited by Alex Harris and Margaret Sartor, University of North Carolina Press, 1984. Gertrude Blom's quote comes from an interview with Alex Harris and Margaret Sartor, quoted in the same text.
20. Codex Fiorentinus, edition facsimile, AGN, Mexico, 1969. Book VI, p. 196, translated into Spanish by Alfredo Lopez Austin.
21. See note 19.

CARL LUMHOLTZ

Mujer tarahumara, 1892

Tarahumara woman, 1892

CARL LUMHOLTZ
Mujer huichola, 1894
Huichol woman, 1894

CARL LUMHOLTZ

Danza aikule, Santa Catania, 1890
Aikule dancing, Santa Catania, 1890

CARL LUMHOLTZ

Muchacho tarahumara con tortilla. Norogachic, c. 1892

Tarahumara boy with tortilla, Norogachic, c. 1892

CARL LUMHOLTZ

Hombre y muchaco tarahumara con arco, c. 1892
Tarahumara man and boy with bow, c. 1892

CARL LUMHOLTZ
Casas y graneros antiguos en una cueva, c. 1892
Ancient cave houses and granaries, c. 1892

CARL LUMHOLTZ

Indios huicholes con estatua del Dios del Fuego, su silla y objetos ceremoniales, c. 1892
Huichol Indians with statue of the God of Fire, his chair, and ceremonial objects, c. 1892

CARL LUMHOLTZ
Sin título, c. 1890
Untitled, c. 1890

CARL LUMHOLTZ

Felipe, fabricanta principal de ídolos entre los huicholes, México, 1890

Felipe, principal maker of idols among Huichols, Mexico, 1890

2423.

CARL LUMHOLTZ
Muchacha tarahumara, Guajochic, 1892
Tarahumara girl, Guajochic, 1892

De México Desconocido

from Unknown Mexico

CARL LUMHOLTZ

Hice arreglos con el custodio del Dios del Fuego, para que él, con algunos de los suyos, me condujeran a través de las cuevas sagradas en la profunda caverna, tres o cuatro millas al oeste y debajo de la aldea. Estando de acuerdo, en una brillante mañana de domingo, avanzado el otoño, el viejo, con cuatro de sus compañeros, llamaron a mi tienda y cuando estábamos a punto de partir, se presentó un inesperado espectáculo. Un grupo viajero, consistente de un Padre y sus acólitos, aparecieron dirigiéndose al curato, donde acamparon. Al principio pensé que, por cortesía con el sacerdote, yo debía posponer mi excursipón. Pero como todo había sido arreglado para ese viaje y como los indios señalarian una nueva fecha, de acuerdo a sus conveniencias, comprendí que posponerlo ponía en péligro mi oportunidad de ver las cuevas. Por lo tanto, tomé una rápida decisión en el asunto y así salimos para el valle sagrado.

La entrada puede verse claramente desde Santa Catarina; en este punto las cabalgaduras han de ser abandonadas porque el valle sólo puede ser explorado a pie. Habíamos acordado que yo cabalgaría hasta ese punto y que los indios, prefiriendo un atajo, se encontrarían conmigo en el lugar. Pocos minutos después de mi llegada, el viejo sacerdote del Dios del Fuego, apareció en escena, seguido, para mi asombro, por una larga fila de buscadores de hikulis.

Las autoridades nativas y unas pocas mujeres eran las únicas personas que habían quedado en la aldea con el Padre. Me apenaba que la mayoría de las gentes hubiesen abandonado al distinguido visitante, pero, realmente, los habitantes no se encontraban con un modo receptivo para las enseñanzas cristianas, estando bajo la influencia de su planta mágica. La gente mostraba un gran entusiasmo y estaban ansiosos por "visitar a los dioses" como decían.

Dejando mi mula al cuidado de uno de mis hombres hasta mi regreso al atardecer seguí a los guías dentro de recinto sagrado. Yo era el primer hombre blanco que lo visitaba con la anuencia de los indios. Unos cuarenta años atrás, se me dijo, un renegado huichol le había mostrado a un sacerdote la primera de las cuevas, pero no había pasado de allí. Más tarde, también, un peón mexicano había sido llevado por el valle por un indio civilizado, pero

I arranged with the custodian of the God of Fire that he, with some of the hikuli-seekers, should conduct me through the sacred caves in the deep gorge three or four miles west and below the village. Accordingly, on a bright Sunday morning in late autumn the old man with four of his companions called for me at my tent, and we were on the point of starting, when an unexpected sight presented itself. A travelling party, consisting of a padre and his attendants, appeared and rode straight to the old curato, where they made camp. At first I thought that out of courtesy to the priest I ought to postpone my excursion; but as all had been arranged for the trip, and as the Indians would suit their own convenience about appointing another day, I realized that delay would jeopardise my chances of seeing the caves. I therefore quickly made up my mind in the matter, and on we went to the sacred valley.

Its entrance can clearly be seen from Santa Catarina, at which point riding-animals must be given over, because the valley can be explored only on foot. It had been agreed that I should ride as far as that place, and that the Indians, preferring a short cut, should meet me there. A few minutes after my arrival the old priest of the God of Fire appeared on the scene, followed, to my amazement, by the whole long file of hikuli-seekers. The native authorities and a few women were the only persons who had remained in the village with the padre. I was sorry that the majority of the inhabitants had deserted the distinguished visitor; but then they were hardly in a receptive mood for Christian teachings, being completely under the influence of their magic plant. They showed great excitement, and were eager to "visit the gods," as they expressed it.

Leaving my mule in charge of one of my men until my return in the evening, I followed the lead of the Indians into the sacred precinct. I was the first white man to visit it with the consent of the Indians. Some forty years ago, I was told, a renegade Huichol had shown to a priest the first of the caves, but had gone no farther. Lately, also, a Mexican peon had been taken through the valley by a civilised Indian, but being an ignorant man he was unable to appreciate what he saw. . . .

After nearly an hour's march along the right side of the steep valley we arrived at the birthplace and first home of the God of Fire, a large, shallow cavern, called Hainótega, which means "the place of haino," a small bird from the coast, which Grandfather Fire used to keep while residing here. In the middle of the cave lies a huge block of tuff, supposed to be the god himself when he was an infant. Near the wall of the cave, at a little distance from the block, I

siendo un hombre ignorante, no era capaz de apreciar lo que vio.

Después de cerca de una hora de marcha a lo largo del lado derecho de la angostura del valle, llegamos al lugar de nacimiento y primer hogar del Dios del Fuego, una caverna estrecha, larga, llamada Hainótega, lo cual significa "el lugar del haino", una pequeña ave de la costa, que el Abuelo Fuego conservaba mientras residía allí. En medio de la cueva yace un gran bloque de toba (piedra caliza), que se supone sea el propio dios cuando era niño. Cerca de la pared de la cueva, a poca distancia de la toba, me mostraron el lugar exacto del nacimiento, de donde él saltó como una chispa. Alguna fuerza volcánica, evidentemente, hizo ese trabajo, manifestado en varias brechas hondas y lóbregas hendidas en la roca. Al este y cercano al dios, había ruinas de antiguas casas de piedra.

Aquí el objeto más conspícuo era un templo diminuto. Parecía ser nuevo y me dijeron que hacía unos años, cuando la sequía amenazaba el país, los huicholes evitaron la calamidad al construir este pequeño templo, colocando en su interior una imagen nueva del dios. La estructura es una reproducción en miniatura del templo ordinario, excepto que la entrada mira hacia el oeste en vez de hacia el este. La pequeña y burda estatua está colocada sobre un disco de toba, tal cual un guerrero podría pararse sobre su escudo. Este disco es de cerca de un pie de diámetro y nivelado con el piso. A petición mía y para ver lo que tenía debajo voluntariamente levantaron y colocaron la figura sobre una de las tres sillas que le rodeaban; al retirar el disco apareció una abertura circular de cerca de dos pies de profundidad que se iba ensanchando hacia el fondo. Aquí otra imagen del mismo dios estaba colocada sobre una pequeña silla. Tenía solamente ocho pulgadas de altura y tal cual la otra de encima, estaba hecha de ceniza volcánica. Frente a ella habían sido colocadas varias flechas ceremoniales con agregados simbólicos, un cuenco votivo, un pequeño disco de toba, en el cual se coloca la comida del dios, como granos de maíz, pan, chocolate, tesvino, etc. Esta figura es antigua y para los huichols es más sagrada que la mayor, porque el fuego volcánico representa al dios con fuerza más grande. El dios sobre el terreno le habla al sol durante el día, mientras que el dios bajo tierra le habla durante la noche, cuando el sol está viajando bajo la tierra. Descansamos un poco en la fresca habitación de la deidad y entonces los indios consintieron en sacar el ídolo y las sillas para que yo las pudiera fotografiar.

Para poder llegar al segundo lugar sagrado, tuvimos que retroceder una buena parte del camino por el que habíamos venido y entonces descender algunos miles de pies dentro del angosto valle. Después de tres cuartos de hora de marcha rápida nos encontramos en un lugar nivelado al pie de una roca arcillosa de unos cincuenta pies de altura e inclinada ligeramente hacia adelante. El lugar nivelado tenía escasamente diez yardas cuadradas, y unas

was shown his actual birthplace, where he sprang forth as a spark. Some volcanic force has evidently been at work, manifested by some deep, murky-looking cracks in the rock. On the east of the god, and close to him, were ruins of ancient stone houses.

The most conspicuous object here was a diminutive temple. It looked very new, and I was told that when, a few years ago, drought was threatening the country, the Huichols averted the calamity by building this little temple and setting up inside of it a new image of the god himself. The structure is a miniature reproduction of the ordinary temple, except that the entrance is toward the west instead of the east. The clumsy little statue stands on a disk of tuff as a warrior might stand on his shield. This disk is about a foot in diameter and on a level with the floor. Upon my request to see what was underneath, they willingly lifted the figure into one of the three chairs that stood behind it, removed the disk, and disclosed a circular aperture about two feet deep and widening toward the bottom. Here another image of the same god stood on a little chair. It was only eight inches high, and, like the one above, made of solidified volcanic ash. In front of it had been placed a few ceremonial arrows with symbolic attachments, a votive bowl, and a small tuff disk, on which the god's food is offered, such as grains of corn, bread, chocolate, tesvino, etc. This figure is ancient, and is more sacred to the Huichols than the larger one, because volcanic fire represents the god more directly and forcibly. The god above ground talks to the sun in the daytime, while the one underneath talks to him at night, when the sun is travelling underground. We rested a while in the cool quarters of the deity, and then the Indians consented to take out the idol and its chairs, so that I could photograph them.

In order to reach the next sacred place, we had to go back a good part of the way we had come, and then descend some thousand feet into the narrow valley. After three-quarters of an hour's quick marching we found ourselves on a piece of level ground at the foot of an argillitic rock about fifty yards high and inclined slightly forward. The level spot was scarcely ten yards square, and about thirty yards above the river. Here a small temple and seven god-houses had been erected, having the effect of a little village. The temple makes up in importance what it lacks in size, because it is dedicated to the God of Fire, who, after his extensive journeys and after founding the temple of Santa Catarina, finally came here to settle down.

The locality, the most sacred in the entire Huichol country, derives its name, Te-akata, from the cavity (te-aka)

treinta yardas sobre el río. Aquí habían levantado un pequeño templo y siete casas del dios, haciendo el efecto de una pequeña aldea. El templo tiene en importancia el tamaño que no tiene, porque está dedicado al Dios del Fuego, quien después de largos viajes y de haber fundado el templo de Santa Catarina, finalmente vino a establecerse aquí.

Esta localidad, la más sagrada de todo el país huichol, deriva su nombre, Te-akata, de la cavidad (te-aka) que se halla debajo del pequeño templo. La palabra "te-aka" designa el agujero en el suelo en el cual colocan piedras calientes cubiertas de tierra donde cocinan carne de ciervo y corazones de mescal.

El nombre, por lo tanto, significa "el lugar donde está el te-aka por excelencia", lo que brinda una penetración dentro de la concepción original del principal dios de los huichols, como de uno que cocina la comida más apreciada de la tribu, de la cual en tiempos de la antigüedad ellos subsistían, sin duda alguna.

Pasando las casas del dios, fui directamente hacia el pequeño templo al este y más cercano a la roca, cuyo color rojo oscuro, así como el calor intenso que refleja, por fuerza sugieren la presencia de Su Fogosa Majestad. Aunque el templo es, quizás, un poco mayor que las otras casas, la entrada es tan baja que es necesario agacharse para poder entrar. La casa cubierta con techo de yerba del dios viejo, ofrece un agradable alivio del ardiente calor de afuera.

El ídolo, de ceniza volcánica solidificada, con más de doce pulgadas de alto, estaba parado de frente a la puerta en el centro de la habitación, quizás un poco más cerca de la entrada que de la pared posterior. Los brazos y piernas estaban rudimentariamente señalados, pero la cabeza estaba mejor terminada, aunque, por falta de habilidad del artista, estaba algo torcida hacia arriba, una pose que le daba a la figurita una curiosa expresión. A su lado derecho dos calabacines de tabaco colgaban con cuerdas sobre su hombro izquierdo, indicando que él, también, era un sacerdote. Unos pocos de hikuli frescos habían sido colocados en la parte delantera, sobre el disco de toba sobre el que se levantaba. La mano de obra no era mejor que la de la imagen del mismo dios, el cual un huichol, de renombre como escultor, había hecho para mí con su machete. El ídolo estaba muy sucio y manchado de sangre, pero en su lado derecho había un agujero por donde se podía ver el color blanco natural de esa materia, contrastando extrañamente con la apariencia polvosa del resto de la figura.

Este hueco debe su existencia a la creencia de que el poder curativo y el conocimiento de cosas misteriosas son adquiridos comiendo un poco del cuerpo sagrado del dios, lo cual el pueblo amenaza con sorberlo finalmente dentro de ellos mismos. Shamanes curadores vienen a visitar el lugar, y habiendo depositado diferentes clases de comidas o hikuli, o mejor aún, un cuenco votivo, raspan con sus uñas partículas del cuerpo del dios y se las comen. Después no deben comer sal y deben estar alejados de sus esposas por seis meses. Hasta las mujeres creen obtener sabiduría y

underneath this little temple. The word "te-aka" designates the hole in the ground in which deer-meat and mescal-hearts are cooked between hot stones under cover of an earth mound. The name, therefore, means "the place where there is the te-aka *par excellence*," and gives one an insight into the original conception of the principal god of the Huichols as the one who cooks the food dearest to the tribe, on which in ancient times they no doubt mainly subsisted.

Passing by the god-houses, I made directly for the little temple toward the east and nearest to the rock, the dark red colour of which, as well as the intense heart reflected from it, forcibly suggested the presence of His Fiery Majesty. Although the temple is, perhaps, a little larger than the other houses, it is so low that one has to stoop to enter it. The cool, thatch-covered home of the old god offered a grateful relief from the burning heat outside.

The idol, of solidified volcanic ash and more than twelve inches high, stood facing the door in the middle of the room, perhaps a little nearer to the entrance than to the rear wall. Arms and legs were only rudimentally indicated; but the head was somewhat better in execution, though, through lack of skill on the part of the artist, it was slightly turned upward—a pose which gave the little figure a rather curious expression. On his right side two tobacco-gourds were suspended from strings passing over his left shoulder, indicating that he, too, was a priest; and a few fresh hikuli had been placed in front of him, on the tuff disk on which he stood. The workmanship was no better than that in an image of the same god which a Huichol of some renown as a sculptor made for me with his machete. The idol was very dirty and smeared with blood, but in his right side was a hole showing the natural white colour of the material, contrasting strangely with the dusky appearance of the rest of the figure. This hole owes its existence to the belief that the power of healing and the knowledge of mysterious things are acquired by eating a little of the god's holy body, which the people thus threaten to absorb ultimately into themselves. Curing shamans come to visit the place, and, having deposited different kinds of food or hikuli, or, better still, a votive bowl, scrape off with their finger-nails particles of the god's body and eat them. Afterward they must not partake of salt, and must keep apart from their wives for five months. Women even have been known to imbibe wisdom and healing power in this way; but every visitor must come alone.

"What do you think of this one?" the Indians proudly asked me. "He, surely, long, long ago, came here of his own

poder curativo de esta manera. Todo visitante debe venir solo.

"¿Qué usted cree de éste?" los indios me preguntaban con orgullo. "Este, seguramente, hace mucho, mucho tiempo vino aquí por su voluntad." ¡Este es siempre el caso! Todos saben que los ídolos son hechos por uno de la tribu, por orden de algún shamán o un oficial del templo. Antes de que la figura se convierta en un dios, esta debe ser inaugurada. Es un decir, pero muy semejante al retrato de los santos católicos que no tienen mucha importancia hasta que sean bendecidos por la iglesia. Pero, cuando después de generaciones el historial de "su nacimiento" se ha perdido, el misterioso "hace mucho tiempo" hace al pueblo pensar que "él" no fue nunca hecho sino que se creó a sí mismo.

Notando que el disco donde estaba colocado el dios, sonaba a hueco, quise ver el ídolo subterráneo, pero las objeciones de mis acompañantes fueron tan enérgicas que no insistí. Me dijeron que la cavidad aquí era mayor que la del otro templo y que las mismas ofrendas votivas eran allí colocadas; la única adición era una batuta de palo del brasil rojo, que es emblema de dignidad y poder del dios. A ciertos tiempos se le sirve comida a ambos ídolos con conjuros apropiados.

En mi segunda visita al valle, en 1898, la estatua no estaba ya en su lugar. Un día los indios habían encontrado que no estaba y que el disco estaba cubierto de tierra. Ellos no quisieron, o no pudieron, ofrecerme una explicación de su paradero, pero supe, de algunos ajenos, que un viajero distinguido lo había obtenido.

Una vez pregunté a un huichol inteligente: "¿Por qué hay tantos ídolos del Dios de Fuego en el país; es que hay más de un Dios del Fuego?". Me respondió: "Eso es igual que con los santos; hay muchas imágenes de Guadalupe, pero sólo hay una Guadalupe. Tatevali, nuestro abuelo, el Dios del Fuego, está muy lejos de aquí, usted no lo puede ver, el hombre que trate de verlo tendría vértigo. Es por esta razón que le rogamos a sus imágenes. Cada cinco años hacemos un nuevo dios del fuego, porque los viejos ya no tienen uso, y además, a veces desaparacen por su cuenta, sí no cumplimos con sus deseos".

Toda la parte posterior del templo estaba llena de objetos simbólicos, los que los devotos creyentes habían depositado como expresión de sus oraciones y de su adoración. Flechas con todos sus apéndices se contaban por cientos. La mayoría de estas flechas estaban clavadas en los asientos de las sillitas, las cuales estaban unidas de tres en tres y una detrás. Me dijeron que este era un arreglo especial para este dios. El interior de la casa presentaba una curiosa exhibición de cada suerte de objeto ceremonial diseñado por los shamanes, prevaleciendo los colores rojo y azul. Para un etnólogo era un verdadero tesoro, y los indios me permitieron tomar casi todo lo que yo quisiera, ya que

accord." Such is always the case! All know that the idols are made by one of their tribe, by order of some shaman or officer of the temple. Before the image becomes a god it must be inaugurated, so to speak, much in the same way as the Catholic saints' pictures mean nothing until they are blessed by the church. But when, after generations, the record of "his birth" is lost, the mysterious "long ago" makes the people believe that "he" was never made, but created himself.

Noting that the disk on which the god stood sounded hollow, I wished to see the underground idol; but the objections of my companions were so strong that I did not insist. They told me that the cavity here was larger than in the other temple, and that the same votive offerings were placed in it, the only addition being a baton of red brazil-wood, the emblem of the god's dignity and power. At certain times food is given to both idols with appropriate incantations.

On my second visit to the valley, in 1898, the statue was no longer in its place. One day the Indians had found it gone, and its disk covered with earth. They would not, or could not, give any explanation of its whereabouts, but I learned from outsiders that a distinguished traveller had obtained it.

I once asked an intelligent Huichol: "Why are there so many idols of the God of Fire in the country? Is there more than one God of Fire?" "It is just as with the saints," he replied; "there are many images of Guadalupe, but there is only one Guadalupe. Tatevali, our grandfather, the God of Fire, is far away from here; you cannot see him; a man would get dizzy if he tried to. It is for this reason that we pray to his images. Every five years we make a new god of fire, because the old ones are of no further use; and, besides, they often disappear by themselves, if we do not comply with their wishes."

The entire rear portion of the temple was filled with the symbolic objects which faithful worshippers had deposited as expressive of prayers and adoration. Arrows with all their various appendages stood there by the hundreds. Most of them were stuck in the seats of little chairs, three and three of which were joined side by side with one back. I was told that this was a special arrangement for this god. The interior of the house presented a curious exhibition of every sort of ceremonial object ever devised by the shamans, the colours red and blue prevailing. To an ethnologist it was a veritable treasure-house, and the Indians permitted me to take almost anything I wanted, as the Huichols do not

los huicholes no objetan el separarse de algo sí ya ha estado sacrificado desde tiempos pasados. El punto principal de su concepción es de que el sacrificio ha sido hecho y aceptado por el dios. Aun sí un coleccionista se llevara algo depositado recientemente, los indios, aunque molestos, por supuesto, no temerían ninguna consecuencia maligna para ellos, ya que han cumplido con su deber. El asunto deberá ser acordado entre el dios oiendido y el ofensor, el cual será castigado con enfermedad o con accidente. Entre los objetos que yo recogí estaba un pequeño disco de ceniza volcánica solificada que había sido colocado sobre el disco grande enfrente del ídolo. Había sido usado por los niños para pararse o sentarse mientras eran lavados en el templo. También obtuve una figura de barro de la Madre de los Dioses, la cual encontré en el suelo, justamente detrás de su hijo, el Dios del Fuego. Esa figura había sido hecha hace años en Santa Catarina, como una plegaria por la lluvia. La sangre de un buey sacrificado en honor de la diosa, en una fiesta, había sido derramada sobre la figura.

Ambos brazos habían sido arrancados y sustraídos como amuletos para asegurar la buena suerte en propósitos agrícolas. Sobre el suelo había también una figura en madera de un macao, el pájaro que por cuenta de sus brillantes plumas rojas pertenece al Dios del Fuego. Estaba representado en una posición vertical y pintado de rojo, así que más bien parecía la grotesca figura de un soldado que la de un ave.

A petición mía los indios sacaron la imagen del Dios del Fuego, para ser fotografiada. También trajeron algunas de las sillas y objetos ceremoniales, y varios hombres principales se sentaron detrás de las mismas. El sombrero de paja, de alta copa y ala estrecha, que en la ilustración es vista como para agraciar la cabeza del custodio del dios, fue la única especie de su clase que pude ver. Tiene cerca de quince pulgadas de alto, y se me dijo que en tiempos anteriores los hombres principales usaban sombreros que eran mucho más altos y terminados en puntas muy finas.

Mis compañeros, ávidos por bañarse en las kutsalas o manantiales sagrados, estaban impacientes para descender a las cuevas a lo largo del río, cuyo murmullo era una presencia siempre deleitosa para nosotros, y como la posición del sol era en ese momento desfavorable para fotografiar el lugar, hube de posponer ese trabajo hasta que regresara después del mediodía desde la porción superior del valle. Al comenzar nuestro descenso, pasamos una acumulación de objetos ceremoniales desechados, que habían sido arrojados fuera de las casas de los dioses. Notable entre esos objetos se contaban numerosas cornamentas de ciervos, algunas todavía adheridas a los craneos blanqueados. Todos estos animales, en un tiempo u otro, habían sido sacrificados por vía de adoración de los dioses o como rogativas de buena suerte en la caza de esos animales. Algunas veces, las cabezas de los ciervos son vaciadas y reconstruidas con rellenos para convertirlas en ofrendas.

object to parting with anything if it was sacrificed long enough ago. The main point in their conception is that the sacrifice has been made and accepted by the god. Even if a collector should take away something but recently deposited, the Indians, though of course annoyed, would fear no evil consequences for themselves, since they had performed their duty. The matter would have to be settled between the god offended and the offender, who would be punished with illness or accident.

Among the objects I secured was a small disk of solidified volcanic ash that had been placed on the main disk in front of the idol. It had been used for children to stand or sit on while being bathed in the temple. I also obtained a clay figure of the Mother of the Gods, which I found on the floor just behind that of her son, the God of Fire. This image was made a few years ago in Santa Catarina as a prayer for rain. Blood from an ox sacrificed in honour of the goddess at a feast had been smeared over the figure. Both arms had already been broken off and carried away as amulets to secure luck in agricultural pursuits. Lying on the floor was also a wooden figure of a macao, the bird which, on account of its brilliant red plumes, belongs to the God of Fire. It was represented in an upright position and painted red, so that it looked more like a clumsy figure of a soldier than that of a bird.

At my request the Indians brought the statue of the God of Fire outside to be photographed. Some of his chairs and ceremonial objects were also brought along, and the principal men seated themselves behind. The tall, narrow-brimmed straw hat, which in the illustration is seen to grace the head of the custodian of the god, was the only specimen of its kind I met with. It is nearly fifteen inches tall, and I was told that in former days the principal men wore hats still higher and with tops carried to very fine points.

My companions, longing for their bath in the kutsalas, or holy springs, were impatient to descend to the caves along the river, the murmur of which was an ever-present delight to us, and, the position of the sun just then being unfavourable for photographing the place, I postponed this task until my return in the afternoon from the upper portion of the valley. As we started downward we passed a heap of discarded ceremonial objects that had been thrown out of the god-houses. Noticeable among them were numerous deer-antlers, often still attached to the bleached skulls. All had at one time or other been sacrificed as by way of adoration of the gods or as prayers for luck in hunting deer. Sometimes deer-heads, skinned and stuffed, are also offered.

Los nativos corrieron al frente y pronto desaparecieron, pero yo alcancé, solo y sin dificultad, la sombra fresca de los árboles junto al río. ¡Qué verde tan fresco el de aquellos árboles y qué deliciosamente frescas aquellas estrechas gargantas! Adelanté mi camino corriente arriba, saltando de piedra en piedra, o alzándome sobre las enormes raíces de los algodoneros, desnudos por las aguas crecidas, y después de unos minutos alcancé a los indios. Estaban muy ocupados lavándose las cabezas, los brazos y los pechos con el agua que chorreaba del techo de una larga cueva. Nunca se les había ocurrido refrescarse con un baño en el río. Era un rito religioso, no un refresco físico lo que ellos deseaban, y por lo mismo se habían precipitado en llegar a la primera cueva, donde el agua sagrada que caía se derramaba sobre cuatro pequeñas colinas rocosas con depresiones naturales en las cimas. Cada uno de estos "bebederos" pertenecen a un dios principal, y cerca de uno de ellos se habían hecho sacrificios con flores, las que se mantenían frescas por la constante regadera de las aguas.

Mi excursión probó ser muy fatigosa, pero me dio la oportunidad de poner la hikuli a una prueba práctica. Bajo circunstancias ordinarias la planta me resultaba nauseabunda, pero ahora, que me encontraba sediento y cansado, pude, para mi sorpresa, sorber y tragar sin dificultad el zumo ligeramente ácido de los cortes. Encontré que era no sólo refrescante sino que calmaba la sed y entretenía el hambre; también era, al menos por el momento, un alivio al cansancio y la fatiga y me sentí estimulado, cual sí hubiese bebido alguna pócima fuerte.

Al amanecer de aquel día había tomado de mi desayuno de arroz y leche, y luego había comido cerca de una onza de chocolate y tres pequeñas galletas. Pero cuando gradualmente consumí dos hikuli de tamaño mediano no sentí ningún cansancio digno de mencionar, aunque estuve muy activo todo el día y a pesar de estar convaleciente de un reciente ataque de malaria. Ahora, en Te-akata, mientras empaco mi cámara por quinta o sexta vez, después de haber hecho unas treinta exposiciones, ha caído sobre mí una sensación de agotamiento que necesito sentarme, completamente incapaz. El sol se acercaba al horizonte y las sombras en la estrecha garganta se hacían muy largas. ¿Cómo podría subirlas otra vez? Me parecía completamente imposible el ascenso al lugar donde había dejado la mula, menos de dos millas, ni los indios podrían cargarme por las empinadas rocas.

"Debo dormir aquí," me dije. Pero ellos no querían poner asunto a esto. Era incomprensible para ellos que yo no pudiera caminar más allá. Su ofrecieron a traerme agua y a darme hikuli, tras lo cual, afirmaban, yo debía sentirme fuerte otra vez. Rápidamente me trajeron un calabacín con agua del río, lo que, sin embargo, no presentaba ser una tentación, pues los indios usaban las vasijas en común y todavía sufrían de una epidemia de tosferina (particularmente entre los niños.) Sin embargo, desafiando la tosferina y cualquier otro mal que el calabacín contuviera, lo

The natives ran ahead and soon disappeared, but I reached the cool, shady trees by the river alone without difficulty. How freshly green those trees were, and how delightfully cool were the narrow gorges! I worked my way up stream, jumping from stone to stone, or climbing between the huge roots of cotton-trees laid bare by floods, and after a few minutes overtook the Indians. They were already busily washing their heads, arms, and chests with the water that dripped from the roof of a large cave. It never occurred to them to refresh themselves by bathing in the river. It was the religious rite, not the physical refreshment, they desired, and they had therefore hurried to the first cave, where sacred water dripped into four small hills of rock with natural depressions at the summits. Each of these "drinking bowls" belongs to a principal god, and near one of them flowers had been sacrificed, kept fresh by the constant spray of water. . . .

My excursion proved rather fatiguing, but it gave me an opportunity to put hikuli to a practical test. Under ordinary circumstances the plant was nauseating to me; but now, when I was thirsty and tired, I could, rather to my surprise, swallow the cool, slightly acid cuts without difficulty. I found them not only refreshing, quenching thirst and allaying hunger, but also capable, at least for the moment, of taking away any sense of fatigue, and I felt stimulated, as if I had had some strong drink.

I had taken my breakfast of rice and milk at sunrise on that day, and afterward I had eaten only about an ounce of chocolate and three very small wafers. But when I had gradually consumed two hikuli of medium size I did not feel any weariness to speak of, although I had been active all day, and was just convalescing from a recent attack of malaria. Now, in Te-akata, as I packed up my large camera for the fifth or sixth time, after having made some thirty exposures, there had come over me such a feeling of exhaustion that I had to sit down, completely played out. The sun was nearing the horizon, and the shadows in the narrow gorge were getting very long. How could I ever climb up again? It seemed to me utterly impossible to ascend to the place where I had left my mule, less than two miles away, nor could the Indians carry me up the steep rocks.

"Here I must sleep," I said. But they would not give ear to this. It was incomprehensible to them that I was unable to walk farther. They volunteered to bring me water and to give me hikuli, after which they were sure I should be strong again. I consented to take their medicine, hoping that the plant might help me to recuperate again. They quickly

vacié y además comí un hikuli. El efecto fue casi instantáneo y pude ascender la colina muy fácilmente, descansando aquí y allá para tomarme un respiro. Sin embargo, debo confesar que cuando alcancé mi mula después de una hora de camino, sentí como si no pudiera dar un paso más. . . .

brought me a gourd of water from the river below, which, however, as the Indians use their gourds in common, and as a strong epidemic of whooping-cough prevailed just then (particularly among the children), did not present a very tempting draught. However, in defiance of whooping-cough and anything else the gourd might contain, I drained it, and ate one hikuli. The effect was almost instantaneous, and I ascended the hill quite easily, resting now and then to draw a full breath of air. Yet I must confess, that when at dusk I reached my mule after an hour's walk, I felt as if I should not have been able to take another step.

MARILYN BRIDGES
Cenote sagrado, Chichén Itzá, Yucatán, 1991
Sacred Cenote, Chichén Itzá, Yucatán, 1991

MARILYN BRIDGES
Conjunto Las Pinturas, Coba (Quintana Roo), 1991
Conjunto Las Pinturas, Coba (Quintana Roo), 1991

MARILYN BRIDGES

El Caribe, al sur de Tulum (Quintana Roo), 1991
Caribbean, South of Tulum (Quintana Roo), 1991

MARILYN BRIDGES
Vista general, Tulum (Quintana Roo), 1991
Overview, Tulum (Quintana Roo), 1991

LAURA GILPIN
Cornisa, Templo de Kukulcán, Chichén Itzá, Yucatán, 1932
Cornice, Temple of Kukulcán, Chichén Itzá, Yucatán, 1932

LAURA GILPIN

Escalones del Castillo, Chichén Itzá, 1932

Steps of the Castillo, Chichén Itzá, 1932

LAURA GILPIN
Escalones del Castillo, Chichén Itzá, 1932

Steps of the Castillo, Chichén Itzá, 1932

DÉSIRÉ CHARNAY
La Casa Roja, Chichén Itzá, 1860
The Red House, Chichén Itzá, 1860

DÉSIRÉ CHARNAY

Figura gigantesca en la base de la Segunda Pirámide, Izamal, 1860

Gigantic Figure at Base of the Second Pyramid, Izamal, 1860

DÉSIRÉ CHARNAY

Convento de la antigua ciudad maya de Uxmal, c. 1858

Nunnery at the ancient Mayan City in Uxmal, c. 1858

CHARLES B. LANG AND FREDERICK STARR

Tarascos: Janicho, del álbum *Indios del Sur de México*, c. 1899
Tarascans: Janicho, from the album *Indians of Southern México*, c. 1899

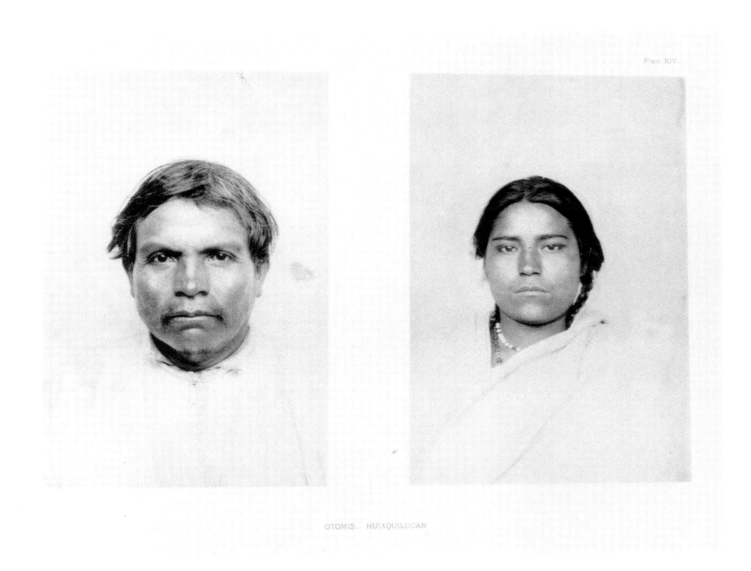

OTOMIS: HUIXQUILUCAN

CHARLES B. LANG AND FREDERICK STARR

Otomis: Huixquilucán, del album *Indios del sur de México*, c. 1899

Otomis: Huixquilucan, from the album *Indians of Southern México*, c. 1899

1129. DRAINAGE CANAL OF NOCHISTONGO. MEXICO.

WILLIAM HENRY JACKSON
Canal de drenaje en Nochistongo, México, c. 1880
Drainage Canal of Nochistongo, Mexico, c. 1880

W.H. JACKSON & C° DENVER COL.

WILLIAM HENRY JACKSON

Mercado en Aguascalientes, c. 1883

Market in Aguascalientes, c. 1883

WILLIAM HENRY JACKSON

Una vista de Guanajuato, México, c. 1880

A Glimpse of Guanajuato, Mexico, c. 1880

EADWEARD MUYBRIDGE

Acapulco, 1875

Acapulco, 1875

EADWEARD MUYBRIDGE
Aduana, 1875
Custom House, 1875

HUGO BREHME
Vista parcial de las ruinas de Mitla, 1921
Partial view of the ruins of Mitla, 1921

HUGO BREHME
Cholula con la pirámide, 1921
Cholula with Pyramid, 1921

EDWARD H. THOMPSON

Pietro Grisanti y su obra. Templo de los Jaguares, 1912

Pietro Grisanti and his work, Temple of Jaguars, 1912

Bottom:

Estructura ruinosa en Chichén Itzá, Templo de los Jaguares, 1912

Ruined Structure of Chichén Itzá, Temple of Jaguars, 1912

TEOBERT MALER

Chiapas-Palenque, México, c. 1900
Chiapas-Palenque, Mexico, c. 1900

Fotografiando el Segundo Descubrimiento de América

Photographing the Second Discovery of America

PHILIPPE ROUSSIN

Muy poca fotografía de aficionado se había hecho en México, en el siglo diecinueve. Había muchos estudios de fotógrafos trabajando el retratismo, como los había en todos los países donde la fotografía se practicaba en ese tiempo. Pero cuando se compara a México con otros países occidentales, no podemos encontrar un equivalente nacional a la clase de imágenes públicas producidas por fotógrafos exploradores en los EEUU, ni fotógrafos tales como el brasileño Marc Ferrez, que había hecho paisajes en gran escala.

En el siglo XIX, los mexicanos usaban la fotografía para celebrar la identificación individual, de familia o de la comunidad local. Por otra parte, fueron los fotógrafos foráneos quienes comenzaron a representar a México con fotografías, monumentos y paisajes. México, como nación, no representaba simbólicamente su propio territorio: esta representación vino del exterior.

Ocurrió una separación. Los mexicanos tomarían fotografías otorgando especial atención a las clases sociales, a su diferencia clasista, reflejada en los rostros, mientras que los forasteros se preocuparían con la historia y la geografía, raramente con los individuos. Las personas serían incluídas solamente cuando vinieran a expresar elementos del paisaje o pudieran ser usadas para ilustrar estereotipos, de acuerdo a las teorías de la física antropológica.

La fotografía vino a ser importante en México, durante la intervención francesa (1862–1867) y con el acceso al trono de Maximilano de Habsburgo. Como un evento de política extranjera, la expedición militar creó la necesidad de imágenes eslabonadas a los sucesos contemporáneos. El retrato en la tarjeta postal llegó a ser particularmente importante como una forma de representación en México, usada, por ejemplo, para la promoción de Maximiliano entre sus súbditos. Comenzando en 1864, siguiendo su ejemplo y el de su familia y asistentes, las clases gobernantés mexicanas vivían para ser fotografiadas adoptando la misma pose imperial.

Very little amateur photography was being done in Mexico in the nineteenth century. There were many studio photographers working in portraiture, as there were in all the countries where photography was being practiced at that time. But when comparing Mexico with other Western countries, one will not find a national equivalent to the kind of public imagery produced by the many frontier photographers in the United States, nor photographers such as the Brazilian Marc Ferrez who made large-scale landscapes.

In the nineteenth century, Mexicans used photography to celebrate individual, family, or local community identities. It was, on the other hand, foreign photographers who started viewing Mexico by photographing monuments and landscape.[1] Mexico, as a nation, did not represent its own territory symbolically; this representation came from the outside. A split occurred—the Mexicans would take photographs paying special attention to class differences reflected in faces, while the foreigners would concern themselves with history and geography, rarely with people. People would be included only when they happened to express elements of the landscape or could be used to illustrate stereotypes according to theories in physical anthropology.

Photography became important in Mexico at the time of the French intervention (1862–1867) and the accession of Maximilian of Hapsburg to the throne. As a foreign policy event, the military expedition provoked a need for images linked to contemporary events. The postcard portrait became particularly important as a mode of representation in Mexico, used for example to promote Maximilian among his subjects. Beginning in 1864, following his example and that of his family and assistants, the Mexican ruling classes liked to be photographed striking the same imperial pose.

After the fall of the Mexican empire, a number of foreigners who had been drawn to Mexico decided to stay on, opening studios in Mexico City and major cities such as Veracruz, Puebla, San Luis Potosí, Guadalajara, and Mazatlán. Frenchman François Aubert, abandoning the posed studio style then in vogue—itself an imitation of the European model—began to make portraits of peddlers in the capital; following his lead, the Mexican photographers Gruces of Campa began their series of "Mexican stereotypes" [tipos Mexicanos] which were sold as cartes de visite.

But the most interesting work done by foreigners was accomplished by a special class of adventurous amateurs, the photographer-travelers, who roamed the country in the second part of the nineteenth century. The subjects that interested them most included ruins of ancient civilizations (Charnay, Maler, Maudsley), colonial architecture,

Después de la caída del imperio mexicano, un número de extranjeros que habían sido atraídos por México, decidieron permanecer, abriendo estudios en Ciudad de México, y en ciudades importantes como Veracruz, Puebla, San Luis de Potosí y Mazatlán.

El francés François Aubert, abandonando el estilo de pose de estudio, tan en boga entonces, en sí una imitación del modelo europeo, comenzó a hacer retratos de los buhoneros de la capital; siguiendo su guía, los fotógrafos mexicanos Cruces y Campa iniciaron su serie de "estereotipos mexicanos" (tipos mexicanos) cuyos retratos fueron vendidos como *cartes de visite*. Pero el trabajo más interesante hecho por extranjeros fue alcanzado por una clase especial de aficionados aventureros, que recorrieron el país en la segunda mitad del siglo diecinueve. Los asuntos de mayor interés para ellos incluían las ruinas de antiguas civilizaciones (Charnay, Maler, Maudsley), la arquitectura colonial, las vistas pintorescas, los ferrocarriles (Briquet, W. H. Jackson).

¿Cómo se explica esta profusión de extranjeros interesados en fotografiar a México? En un sentido general, el siglo diecinueve vio el surgimiento de viajeros que también tomaban fotografías, curiosos por explorar más allá de sus propias fronteras. Más específicamente, ese siglo vio lo que yo me propongo en llamar un "segundo descubrimiento de América." Es un movimiento que duró todo el siglo diecinueve, comenzando alrededor de 1800, con la apertura del vetusto imperio español y terminando con la excavación de los sitios mayas en Yucatán, al final de la centuria.

La historia del desarrollo de la fotografía fue contemporáneo con el segundo descubrimiento de América; los adelantos en un campo evolucionaban en tandem con el otro.

La era de los "viajeros fotógrafos" enviados en expediciones a Italia, Grecia, Egipto, al Oriente lejano y al medio Oriente, comenzaron con el daguerrotipo en 1840. El objetivo de los fotógrafos era reunir un conjunto de documentación visual de monumentos y de la arquitectura conocidos, que hasta entonces se conocían solamente por el dibujo. México llegó a ser, tempranamente, bien conocido para el viajero fotógrafo. Ya en 1840, el barón E. von Friderichstahl, arqueólogo vienés, visitó Yucatán con una cámara de daguerrotipo. En 1841, John Lloyd Stephens y Frederick Catherwood, hicieron los primeros retratos fotográficos en Mérida y viajando por Yucatán, produjeron numerosas fotografías de monumentos antiguos que fueron publicadas en sus libros: *Incidentes de viaje en América Central, Chiapas y Yucatán* (1841) e *Incidentes de viaje en Yucatán* (1843).

Típico de estos viajeros fotógrafos, el químico C. Theodore Tiffereau se ha dicho que obtuvo una cámara poco antes de abordar un buque en 1842; creía que con su uso sería fácil recuperar sus gastos y ocultar la verdadera razón de su viaje: su creencia en las riquezas de México, estimulada por las repetidas lecturas de Humboldt.[2] Durante cinco años exploró los distritos mineros de México, obsesionado con su *idée fixe*, la producción artificial de metales.

picturesque views, and railroads (Briquet, W. H. Jackson).

What explains this profusion of foreigners interested in photographing Mexico? In a general sense, the nineteenth century saw the emergence of travelers who also took photographs, curious to explore beyond their own frontiers. More specifically, the century also saw what I propose to call a "second discovery of America." It's a movement that lasted for the entire nineteenth century, starting around 1800, with the opening up of the ancient Spanish Empire and ending with the excavation of the Mayan sites in Yucatán at the end of the century. The history of the development of photography was coincident with this second discovery of America; advances in one domain evolved in tandem with the other.

The era of the "photographer-travelers" sent on expeditions in Italy, Greece, Egypt, in the Middle and Far East, began with the daguerreotype in 1840. The goal of these photographers was to put together a visual documentation of monuments and architecture known, until then, only through drawing. Mexico became well-acquainted with the traveler-photographer early on: already in 1840 the baron E. von Friderichstahl, a Viennese archaeologist, visited the Yucatán with a daguerreotype camera. In 1841, John Lloyd Stephens and Frederick Catherwood made the first photographic portraits in Mérida and, while traveling in the Yucatán, produced numerous photographs of ancient monuments that were published in their books, *Incidents of Travels in Central America, Chiapas and Yucatan* (1841) and *Incidents of Travel in Yucatan* (1843).

Typical of these photographer-travelers, a chemist C. Theodore Tiffereau, is said to have gotten a camera a little while before boarding a ship in 1842. He believed that photography was an easy way to cover his expenses and conceal the true reasons for his expedition: his belief in Mexico's riches, activated by rereading Humboldt.[2] For five years he explored the mining districts of Mexico, obsessed by his *idée fixe*—the artificial production of metals. He also managed, almost as an aside, to make "several portraits that give an idea of the Mexican type," according to a writer in the French Journal of the Heliographic Society, *La Lumière*.[3]

A rather modest painter, who had come to Mexico in the decade before photography's invention, summed up his own less commercial motivation rather honestly:

También logró, casi como cosa secundaria, el hacer varios retratos que dan una idea del tipo mexicano", de acuerdo con un escritor en el Diario Francés de la Sociedad de Heliografía, *La Lumière*.[3]

Un modesto pintor, que había venido a México en la década anterior al invento de la fotografía, resume su propia motivación menos comercial, más bien honestamente:

"No hago fingimientos de ser un experimentado arqueólogo; el conocimiento concienzudo que se requiere para el estudio de los vestigios de una civilización desaparecida, no los poseo. Pero lo que he visto y descrito lo he hecho como un artista de conciencia; me he esforzado en reproducir fielmente lo que he estudiado con amor y paciencia. Por lo tanto, quiero tomar crédito por haber preparado una ruta genuina, por la cual otros, más competentes que yo, tendrán que caminar para alcanzar descubrimientos más serios". Johan Friederich von Waldeck, de su *Viajes Pintorescos y Arqueológicos en la Provincia de Yucatán (América Central) durante los años 1834, 1836 y 1838*.

El trabajo de estos viajeros fotógrafos, aquellos que vinieron de Francia y otros de Inglaterra, se proyectaron más allá de sus límites nacionales hacia un proyecto nacional específico: en suministrar un inventario iconográfico y por el mismo fundar una heredad fotográfica para la nación. Un ejemplo francés de tal proyecto, sería la creación de la Comisión de Monumentos Históricos (1837) o de la Misión Heliográfica de 1851, encargada de inventariar los monumentos arcaicos y medievales. Un desarrollo paralelo fue el interés en la renovación de las catedrales góticas (Viollet-le-Duc) y por vía del romanticismo, el desarrollo de la instrumentación arqueológica. Se tuvo la certeza de que la fotografía pudiera ser el utensilio arqueológico y los fotógrafos sintieron la avidez de representar los importantes restos arqueológicos en el período alrededor de 1860.

Algunas de las más famosas imágenes del siglo XIX surgieron de la preocupación de esta documentación arqueológica. El Ministro Francés de Instrucción Pública, por ejemplo, comisionó la expedición egipcia de Ducamp y Flaubert, el viaje de Salzmann a Jerusalén, como medios de intervenir en la discusión científica acerca de las fechas verdaderas de los monumentos jerosolimitanos, así como la primera expedición fotográfica de Désiré Charnay a México, entre 1857 y 1860.

El caso de México es diferente. En adición al ímpetu arqueológico sentido por los fotógrafos, había otro impulso creado por el final del imperio español que abrió los límites naturales dando origen a un verdadero segundo descubrimiento de América por los europeos.

I make no pretense of being an experienced archaeologist; the thorough knowledge called for by the study of the vestiges of a vanished civilization is not mine. But I have seen and described as a conscientious artist; I have strived to reproduce faithfully what I have studied with love and patience; thus I want to take the credit for paving the genuine path on which others, more competent than I am, will have to walk to reach more serious discoveries. (Johan Friederich von Waldeck, from *Picturesque and archaeological travels in the province of Yucatan (Central America) during the years 1834, 1836 and 1838*)

The work of these photographer-travelers, those from France and others from England, extends beyond their own national boundaries, a specific national project: to furnish an iconographic inventory and thereby found a photographic heritage for the nation. A French example of such a project would be the creation of the Commission of Historical Monuments (1837) or the Heliographic Mission (1851), charged with the recording of ancient and medieval monuments. A parallel development was the interest in renovation of Gothic cathedrals (Viollet-Le-Duc), and, via Romanticism, the development of archaeology. There was a sense that photography could be an important archaeological tool, and photographers were eager to depict the important archaeological remains in the period around 1860.

Some of the most famous nineteenth-century photographic imagery came via this archaeological, documentary preoccupation. The French Ministry of Public Instruction, for example, commissioned the Egyptian expedition of Ducamp and Flaubert; the trip by Salzmann to Jerusalem as a means of intervening in the scientific discussion about the actual dates of Jerusalem monuments; and Désiré Charnay's first photographic expedition to Mexico between 1857 and 1860.

The case of Mexico is different. In addition to the archaeological impetus felt by photographers there was another impulse created by the end of the Spanish Empire, which opened up national boundaries and created a veritable second discovery of America by Europeans.[4]

Alexander von Humboldt's writings, which did much to spur European interest in Mexico, were originally

Los escritos de Alejandro von Humboldt, que hicieron mucho por estimular este interés por México, fueron publicados originalmente en francés, entre 1807 y 1825, en treinta volúmenes. Había visitado México entre 1803 y 1804, en el curso de un viaje de varios años por Sudamérica. Su *Viaje a las regiones equinocciales del Nuevo Continente* habrían de ser traducidas a varios idiomas y publicadas sesenta y nueve veces en 1870.[5]

En sus escritos Humboldt es en parte historiador, estudiando el pasado precolombino en monumentos, costumbres, y realizaciones culturales. También fue en parte antropólogo, intentando integrar los hechos que había recopilado de un sentido americano de espacio-tiempo, traduciendo sus descubrimientos en tal forma que pudieran ser comprendidos desde una perspectiva europea, integrando la geografía, la historia y los sistemas sociales.

Humboldt puede ser considerado el fundador de la antropología americana. Estudió, en particular, a los nativos de Latinoamérica, desde un enfoque demográfico, de física antropológica, de la arqueología prehistórica y la paleografía. Sus intereses cubrían todo desde la industria y los monumentos de Ciudad de México, hasta las minas de Taxco, Pachuca y Guanajuato. Estudió los volcanes del país, revaluó la importancia de los pueblos nativos, describió a los cargadores de las calles—precursores de los tipos fotográficos que sesenta años después se hicieron tan populares—y vio en la clase trabajadora los descendientes distantes de los indios pobres del Imperio Azteca.

El fotógrafo francés Claude Désiré Charnay fue el primero en usar la fotografía en esa parte del mundo, como instrumento para la investigación científica. Llegó en 1857. Fue un incansable viajero, encabezando cuatro expediciones diferentes en México entre 1857 y 1886, así como otros viajes a otras partes del mundo.[6]

Charnay se consideraba un arqueólogo; dominó la fotografía para que le ayudara a descubrir los orígenes de las civilizaciones meso-americanas. Porque sentía que los bajorrelieves y glifos arquitectónicos les revelarían los secretos de las civilizaciones arcaicas, dedicó todo su primer viaje a fotografiar las fachadas y las decoraciones esculpidas de los templos y palacios en los sitios que visitó: Mitla, Palenque, y en Yucatán, Chichén Itzá y Uxmal.

Fue una expedición que duró más de un año. Charnay estuvo solamente dos semanas en cada sitio, encontrando enormes problemas en todas partes. En parte esos problemas eran debidos a su técnica fotográfica: el uso de colodión húmedo y el tamaño de las planchas, 36 × 45 cm. En Mitla, un barniz de mala calidad destruyó dos semanas de trabajo; regresó al sitio y solo, en cinco días, teniendo que preparar las planchas y los químicos durante la noche, pudo hacer dieciocho vistas del palacio. En Uxmal, escogió para su cuarto oscuro uno de los salones del palacio. "Dos indios tienen una misma tarea, traerme agua . . . otros cuatro debían ayudarme en mis operaciones manteniendo una sábana blanca como cubierta sobre la máquina, de manera que el interior del cuarto no se calentara mucho." Mientras Charnay revelaba sus planchas, sus asistentes también sostenían un lienzo para evitar que los ripios de la bóveda no cayeran sobre la capa de colodión.

published in French between 1807 and 1825 in thirty volumes. He had visited Mexico between 1803 and 1804 in the course of a several-year journey in South America. His *Journey to the Equinoctial Regions of the New Continent* would be translated into several languages and republished sixty-nine times by 1870.[5]

In his writing, Humboldt is part-historian, studying the pre-Columbian past through monuments, customs, cultural accomplishments. He is also part-anthropologist, attempting to integrate the facts that he collected from an American sense of space-time and to translate his findings into a form that could be understood from a European perspective, integrating geography, history, and social systems.

He can be considered the founder of American anthropology. He studied, in particular, the native residents of Latin America from the perspective of demography, physical anthropology, prehistoric archaeology, and paleography. His interests spanned everything from the industry and monuments of Mexico City to the mines of Taxco, Pachuca, and Guanajuato. He studied the country's volcanoes, reevaluated the importance of the native peoples, described the street-porters—a forerunner of the photographic "street types" that sixty years later became so popular—and saw in the working class the distant descendants of the poor Indians of the Aztec Empire.

Arriving in Mexico in 1857, the French photographer Désiré Charnay was the first photographer to use photography in that part of the world as a tool for scientific research. He was an indefatigable traveler, leading four separate expeditions in Mexico between 1857 and 1886, as well as journeys to other parts of the world.[6]

Charnay thought to himself as an archaeologist, and mastered photography to help him uncover the origins of Meso-American civilization—his passion. Because he felt that architectural bas-reliefs and glyphs would reveal the secrets of ancient civilizations, he spent his first trip photographing the facades and the sculpted decorations of temples and palaces at the sites he visited—Mitla, Palenque, and, in the Yucatán, Chichén Itzá and Uxmal.

It was an expedition that lasted more than one year. Charnay only stayed at each site for about two weeks, encountering enormous problems everywhere. In part the problems were due to his photographic technique, using wet collodion, and to the size of his plates, 36 × 45 cm. In Mitla, a bad-quality varnish destroyed two weeks of work; he came back to the site and, alone, in five days—having to prepare his plates and chemicals by night—he made eighteen views of the palace. In Uxmal, he chose to make his darkroom in one of the palace halls. "Two Indians had a

Sus dificultades técnicas no estaban confinadas al procesamiento. En Uxmal, por ejemplo, Charnay quiso fotografiar el palacio del gobernador, construído en el tope de una pirámide, pero para poder hacerlo, tenía que contar con "un cubo de piedra de doce pies de alto, construído sobre la explanada del frente, para que la cámara pudiera ser alzada hasta el nivel del edificio". En Yucatán el arbolado y la vegetación escondían tan completamente las fachadas, que era imposible diferenciar las estructuras. En Uxmal, por tres días, cuarenta indios estuvieron "muy ocupados desmontando las arboledas para extraer los monumentos rodeados de arbustos y a veces cubiertos de plantas trepadoras."

Charnay caracterizaría cada una de sus expediciones como hazañas, narrando sus problemas técnicos pero no refiriéndose a las imágenes mismas. Antes de su viaje, Charnay había hecho muy poca fotografía y virtualmente no tenía modelos visuales a su disposición.[7] Mirando a la sucesión de 49 planchas en su *Ruinas y Ciudades Americanas*—agrupadas por sitios y siguiendo su itinerario—es claro que su enfoque cambió grandemente desde su viaje a Mitla, al principio, hasta su final en Yucatán. Al principio estaba preocupado con la arqueología, describiendo él mismo el sitio; luego se desplazó hacia lo intrincado de la arquitectura, en busca de los monumentos mismos.

Al final había dominado la interacción de la masa y el detalle y había alcanzado la plasticidad y el evocativo poder extremo que son tan evidentes en sus imágenes de Chichén Itzá y Uxmal.

ANNE MORROW LINDBERGH
Vista aérea de Chichén Itzá, México, 1929
Aerial View of Chichén Itzá, Mexico, 1929

single task—fetching me water . . . four others were to help me in my operations by holding a white sheet canopy over the machine so that the inside of the room wouldn't become too hot." While Charnay developed his plates, his assistants were also holding a sheet so that rubble from the vault would not fall on the collodion coating.

His technical difficulties were not confined to processing. In Uxmal, for example, Charnay wanted to photograph the governor's palace, built on top of a pyramid, but in order to do so he had to have "a dry stone cube twelve feet high, so that my camera would be hauled to the edifice's level." In the Yucatán, the forest and vegetation concealed the facades so completely that the structures became impossible to differentiate. In Uxmal, for three days, forty Indians were "busy cutting down the wood to extricate the monuments surrounded with bush and often covered with creepers."

Charnay would characterize each of his photographic expeditions as exploits, recounting his technical problems but not dealing with the images themselves. Before his trip, Charnay had done very little photography and had virtually no visual models at his disposal.[7] It is clear, looking at the succession of the forty-nine plates in his *American Cities and Ruins*—grouped by sites and following his itinerary—that his approach shifted greatly from the beginning of his trip in Mitla to its end in the Yucatán. At first he was preoccupied with archaeology, depicting the site itself; next he moved on to the intricacies of architecture, pursuing the monuments themselves. By the end he had mastered the interaction of mass and detail, and had attained the plasticity and extreme evocative power that are evident in his images of Chichén Itzá and Uxmal.

The fundamental questions posed by his work concern the relationship of architecture, monument, and site. The monument takes its meaning from the site where it is located; the portrait of the monument itself, in its precision, calls on a different, documentary tradition. Finally, there is the enormous difference between the American monuments and the ruins of Antiquity.

Charnay seems to be finally asserting that an American ruin is a confusion, a mixture of architecture and vegetation: it is the stone ruin emerging from the jungle's chaos. Contrary to the archaeological views brought back by European photographers from Egypt, Italy, and Greece, the Mexican monuments belong to a wild world, an ahistorical time that for the European becomes an archetype. A new category of the monumental has just been

Las preguntas fundamentales planteadas por su trabajo se interesan por la relación de la arquitectura, el monumento y el sitio. El monumento toma su significado del sitio en que está enclavado; el retrato del monumento en sí mismo, en su precisión, requiere una documentación tradicional diferente. Finalmente, existe una enorme diferencia entre el monumento americano y las ruinas de la antigüedad.

Charnay, parece estar, finalmente, afirmando que una ruina americana es una confusión, una mezcla de arquitectura y vegetación: es la ruina pétrea emergiendo del caos selvático. En contra de las vistas traídas de Egipto, Italia y Grecia, por los fotógrafos europeos, los monumentos mexicanos pertenecen a un mundo salvaje, a un tiempo no histórico que para los europeos se convierte en un arquetipo. Una nueva categoría de lo monumental ha sido inventada: lo arcaico más bien que lo antiguo.

En parte, mucho del interés decimonónico en México, fue promovido por anteriores exploraciones de Egipto comisionadas por Napoleón Bonaparte. Los reportes fotográficos de México crearon un resurgimiento de egiptomania del siglo XVIII, y la calificación de las civilizaciones precolombinas como las de un "Egipto americano". Existe un interés particular en el lenguaje de las civilizaciones mesoamericanas, un deseo de descifrar los secretos de la escritura, el oculto significado de los monumentos y de la glíptica. La preocupación de Charnay con las inscripciones y detalles de las superficies, están indudablemente conectados con este modo. El final del siglo decimonono fue una edad de antropología física, no cultural. Un libro francés de Instrucción para Viajeros, editado en 1868 por la Comisión Científica Francesa, mantenía que para poder estudiar las características físicas de las razas mexicanas, los antropólogos necesitaban colecionar 1) esqueletos; 2) cabellos; 3) bustos moldeados y coloreados del natural; 4) fotografías. La Comisión hizo recomendaciones específicas relacionadas al ángulo antropológico en los retratos. "Debe recordarse que para que un retrato sea útil, este debe ser tomado muy exactamente de frente o muy exactamente de perfil. Cualquier retrato hecho con tres cuartos de perfil no tendría valor científico". La recomendación de la Comisión se extendía a los monumentos. Los fotógrafos serán amonestados por no seguir esas estrategias científicas: las fotografías de las ruinas de Xochicalco se consideran de valor inferior. "Las planchas que he visto no son satisfactorias. Han sido tomadas cuando el monumento estaba iluminado por el frente, y no nos permite definir los detalles de los bajorrelieves".

Es extraordinario que cuando se esperaba que los fotógrafos fueran, en su mayor parte, técnicos registradores, tanto trabajo de mérito artístico hubo de sobresalir. Teoberto Maler, por ejemplo, fue un austriaco que llegó a Mérida, México, en 1865, aparentemente a luchar con el ejército de Maximiliano.

invented: the archaic rather than the antique.

In part, some of the late-nineteenth-century interest in Mexico was encouraged by earlier explorations of Egypt commissioned by Napoléon Bonaparte. The photographic reports from Mexico create a resurgence of eighteenth-century Egyptomania, and a labeling of the pre-Columbian civilizations as an American Egypt. There is particular interest in the language of Meso-American civilizations, a desire to decipher the secrets of the writing, the occult meanings of the monuments and glyphs. Charnay's preoccupation with inscriptions and surface details is doubtlessly linked to this trend.

The late-nineteenth century was an age of physical, not yet cultural, anthropology. A French instruction volume for travelers issued by the French Scientific Commission in 1868 maintained that in order to study the physical characteristics of the Mexican races, anthropologists need to collect: (1) skeletons, (2) hair, (3) busts molded and colored from life, and (4) photographs. The Commission also made specific recommendations concerning the angle of anthropological portraits. "It must be remembered that to be useful a picture must always be taken very exactly from the front or very exactly from the side. Any portrait taken from three-quarter view would be without any scientific value." The Commission's recommendations extended to the photography of monuments. Photographers are chastised for not following such scientific strategies: photographs of the Xochicalco ruins are thought to be of inferior value: "The plates that I have seen are not satisfactory to me. They have been taken while the monument was lit from the front, and it does not enable us to make out the details of the bas-reliefs."

It is remarkable that while the photographers were expected to be, for the most part, recording technicians, so much work of artistic merit emerged. Teobert Maler, for example, was an Austrian who arrived in Mérida, Mexico, in 1865, apparently to fight in Maximilian's army. In 1884, after a six-year stay in France, he came back to Mexico to begin a systematic photographic documentation of archaeological sites in several states, and worked with the Peabody Museum on various missions in Mayan territory between 1892 and 1915.[8] Yet with very compelling scientific goals, Maler still managed to make photographs that are spare, quasi-abstract views—remarkable reproductions of light refracting on the monument's ruined stones and broken surfaces.

Similarly, Carl Lumholtz, a Norwegian-American photographer who had uncovered aboriginal peoples in

En 1884, después de una permanencia de seis años en Francia, regresó a México, a comenzar una documentación fotográfica sistemática de los sitios arqueológicos en varios estados, trabajando con el Museo Peabody, en varias misiones en el territorio maya, entre 1892 a 1895.[8] Sin embargo, con objetivos científicos comprometedores, Maler pudo hacer fotografías que son ociosas, vistas casi abstractas con reproducciones de luz admirables, refractándose en las piedras arruinadas del monumento y en las superficies rotas.

En forma similar, Carl Lumholtz, un fotógrafo noruego, que había descubierto pueblos aborígenes en Australia, se dedicó al estudio de lo que en su siglo se llamó "el hombre primitivo". Entre 1890 y 1910, estuvo trabajando en México con nativos, tales como los tarahumaras y los huicholes. Lumholtz creó fotografías extraordinariamente inteligentes. No mostró "estereotipos" o paisajes genéricos, pero conectó al pueblo con su medio ambiente; fue sensitivo a los gestos, los símbolos y el complejo nexo entre la persona y su entorno, lo que constituye su habitación.[9]

A finales del siglo XIX, estas fotografías de México, fueron creadas y comprendidas como *documentos*; hoy son consideradas *obras de arte*. Tan sorprendente cambio en la recepción de un medio específico, desde su período de origen hasta el presente es bien conocido de los historiadores. El poder evocativo de estas imágenes muestra que estas fotografías fueron contemporáneas con el fin del descubrimiento europeo de América, que comenzó cuatro siglos más tarde.

1. Véanse los libros publicados bajo la supervisión de Manuel Alvarez Bravo, para el 150 aniversario de la invención de la fotografía, por el Concejo Nacional de Cultura y de las Artes y del Instituto Nacional de Bellas Artes, particularmente *Memoria del Tiempo* (1989). Sobre las primeras décadas de la fotografía en México, véase *Fuga Mexicana. Un recorrido por la fotografía en México*. Consejo Nacional para la Cultura y las Artes, 1992, México.
2. Theodore Tiffereau, *Les metaux sont des corps composés*, Paris, 1888.
3. Ernest Lacan, *La Lumière*, 29 de julio, 1854.
4. Esta es la estructura de investigación llevada a cabo por M. Bellingeri y R. Casanova, en el Centro de Estudios Hispano–Americanos, Universidad de Turín, Italia.
5. Charles Minguet, *Alexandre de Humboldt, historien et geographe de l'amerique expanole* (1799–1804), (Paris, François Maspero, 1969).
6. *Cités et Ruines Americaines: Mitla, Palenqué, Chichén Itzá, Uxmal*, coleccionadas y fotografiadas por Désiré Charnay, con un texto de Viollet Le-Duc, (Paris: Gide, 1862–63). Un volumen de texto, con un ensayo de Villet Le-Duc y los "*Souvenirs e Impressions de Voyage* por Charnay, acompañado de un álbum. *Le Mexique, 1858–61: Souvenirs et Impressions de Voyage*, ha sido reeditado en 1987 (Editions du Griot, Paris, con comentarios de P. Mongne).
7. Keith F. Davis. *Désiré Charnay, Expeditionary Photographer* (Alburquerque, New Mexico: The University of New Mexico Press, 1981).
8. Maler publicó sus fotografías como ilustraciones de los reportes de la misión arqueológica que el publicó como *Memoirs of the Peabody Museum*. En 1913 Maler donó dos álbumes de formato grande titulados "Monuments Anciens du Mexique" a la Biblioteca Nacional en Paris. Tal parece que ellos constituyen su única publicación. Sobre Maler, véase *Monumenta Americana, IV edificios mayas, trazados en los años de 1886 a 1905 y descritos por Teobart Maler* edición póstuma a cargo de Gerdi Kutscher, Berlin, 1971, con una bibliografía del arqueólogo.
9. Carl Lumholtz, "Los indios del Nordeste" (1890–1898), Archivo Etnográfico audiovisual del Instituto Nacional Indigenista, México, septiembre de 1982.

Australia, dedicated himself to the study of what his century called "primitive man." Working between 1890 and 1910 in Mexico, with natives such as the Taruhamaras and the Huicholes, Lumholtz created complex and extraordinarily intelligent photographs. He does not show "stereotypes" or generic landscapes, but connects the people to their environment; he is sensitive to gestures, to symbols, and to the complex link between person and milieu that constitutes habitation.[9]

In the late-nineteenth century, these photographs of Mexico were created and understood as *documents*; today they are considered *works of art*. Such a surprising change in the reception of a specific medium from its period of origin to the present is well known to historians. The evocative power of these images shows that these photographs were contemporaneous with the end of the European discovery of America, begun four centuries earlier.

1. See the books published under the supervision of Manuel Alvarez Bravo for the 150th anniversary of photography's invention by the National Council for Culture and the Arts and the National Institute of Fine Arts, particularly *Memoria del Tiempo* (1989). On the first decades of photography in Mexico, see Olivier Debroise, *Fuga Mexicana. Un recorrido por la fotografia en México* (Mexico: Consejo Nacional para la cultura y las artes, 1992).
2. Theodore Tiffereau, *Les metaux sont des corps composés* (Paris, 1888), pp. 9–10.
3. Ernest Lacan, *La Lumière*, July 29, 1854.
4. This is the framework of research carried out by M. Bellingeri and R. Casanova at the Center for Spanish-American Studies, Turin University, Italy.
5. Charles Minguet, *Alexandre de Humboldt, historien et geographe de l'Amerique expanole (1799–1804)*, (Paris: Francois Maspero, 1969).
6. *Cités et Ruines Americaines: Mitla, Palenque, Izamal, Chichen-Itza, Uxmal*, collected and photographed by Désiré Charnay, with a text by M. Viollet-Le-Duc, (Paris: Gide, 1862–63). A volume of text, with Viollet-Le-Duc's essay and the "Souvenirs et Impressions de Voyage" by Charnay, accompanies the album. *Le Mexique, 1858–61: Souvenirs et Impressions de Voyage*, has been republished in 1987 (Editions du Griot, Paris, commentary by P. Mongne).
7. Keith F. Davis, *Désiré Charnay, Expeditionary Photographer* (Albuquerque, New Mexico: University of New Mexico Press, 1981).
8. Maler published his photographs as illustrations of the archaeological mission reports that he published in the *Memoirs of the Peabody Museum*. In 1913, Maler donated two large-format albums "Monuments Anciens du Mexique" to the Bibliothèque Nationale, Paris. It appears that they constitute his only publication. On Maler, see also *Monumenta americana, IV edificios mayas, trazados en los anos de 1886–1905 y descritos por Teobert Maler*, edicion postuma a cargo de Gerdi Kutscher, Berlin, 1971, with a bibliography on the archaeologist.
9. Carl Lumholtz, "Los Indios del Nordeste (1890–1898)," Archivo etnografico audiovisual del Instituto nacional indigenista, Mexico, September 1982.

SUMNER MATTESON

Mujeres vendiendo hierbas en el mercado exterior, Cuernavaca, 1907

Women selling herbs in outside market, Cuernavaca, 1907

SUMNER MATTESON
Vistiendo toros muertos, Ciudad México, 1907
Dressing dead bulls, Mexico City, 1907

SUMNER MATTESON

Vendedores de alfarería yendo hacia Uruapán, 1907
Pottery peddlers bound for Uruapan, 1907

Bottom:
Lugareños bajando del tren en Amecameca, 1907
Native people leaving train at Amecameca, 1907

ANTON BRUEHL
Patio, c. 1930
Patio, c. 1930

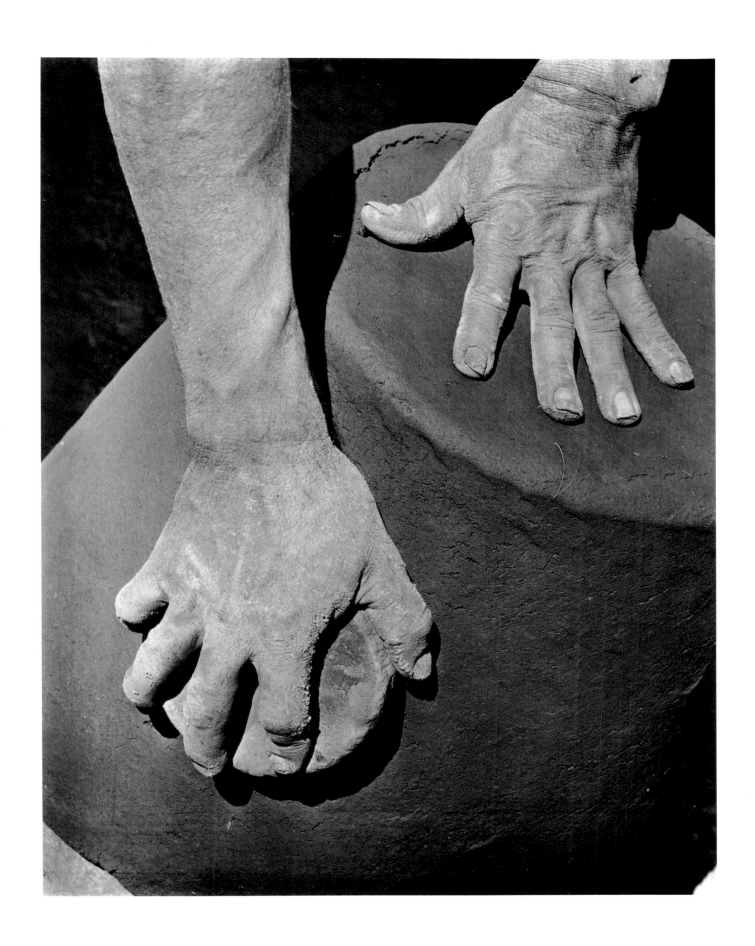

ANTON BRUEHL
Las manos del alfarero, c. 1930
Hands of the Potter, c. 1930

Recuerdos de México

Remembrance of Mexico

ANDRÉ BRETON

¡Tierra roja, tierra virgen, toda mojada con la sangre más generosa, tierra donde la vida del hombre no tiene precio, y sin embargo, dispuesta como el agave (siempre su mejor expresión) para consumirse en un florecimiento de deseo y peligro! Al menos, existe un país en el mundo donde el viento de liberación no ha amainado. En 1810, en 1910, este viento ha rugido con el sonido de todos los verdes órganos que ascienden hacia el cielo tormentoso: una de las fantasías primarias de México está hecha de uno de esos gigantes cactus en forma de candelabros, detrás del cual surge un hombre de ojos fieros empuñando un revolver. Esta imagen romántica no debe disputarse: siglos de opresión y de extrema pobreza le han conferido doblemente una vívida realidad, y nada puede prevenir que esta realidad aprentemente dormida no pueda empollarse debajo de ese aparente embeleso de los desiertos fascinantes. El hombre armado está aquí todavía, en sus espléndidos andrajos, listo para alzarse del olvido y del infortunio.

Del próximo arbusto en el camino surgirá otra vez, llevado por una fuerza desconocida hacia los demás, y por primera vez, en sus caras, reconocerá la suya propia.

Imperiosamente, México nos urge a meditar en los fines de las acciones humanas; sólo tenemos que mirar hacia las pirámides construidas con varias láminas de piedra, correspondiendo a cada distante cultura, que en oscuros designios se ha interpenetrado unas con otras. Las encuestas ofrecen al arqueólogo la ocasión de divagar acerca de las diversas razas que se han seguido unas a otras en este suelo y que han conseguido que sus armas y sus dioses prevalezcan. Pero muchos de esos monumentos todavía desaparecen bajo un campo abierto, y de cerca y de lejos se funden con las montañas. El gran mensaje de las tumbas, permeando el aire a través de pasajes desconocidos, parece serle más fácil, por alguna razón, el respirar que el descifrar, mientras carga el aire con electricidad. Semidespierto de su mitológico pasado, México aún evoluciona bajo la protección de Xochipilli, dios de las flores y de la poesía lírica, y de Coatlícue, diosa de la tierra y de la muerte violenta, cuyas efigies, llenas de más intensidad y patetismo que todas las otras, semejan intercambiar sobre las cabezas de los campesinos indios (los visitantes más numerosos y meditativos

Red land, virgin land, all soaked with the most generous blood, land where man's life is priceless, yet ready as the agave (always its best expression) to consume itself in a flowering of desire and danger! At least there is one country left in the world where the wind of liberation has not subsided. In 1810, in 1910, irresistibly, this wind has roared with the sound of all the green organs that soar toward the stormy sky: one of Mexico's primary fantasies is made from one of those giant, candelabra-shaped cacti behind which surges a fiery-eyed man holding a gun. This romantic image is not to be contested: centuries of oppression and extreme poverty have twice conferred it a vivid reality, and nothing can prevent this reality from resting dormant, from hatching underneath the apparent slumber of sweeping deserts. The armed man is still here, in his splendid tatters, ready to suddenly rise again from obliviousness, from misfortune.

From the next brushwood along the road he will surge again, carried by an unknown strength he will go toward the others, and for the first time in their faces he will recognize his own.

. . . Imperiously, Mexico urges us to meditate on the ends of man's actions: we only have to look at the pyramids made of several layers of stone, corresponding to very distant cultures that have covered and, in obscure ways, interpenetrated each other. Surveys give archaeologists the occasion to ramble about the diverse races that have followed each other on this soil and made their weapons and their gods prevail. But many of those monuments still disappear under an open field and, near and far, blend in with the mountains. The great message of the tombs, permeating the air through unknown channels, seems for some reason much easier to breathe than to decipher, and charges the atmosphere with electricity. Half awakened from its mythological past, Mexico still evolves under the protection of Xochipilli, god of the flowers and of lyrical poetry, and of Coatlicue, goddess of the earth and of violent death, whose effigies, filled with more pathos and intensity than all the others, seem to exchange over the heads of the Indian peasants (the most numerous and meditative visitors of the National Museum's collections) winged words and raucous calls that fly from one end of the building to the other. This power of conciliating life and death is without doubt the main attraction that lures us to Mexico.

Diego, [Rivera] my very dear friend, . . . In Mexico everything that is related to the artistic creation is not adulterated like it is here. This is easy to judge just by your work, by this world that you alone have created. You have been and will always be at the right clearing. You have over all of us the advantage of being part of this popular

de las colecciones del Museo Nacional) palabras aladas, y roncas llamadas, que vuelan de un extremo al otro del edificio. Este poder de conciliar la vida con la muerte es sin duda la mayor atracción que nos atrae a México.

Diego (Rivera) mí querido amigo, en México, todo lo que está relacionado con la creación artística no está adulterado como lo está aquí. Es fácil juzgar con sólo tu trabajo, por ese mundo que tú solo has creado. Tú has estado y siempre estarás en la correcta claridad. Tienes sobre todos nosotros la ventaja de ser parte de esa tradición popular, que, hasta donde conozco, ha permanecido viva solamente en tu país. Tú posees ese innato sentido de la poesía y del arte como deben ser, como deben ser realizados por todo y para todos, cuyo secreto perdido, nosotros en Europa buscamos deseperadamente. Para estar convencidos de que nunca dejará de ser tuyo, no tenemos más qu verte acariciar un ídolo tarasca, o verte sonreir con esa incomparable y grave sonrisa tuya, ante el opulento despliegue de un mercado público. Está claro que estás relacionado con los recursos espirituales de esta tierra por medio de raíces milenarias, para tí y para mí lo más querido en el mundo. Los paisajes de Rivera demuestran cómo pudo adoptar su posición en este extraordinariamente punto crítico donde la vista y la visión son prácticamente lo mismo, donde ya no existe más brecha entre lo imaginario y lo real. Los pintores impresionistas solían salir en busca de un motivo. Rivera ha decidido que el motivo de hoy debe responder a varias exigencias diferentes, que deberá satisfacer tanto al ojo mental cuanto al físico. Desde ese punto de vista, algunos de los aspectos específicos de México, llevan en su naturaleza, el de provocar la mayor coniusión. Y es examinando estos aspectos que, en su último período, Rivera ha conseguido unir con la rica sustancialidad de un Renoir, la textura de un mundo tan desconocido como el de Max Ernst. Desde ese ángulo de visión y sin haber verificado con el propio Diego Rivera, si él está de acuerdo, he llegado a considerar a México bajo todos sus aspectos, con sus senderos que abundan en accidentes y espejismos. No me ha abandonado desde el Desierto de los Leones hasta el lozano Taxco-de-los-colibríes, desde los desiertos y sofocantes Valles en donde las candentes ventanas se llenan con insectos grandes y negros; de las prodigiosas cascadas de Barranca de Ibarra, cuyas espumas se mezclan desde lejos con los guayabos en flor. Las imágenes que estos lugares dejaron dentro de mí, se volvieron sol y carne, imaginación e incertidumbre amorosa, todas unidas. He dicho que desembarqué en México con una disposición extremadamente favorable. Puede que surja de la inefable impresión que guardo de uno de los primeros libros que leí cuando niño y que Rimbaud también menciona por haberlo leído a la misma edad: "Costal, el indio". El amor a la independencia, probablemente, tiene para mí, si no para él, su origen allí. En ese libro, la ficción y la historia se auxilian. Y, quién sabe, nuestra más elevada ambición literaria sea la de componer libros para niños. Para mí, los sitios de México, vistos por primera vez en esos grabados, han estado asociados siempre con la idea de la lucha por la liberación.

tradition that, as far as I know, has remained alive only in your country. You possess this innate sense of poetry and art as they should be, as they should be done by all and for all, whose lost secret we are desperately searching for in Europe. To be convinced that it could never fail to be yours, one only has to see you stroke a Tarasque idol, or smile with that incomparably grave smile of yours, at the extraordinary and opulent display of an outdoor market. It is clear that you are related through millenial roots to the spiritual resources of this land, for you and me the dearest in the world.

. . . Rivera's landscapes demonstrate . . . how he was able to take up a position in this extraordinarily critical point where sight and vision are practically the same, where there is no more rift between imaginary and real. The impressionist painters used to go out in search of a motive. Rivera has decided that today's motive should respond to very different exigencies, that it should be able to satisfy both the mental and the physical eye. From that point of view, some of the specific aspects of Mexico have it in their nature to provoke the greatest confusion. And it is by examining these aspects that, in his last period, Rivera has managed to unite with the rich substantiality of a Renoir the texture of a world as unknown as Max Ernst's.

From such a point of view, and without having verified with Diego Rivera that he is in agreement, I have come to consider Mexico under all its aspects, with its pathways that abound in accidents and mirages. He has not left me from the Desert of the Lions to the fair Taxco-of-the-humming-birds, from the bleak and suffocating Valles whose scorching windows swarm with large, black insects, to the prodigious cascades of Baranca de Ibarra, whose foam mingles from afar with guava trees in bloom. The image that these places left inside me became sun and flesh, imagination and amorous uncertainty joined together. I have said that I landed in Mexico with an extremely favorable disposition. It may come from the ineffaceable impression that I kept from one of the first books that I read as a child and that Rimbaud also mentions that he read at the same age: *Costal the Indian*. The love of independence has probably, for me if not for him, originated from there. In that book, fiction and history help each other. And, who knows, maybe our highest literary ambition should be to compose adventure books for children? To me, Mexico's sites, first seen in those engravings, have ever since been associated with the idea of the struggle for liberation.

C. B. WAITE

Obrero del país caliente, México

Hot Country Laborer, Mexico

FRITZ HENLE
José Clemente Orozco, 1943
José Clemente Orozco, 1943

FRITZ HENLE

Diego Rivera tomando la siesta en su jardín, 1943

Diego Rivera having a siesta in his garden, 1943

ED VAN DER ELSKEN

México, 1960
Mexico, 1960

ED VAN DER ELSKEN
México, 1960
Mexico, 1960

ED VAN DER ELSKEN
México, 1960
Mexico, 1960

ED VAN DER ELSKEN

México, 1960
Mexico, 1960

ED VAN DER ELSKEN

México, 1960

Mexico, 1960

ED VAN DER ELSKEN

Mexico, 1960

ED VAN DER ELSKEN
México, 1960
Mexico, 1960

ROBERT CAPA

Ciudad México, Julio 9, 1940

Mexico City, July 9, 1940

ROBERT CAPA
Campana Presidencial del General Avila Camacho, 1940
Presidential Campaign of General Avila Camacho, 1940

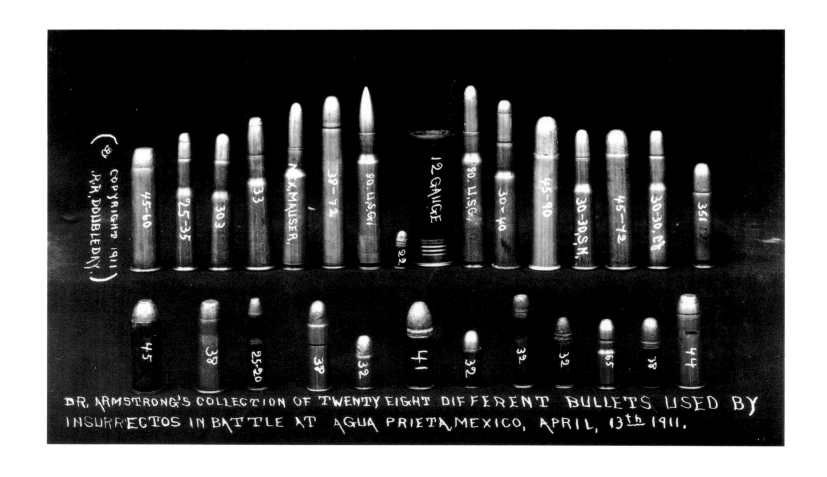

WALTER HORNE

Balas usadas por los insurrectos en Agua Prieta, México, 13 de abril, 1911

Bullets used by rebels in battle at Agua Prieta, Mexico, April 13, 1911

La gran rebelión

The Great Rebellion

RAMÓN EDUARDO RUIZ

El régimen de Porfirio Díaz, que reclamaba como suyo el ser abanderado "de la paz, el orden y el progreso", pero que de hecho sobrevivió en su implacable explotación de tantos, especialmente de la ruralía pobre por los ricos hacendados, los extranjeros y sus compinches politiqueros, duró más de tres décadas capeando los vientos de galerna de la política mexicana hasta 1911. Irónicamente cuando casi todos habían decidido esperar por la muerte de Díaz en su cargo, el asalto a los bastiones del porfiriato apareció en un sitio inesperado, no por parte de la peonada sin tierras y de los abusados trabajadores, quienes eran los más ofendidos. Fue un pequeño hombre del norte el que volcó el carro manzanero.

Cuando Díaz le dijo al periodista americano James Creelman, que le daría la bienvenio a un candidato opocisionista en las vecinas elecciones de 1910, a Francisco I. Madero, vástago de un rico clan de Coahuila y Nuevo León, el propietario de haciendas bancos y plantas textiles, le tomó la palabra y comenzó a viajar por el país buscando votos bajo la bandera de la democracia y de la no-reelección. Díaz, asombrado, ordenó el encarcelamiento de Madero y seguidamente, a los ochenta años de edad, proclamó su propia reelección. Mientras tanto, el valiente Madero, había escapado de la cárcel y desde su refugio en Texas, declaró nula la elección de Díaz, emitió el Plan de San Luis de Potosí, fijando la fecha para un levantamiento armado el 20 de noviembre. Así dio comienzo lo que los mexicanos refieren como la Revolución de 1910.

Desde esa llamada a las armas, la guerra civil erupto en México. Madero había, simplemente, encendido la mecha. Antes de que llegara a su fin, el antiguo régimen de Díaz, como le habían bautizado sus críticos, se había derrumbado, increíblemente, como parecía, por la acción de un grupo de soldados aficionados que, en teoría, obedecían el liderazgo de Madero, pero que en realidad respondían a Pascual Orozco, un desollador de mulas que había leído "Regeneración", la publicación radical de los hermanos Flores Magón y de Francisco Villa, un cuatrero

Porfirio Díaz's regime, which claimed for its own the banners of "peace, order and progress," but in fact survived on its unrelenting exploitation of the many, especially the rural poor, by rich hacendados, foreigners, and their political cronies, lasted for over three decades, weathering the gale winds of Mexican politics until 1911. Ironically, just when nearly everyone had decided to await Díaz's death in office, the assault on the bastions of the Porfiriato appeared from an unexpected quarter, not, as often predicted, from landless peons and abused workers who had the biggest gripes. It was a little man from the north who upset the apple cart.

When Díaz told James Creelman, an American journalist, that he would welcome an opposition candidate in the forthcoming elections of 1910, Francisco I. Madero, the scion of a wealthy clan from Coahuila and Nuevo León, the owner of haciendas, banks, and textile mills, took him at his word and began to tour the country seeking votes under the banner of democracy and no-reelection. An astonished Díaz had Madero jailed and soon after, at eighty years of age, proclaimed his own reelection. The spunky Madero, meanwhile, escaped from jail and from his refuge in Texas declared the election of Díaz null and void, issued a *Plan de San Luis Potosí* and set the date for an armed uprising for November 20. So began what Mexicans refer to as the Revolution of 1910.

From that call to arms, a civil war erupted in Mexico. Madero had merely lit the fuse. Before it was over, Don Porfirio's ancient regime, as critics baptized it, had fallen, toppled, incredibly as it may seem, by a motley collection of amateur soldiers, in theory, under the leadership of Madero but, actually, beholden to Pascual Orozco, a mule skinner who read *Regeneración*, the radical publication of the Flores Magón brothers, and Francisco Villa, a cattle rustler turned "revolutionary." A million Mexicans, it is said, lost their lives in these years of chaos while another million sought refuge in the United States. Madero went on to win an honest election and become president of Mexico but not for long. In February, 1913, he was killed by the old Porfirista military, now under the command of Victoriano Huerta, a general with a taste for imported cognac.

With Madero's death, Huerta, who received the blessings of the American ambassador in Mexico City, became president by the right of usurpation. Henry Lane Wilson and his Mexican allies, the authors of the military coup, thought that they had turned back the clock. They were very much in error. In the north, Venustiano Carranza, the Maderista governor of Coahuila and an hacendado, refused to recognize Huerta's government, finding allies in

que se había convertido en "revolucionario". Se ha dicho que un millón de mexicanos perdieron la vida en esos años de caos, mientras que otro millón buscó refugio en los Estados Unidos. Madero continuó hasta ganar en una elección honesta y se convirtió en el primer presidente de México, pero no por mucho tiempo. En febrero de 1913, fue asesinado por los viejos militares porfiristas, ahora bajo el mando de Victoriano Huerta, un general con el gusto ya hecho al coñac importado.

Con la muerte de Madero, Huerta, que recibió la bendición del embajador americano en Ciudad México, alcanzó la presidencia por derecho de usurpación. Henry Lane Wilson y sus aliados mexicanos, los autores del golpe militar, pensaron que habían retrasado el reloj. Pero estaban en un gran error. En el norte, Venustiano Carranza, hacendado y gobernador maderista de Coahuila, se negó a reconocer el gobierno de Huerta, teniendo aliados en Chihuahua y Sonora. A poco, la lucha comenzó de nuevo; Villa encabezaba el ataque desde Chihuahua, y Alvaro Obregón, un cosechero de garbanzos, se aproximaba hacia el sur desde Sonora.

En las afueras de Ciudad de México, otra historia estaba teniendo lugar. Emiliano Zapata, un campesino labrador, el que anteriormente había levantado la bandera de la rebelión contra Díaz, en Morelos, tierra de grandes cosecheros de azúcar y con una peonada sin tierras, pero muy encolerizada, hacía su propia guerra. Cuando Madero puso de lado la reforma agraria, Zapata le hizo frente y después guerreó contra Huerta. Para los zapatistas, la revolución tenía solamente un objetivo: "tierra y libertad".

Todo el año 1913 hasta junio del próximo, la lucha había asolado el país, un escenario habilmente captado literariamente en el libro "Los de abajo", por Mariano Azuela. Una novela de la "revolución" donde los hombres se mataban unos a los otros sin saber por qué. Bajo el diestro liderazgo de Huerta, el ejército federal luchó dura y largamente, pero al final probó no ser contendiente contra los desastrados luchadores de Villa y de Obregón. La negativa de Washington, bajo el tutelaje del moralista presidente Woodrow Wilson, de reconocer el régimen de Huerta, precipitó la caída de ese general.

Con el "usurpador" fuera del camino, los rebeldes triunfantes se despacharon gobernando a México. Lo que pronto demostró ser imposible. Venustiano Carranza, el barbado "Jefe Supremo" de las fuerzas constitucionalistas, como gustaba de ser llamado, y sus "revolucionarios legales" de los estados del norte, que hablaban de regresar a la ley y el orden, pronto se vieron desafiados. Mientras Obregón, su caudillo militar, lo apoyaba, no hicieron lo mismo ni Villa ni Zapata. Para Zapata, que había batallado por la redistribución de la tierra de las haciendas, un distintivo del porfiriato, el conservador Carranza no era mejor que Díaz. Por otra parte, Villa, que no había dejado huella de

neighboring Chihuahua and Sonora. Before long, fighting had flared again, with Villa leading the attack from Chihuahua and Alvaro Obregón, a garbanzo planter, driving south from Sonora.

On the outskirts of Mexico City another story unfolded. Emiliano Zapata, a dirt farmer who had earlier hoisted the flag of rebellion against Díaz in Morelos, a land of huge sugar estates and landless and angry peons, waged his own campaign. When Madero procrastinated on land reform, Zapata waged war against him and then fought Huerta. For the Zapatistas, their revolution had only one goal: "land and liberty."

For all of 1913 and until June of the next year the fighting ravaged the countryside, a scene aptly captured in print by Mariano Azuela in *Los de abajo*, a novel of the "revolution," where men killed one another without knowing why. Under Huerta's able leadership, the federal army fought long and hard but, in the end, proved no match for the ragamuffin fighters of Villa and Obregón. The refusal of Washington, under the tutelage of the Protestant moralist Woodrow Wilson, to recognize Huerta's regime, hastened the general's downfall.

With the "Usurper" out of the way, the triumphant rebels sat down to govern Mexico. That quickly proved impossible. Venustiano Carranza, the bearded "First Chief," as he liked to title himself, of the Constitutionalist forces, the "legal revolutionaries" from the northern states who talked of the need to return to law and order, had challengers. While Obregón, his military chieftain, supported him, neither Villa nor Zapata did so. For Zapata, who had battled for the redistribution of the land of the haciendas, a hallmark of the Porfiriato, the conservative Carranza was no better than Díaz. On the other hand, Villa, who left no record behind of any strong commitment to drastic social change, simply disliked and distrusted Carranza who, conversely, had little use for the former cattle rustler, whom he judged a barbarian.

So, instead of peace, the revolutionary factions, one led by the Constitutionalists and the other largely under the thumb of Villa, turned to fighting each other. For a while, Zapata attempted to come to terms with Villa but, concluding that was a pipe dream, went his own way, fighting the Constitutionalists but staying clear of the Villistas. At the epic battles of Celaya, a city in the Bajío, a historic region lying between Mexico City and Guadalajara, Obregón's forces defeated Villa's. By early 1915, the Constitutionalists had won, Don Venustiano was seated in the presidential chair in the National Palace and Villa, his troops shattered, was on the run. Zapata, the dirt farmer,

ningún compromiso fuerte por un cambio social, sencillamente desconfiaba y le disgustaba Carranza, quien de igual manera, no tenía uso para el cuatrero a quien juzgaba coino a un bárbaro.

Así que en vez de paz, las facciones revolucionarias, una guiada por los constitucionalas y la otra, mayormente, bajo el pulgar de Villa, se volvieron una contra otra. Por un tiempo Zapata intento llegar a términos con Villa, pero concluyendo que se trataba de un mero sueño, siguió su propio camino, luchando contra los constitucionalistas pero manteniéndose alejado de los Villistas. En las épicas batallas de Celaya, una ciudad situada en el Bajío, una histórica región que se extiende entre Ciudad de Mexico y Guadalajara, las fuerzas de Obregón derrotaron a las de Villa. A principios de 1915, los constitucionalistas habían triunfado, Don Venustiano estaba sentado en la silla presidencial del Palacio Nacional Villa y sus tropas destruídas, se daban a la fuga. Zapata, el labrador campesino, habría de morir a mano de los rebeldes victoriosos en 1919. A todos los efectos, la fase guerrerista de la "revolución" había llegado a su final.

Con la derrota de Villa, los constitucionalistas se reunieron en Querétaro, otra ciudad del Bajío, para confeccionar una constitución. La carta nacional de 1917, el parto ingenioso de los "revolucionarios legales", puso por escrito lo que ellos creyeron como bueno para México. Esta constitución incluía artículos que tenían que ver con la educación pública, la reforma agraria, el derecho de los obreros industriales de ir a la huelga y de organizarse en uniones; la separación de la iglesia y el estado, entre otras. Fue una estimulante composición de reformas militantes; el asunto laboral por una parte, y por otra, la decepcionante moderación en el programa político de la educación, que se le confiaba a los estados, los que no estaban ni financieramente ni políticamente preparados para poder enseñar a los niños de los pobres. El artículo 27, que hablaba encendidamente de la reforma agraria, confiaba su aplicación a los estados.

No obstante, cualquiera que fuera el caracter del levantamiento de 1910, el mismo imprimió su huella en la historia del Méjico contemporáneo. Junto con las guerras de independencia (1810–1821) y la reforma, la lucha del naciente sector de clase media por el poder político durante la mitad del siglo diecinueve, la "revolución" ocupa uno de los tres importantes eventos en los anales de la República. Aún hoy una burguesia conservadora, que maneja las riendas del poder, se considera su heredera. El acrónimo de su vocero político, el PRI, personifica al Partido de Revolución Institucional.

Pero, "La Gran Rebelión", quizás un término más apto para lo que produjo, también atrajo la atención del mundo occidental, particularmente, de los Estados Unidos, su vecino del norte. Casi desde el principio, los americanos

would die at the hands of the victorious rebels in 1919. For all intents and purposes, the fighting phase of the "revolution" had come to a close.

With the defeat of Villa, the Constitutionalists met at Querétaro, another city in the Bajío, to write a constitution. The national charter of 1917, the brainchild of the "legal revolutionaries," put into writing what they believed was good for Mexico. The Constitution included articles dealing with public education, land reform, the right of industrial workers to organize themselves into unions and to strike, and the separation of Church and State, among others. It was a heady concoction of militant reform, the labor article for one, and disappointing moderation, the education plank for example, which entrusted the fate of public education to the states, neither financially nor politically prepared to teach the children of the poor. Article 27, which spoke glowingly of land reform, called for its implementation by the states.

Still, whatever the character of the uprising of 1910, it stamped its imprint on contemporary Mexican history. Along with the Wars for Mexican Independence (1810--1821) and the Reforma, the struggle of the nascent middle sector for political power during the mid-nineteenth century, the "revolution" ranks as one of the three momentous events in the annals of the Republic. Even now a conservative bourgeoisie, which wields the reins of power, claims to be its heir. The acronym of its political mouthpiece, the PRI, stands for the Party of the Institutionalized Revolution.

But "The Great Rebellion," perhaps a more apt term for what developed, also drew the attention of the Western world, particularly the United States, Mexico's northern neighbor. Almost from the start, Americans were fascinated by what was taking place on the other side of their border. Some of them were journalists, among them John Reed, whose *Insurgent Mexico*, a vivid account of the fighting in the north, is something of a classic. John Kenneth Turner's *Barbarous Mexico*, a moral impeachment of the Porfiriato, had provoked the ire of many American readers; Turner stayed around to write about events after the fall of Díaz.

But journalists were not the only Americans to look for adventure in Mexico. Photographers from the United States, too, joined the trek south; their pictures complement the written record left behind by others. A few came with reputations already established while others helped win international acclaim with their photographs of "revolution-ary" Mexico, the years from 1910 until the twenties. Among the better known were Edward Weston and Paul Strand;

estuvieron fascinados por lo que estaba aconteciendo al otro lado de su frontera. Muchos de ellos eran periodistas, como John Reed, cuyo "México Insurgente", fue un vívido relato de la lucha en el norte, algo así como un clásico. "México bárbaro" de John Kenneth Turner, fue una impugnación del porfiriato, que hubo de provocar la ira de muchos lectores americanos. Turner permaneció en el país escribiendo sobre los sucesos que siguieron a la caída de Díaz.

Pero los periodistas no fueron los únicos americanos que buscaron aventuras en México. También los fotógrafos de Estados Unidos se unieron a la marcha hacia el sur. Sus retratos complementan los escritos dejados por otros. Algunos llegaron con la reputación ya establecida mientras que algunos más consiguieron la ayuda para alcanzar aclamación con sus fotografías del México "revolucionario", a partir de 1910, hasta los años veinte. Entre los más conocidos estaban Edward Weston y Paul Strand. Weston, particularmente, encontró una fácil aceptación social entre los artistas mexicanos y los escritores de su tiempo. Desde Europa, vía Estados Unidos, llegó Tina Modotti, una joven y hermosa mujer de talento, y la favorita de Diego Rivera y su grupo; Henri Cartier-Bresson era francés, mientras que André Kertesz era húngaro.

En la víspera de la caída de Díaz, Sumner W. Matteson, fotoperiodista de Iowa, buscaba un nuevo mundo que conquistar y se marchó a México a tomar fotografías del México contemporáneo. Como revelan sus retratos, fue un hombre de ojo penetrante del drama de la vida diaria. Aunque no podía hablar español, pasó casi un año en México; dos mil negativos después, Matteson declararía que "México superaba a cuanto él había encontrado como asuntos . . . mis especialidades fueron viejas iglesias, peones, ruinas, fiestas, etc.". Pero lo que mejor captó en sus fotografías fue el carácter del México rural, la majestad de su paisaje, la simplicidad de sus gentes y, por supuesto, la crudeza y la inopia de sus vidas. Su fotografía de una hacienda de pulque en las afueras de Ciudad México, que muestra en términos gráficos cómo la humanidad y las bestias se confinaban en el mismo espacio, es una punzante condena de la vida de los peones en los días finales del porfiriato. El pulque es una bebida alcohólica, fermentada con la cáscara del maguey, la cual era una fuente lucrativa de ingresos para los hacendados del México Central, siendo al mismo tiempo, el tósigo de la vida rural. Esta contradicción está hábilmente captada en el retablo dedaliano de Matteson.

Muy diferentes son las fotografías de Edward Larocque Tinker, un americano esnobita y retoño de padres ricos que poseían yates, pasaban sus veranos en elegantes mansiones de Port Jefferson, y rodaban lujosos carruajes de posta. Contaban entre sus amigos, los "mogules" del imperio cuprífero de Phelps Dodge, que operaba las minas de Nacozari en Sonora. Larocque había pasado algún tiempo en un rancho ganadero americano en el estado de

Weston, particularly, found an easy social acceptance among Mexican artists and writers of the time. From Europe by way of the United States arrived Tina Modotti, a beautiful and talented young woman and the darling of Diego Rivera and his crowd; from France, Henri Cartier-Bresson.

On the eve of Díaz's downfall, Sumner W. Matteson, a photojournalist from Iowa in search of new worlds to conquer, had gone off to take pictures of contemporary Mexico. As his photographs reveal, he was a man with a keen eye for the drama of everyday life. Although unable to speak Spanish, he spent nearly a year in Mexico; two thousand negatives later, Matteson would declare that Mexico "beats anything yet I've struck for subjects . . . my specialities were Old Churches, Peons, Ruins, Fiestas, etc." But what he captured best in his photographs was the character of rural Mexico, the majesty of its landscape, the simplicity of its people and, of course, the harshness and poverty of their lives. His photograph of a pulque hacienda on the outskirts of Mexico City, which depicts in graphic terms how mankind and beasts were locked up in the same quarters, is a trenchant indictment of the life of peons in the final days of the Porfiriato. Pulque, an alcoholic drink fermented from the sap of the maguey plant, was a lucrative source of profit for hacendados in central Mexico but, at the same time, the bane of rural life. This contradiction is skillfully captured in Matteson's Daedalian tableau.

Quite distinct are the photographs of Edward Larocque Tinker, a snobbish American and the offspring of wealthy parents who owned yachts, spent their summers in elegant homes in Port Jefferson, and rode in stately horse-drawn carriages. He counted among his friends the moguls of the Phelps Dodge copper empire, who operated the mines of Nacozari in Sonora. He had spent time on an American cattle ranch in the State of Chihuahua where, in his *Memoirs*, he remembered how bigoted American cowboys, whom he admired, referred to natives as "Mex." Tinker recorded with camera events in northern Sonora, some around Nacozari, during the uprising of 1911.

But, unlike Matteson, Tinker had scant sympathy for peons or workers. An aristocrat at heart, he looked for Mexicans of the upper class to photograph. His pictures are of "revolutionary" leaders, often officers, whose faces were more Spanish than Indian, of the northern armies; one is of Villa, Carranza, and Madero sitting in front of an unpainted adobe house. All students of Mexico are familiar with it. Another photograph is of Colonel Obregón, then just getting started on his meteoric rise to power and glory, flanked by two of his officers. Light of skin, Obregón,

Chihuahua, donde, en sus Memorias, recordaba cómo los bigotudos vaqueros americanos, a quienes admiraba, se referían a los nativos como "mex". Tinker tomó muchas fotografías alrededor de Nacozari, en el norte de Sonora, durante los levantamientos de 1911.

Pero a diferencia de Matteson, Tinker sentía poca simpatía por los peones o los trabajadores. Aristócrata de corazón, buscaba a los mexicanos de las clases altas para fotografiarlos. Sus retratos son de líderes "revolucionarios", veces de oficiales de los ejércitos del norte, cuyas caras eran más españolas que indias.

Uno de esos retratos es de Villa, Carranza y Madero, los tres sentados en frente a una casa de adobe sin pintar. Todos los estudiantes de México están familiarizados con esa estampa. Otra foto es del Coronel Obregón, cuando comenzaba su ascenso meteórico hacia el poder y la gloria, flanqueado por dos de sus oficiales. Pálido de rostro, Obregón, a quien Tinker admiraba, tiene la cara de un líder, lo que ciertamente era. Una espléndida fotografía es la de Francisco Villa al frente de sus tropas; cabalgando su caballo, Villa, un formidable jinete, galopa hacia el espectador. Sin embargo, a pesar de todo su mérito, las fotografías de Tinker son, con algunas excepciones, retratos como cualquiera, y raramente arrancan emociones fuertes del que los observa. Son interesantes, en especial para los historiadores o los mexicanos, quienes valoran su legado histórico, pero, en realidad, retratos de gente sin vida.

Las fotografías de Tinker y Matteson, entre otros, mantienen viva la memoria del levantamiento de 1910. Cualquiera que fuera el propósito de tomar esas fotografías, las mismas dejaron un rico archivo para todos aquellos que tesoran el pasado, cual los historiadores, que se interesan por estudiar La Gran Rebelión. Tal la palabra escrita, esas estampas le devuelven la vida a una edad muerta hace ya tiempo. Pero en la mente de muchos mexicanos, esas constituyen unas de las piedras fundamentales de su historia.

HUGO BREHME
Hermanos Zapata, s.f.
Hermanos Zapata, n.d.

whom Tinker admired, has the face of a leader, which he certainly was. A splendid photograph is that of Francisco Villa at the head of his troops; astride his horse, Villa, a powerful rider, gallops toward you. Yet for all of their merit, Tinker's photographs are, with some exceptions, portraits and, like most portraits, rarely call forth strong emotions from the viewer. They are interesting, especially for historians or Mexicans who value their historical legacy, yet, ultimately, pictures of dead people.

The photographs of Tinker and Matteson, among others such as Walter Horne, keep alive the memory of the upheaval of 1910. Whatever their purpose in taking the photographs, they left behind a rich archival source for all of us who treasure the past or, as historians, attempt to explore and explain the Great Rebellion. Like the written word, they bring back to life an age long dead but, in the minds of many Mexicans, one of the cornerstones of their history.

BROWN BROTHERS
Pancho Villa, s.f.
Pancho Villa, n.d.

WILFRED DUDLEY SMITHERS
La ley en el Big Bend inferior, 1929
The Law in the Lower Big Bend, 1929

ANONYMOUS

Americanos e insurrectos en Río Grande, c. 1911

Americans and rebels at Rio Grande, c. 1911

TOS AT RIO GRANDE

WALTER HORNE

Triple ejecución en México, s.f.
Triple Execution in Mexico, n.d.

WALTER HORNE

Los cuerpos de tres hombres despúes de ser ejecutados, s.f.

Bodies of three men lying as they fell after being executed, n.d.

La Decena Trágica - 9-18 Febrero 1913.
Esquina protegida por soldados felicistas.-

MIRET.
.MEXICO.

FRANÇOIS MIRET
La Decena Trágica, 1913
The Tragic Decade, 1913

ANONYMOUS

Sin título, c. 1913

Untitled, c. 1913

GERTRUDE BLOM

Romerillo, mujeres chamulas, (Tzotzil), 1959
Romerillo, Chamula women, (Tzotzil), 1959

La Selva Esta Ardiendo

The Jungle Is Burning

GERTRUDE BLOM

Desde 1943 he estado realizando viajes a la selva lacandona. Soy oriunda de los Alpes suizos y quedé enamorada de esa selva desde el momento en que vi por primera vez su increíble vegetación de grandes árboles y plantas exóticas con hojas tan grandes como sombrillas; las raras flores que semejan insectos; las enormes enredaderas que cuelgan de las copas de los árboles, con raíces que se enroscan alrededor de los troncos para, eventualmente, darles muerte, de manera que otros árboles gigantes puedan creecer en esos mismos lugares.

Quedé hechizada con los increíbles sonidos musicales de los insectos, desde las notas más altas hasta las más bajas; con el canto de los sapos y de cientos de aves que yo nunca había visto. Escuchaba maravillada la gritería peculiar de los monos aulladores y el estruendo que producen los tapires al romper la maleza como si fuesen tractores. Quedé atónita con las enormes bandadas de cotorras y de macaos inscribiendo un arcoiris de coloraciones en el cielo. Y entonces las serpientes de diversos colores deslizándose entre las hojas caídas sobre el suelo de la jungla.

No sentí ningún temor enmedio de ese nuevo ambiente; por el contrario, me sentí como en casa y en mi elemento. No me molestaban las picaduras de los mosquitos o de las abejas, que se sentían atraídas por el olor a sudor en la canícula agotadora. Aceptaba estas pequeñas molestias como parte de la fascinación que me causaba el nuevo medio ambiente.

He viajado por esta selva fantástica en expediciones breves y extensas, a lomo de mulo, a pie, y en canoas hechas de los troncos de los árboles. La he visto desde el aire como una aparente vastedad sin final, con sus ríos de intenso azul y verde, sus lagunas, y sus lagos de espejeante turquesa, así como sus turbulentas corrientes de agua.

La selva me llenó de un sentimiento de fascinación que nunca me ha abandonado. Ha obrado en mí un encantamiento que siempre me hace volver a ella; los leñadores dicen que es como el hechizo de una sirena.

I have been making trips to the Lacandon jungle since 1943. I come from the Swiss Alps, and I fell in love with the jungle from the moment I first saw its incredible vegetation of great trees and exotic plants with leaves as big as parasols, the rare insectlike flowers, the enormous vines that hang from the tops of the trees with roots that curl around the trunks to eventually kill them so that other giant trees can grow in their places.

I was held spellbound by the incredible musical sounds of the insects, from the highest notes to the lowest, and the singing of the frogs and all the hundreds of birds that I had never seen. I listened in amazement to the peculiar cry of the howler monkey and the deafening sound of the tapir crashing through the undergrowth like a tractor. I was transfixed by the enormous flocks of parrots and the macaws describing a rainbow of colors in the sky. Then there were all the snakes of different colors slithering in between the fallen leaves on the floor of the jungle.

I didn't feel any fear in the midst of this new environment; on the contrary I felt quite at home and in my element. I wasn't bothered by the mosquito bites or the bees that were attracted by the smell of sweat or the exhausting heat. I accepted all these little nuisances as part of the fascination of this new environment.

I traveled in this fantastic jungle on long and short expeditions, on mule-back, on foot, and in dugouts. I saw it from the air in its seemingly endless vastness, with its rivers of intense blue and green, its lagoons and lakes of sparkling turquoise, and its turbulent streams.

This jungle filled me with a sense of wonder that has never left me. It has cast a spell over me, and I always return to it; the lumbermen say it is like a Siren.

Everything Is Dying

I have seen all this perish. It started almost imperceptibly—a ranch would appear here and there or a little colony lost somewhere amongst the immense vegetation. The real assault on this rich reserve dates from the 1960s. For more than ten years I have been making annual expeditions to the jungle during the weeks when it is being burned. The purpose of these expeditions is to record in photos and writing the changes that are occurring. . . .

The Banco Rural Is Destroying the Jungle

In 1943 Jethá was a small and barely noticeable clearing in the jungle. Today they are clearing huge stretches of

Todo se va muriendo

He visto como todo esto perece. Comenzó casi imperceptiblemente—con un rancho apareciendo aquí o allá, y luego una pequeña colonia perdida en algún lugar de la inmensa vegetación. Pero el verdadero asalto a sus ricas reservas data de los años de 1960. Por más de una década he estado efectuando expediciones anuales a la selva, durante las semanas que ha estado ardiendo. El propósito de estas expediciones es el de recoger en fotografías y en escritos los cambios que están ocurriendo.

El Banco Rural está destruyendo la selva

En 1943, Jethá era, escasamente, un pequeño claro notable en la jungla. Hoy, están limpiando enormes extensiones de la selva, aun en empinadas colinas; mucho de la tierra ha sido devorado por los fuegos, que se encuentran fuera de control.

Monte Líbano, (el antiguo Puná, donde unos pocos lacandones todavía se asentaban en la selva) es hoy una gran colonia, y sus habitantes han talado y limpiado una enorme zona de tierra. Censo y Tani Perlas fueron bosques vírgenes hasta hace unos pocos años; ahora están densamente publados y el bosque ha sido arrollado una y otra vez hacia atrás. Desde el año pasado, exactamente la misma cosa ha sucedido con Infiernillo.

En Najá, a causa de la gran invasión de gente del exterior, los lacandones han tenido que mudarse hacia las colinas, y se han visto forzados a agruparse en comunidades. Han perdido su selve, pese al hecho de que el anterior presidente Echeverría, les otorgó tierras, precisamente como un medio para controlar esta ultrajante invasión. Ahora, lo mejor de la tierra para sus cosechas ha sido usurpado por otros, y debido a las influencias externas los lacandones han perdido sus técnicas agrícolas que habían practicado desde tiempo inmemorial, métodos que estaban ya adaptados a la jungla.

La colonia lacandona Tzeltal, no tiene ahora prácticamente ningún bosque; esa es la misma historia de colonia tras colonia, hasta la encrucijada de Chancalá-Lacantún, pro donde viajamos sobre un camino nuevo en el cual enormes obras todavía están teniendo lugar. Vimos con nuestros propios ojos cuánto de la selva ha sido reducido a una gran llanura, totalmente desnuda de boscaje.

Este es el paisaje que se contempla una y otra vez desde Palenque hasta allá, en la Frontera Corozal, en el Usumacinta. La destrucción va de peor en peor, no sólo por la creciente necesidad de tierra de cultivo sino porque la tierra ha sido desarbolada para la introducción del ganado.

jungle, even on the steep hills; much of the land is being devoured by fires that rage out of control.

Monte Líbano (the old Puná where a few Lacandones once lived scattered in the jungle) today is a large colony, and its inhabitants have cut and cleared an enormous expanse of land. Censo and Tani Perlas used to be virgin forest until a few years ago; now they are densely populated and the forest is being pushed further and further back. Since last year, exactly the same thing is happening at Infernillo.

At Najá, because of the great invasion of people from outside, the Lacandones are also having to move up the hillsides, and they have been forced to group together in communities. They have lost their jungle despite the fact that former president Echeverría granted them land precisely in order to control this outrageous invasion. Now others have usurped what was the best land for their crops, and because of outside influences they have lost the agricultural techniques that they had practiced since time immemorial, methods which were so well adapted to the jungle.

The Tzeltal colony, Lacandon, now has practically no forest at all, and it is the same story in colony after colony until the crossroads of Chancalá-Lacantún, where we traveled on a new road on which enormous works are still taking place. We saw with our own eyes how much of the jungle has been turned into great flat plains, totally denuded of forest.

This is the landscape that one sees over and over again from Palenque right up to Frontera Corozal on the Usumacinta. The destruction is getting worse and worse, not only because of the growing necessity for agricultural land but also because land is being cleared to make way for the introduction of cattle.

Colonies, ranches, *ejidos*, and, I presume, the cattle owners as well, all receive credit from the Banco Rural, an institution which is surprisingly generous. I don't think that any of the representatives of this institution ever actually see how the millions of pesos of credit they give is being spent. If any of them actually took the time to go and see, I'm sure they wouldn't be able to sleep with an easy conscience—unless they are totally unscrupulous and illiterate human beings who haven't bothered to read about the disastrous effects that the hooves of the heavy cattle have on the delicate tropical soil.

Destruction from the Logging of Mahogany

In the 1940s I saw the logging of the mahogany in the region of the Usumacinta River and its tributaries. In those days you didn't hear the deafening roar of the chain saw, which destroys the majestic trees in a matter of minutes; you

Las colonias, los ranchos, los ejidos y, según creo, hasta los ganaderos, todos, han recibido créditos del Banco Rural, una institución que es sorprendentemente generosa. No creo que algún representante de esta institución ha visto, en realidad, cómo se gastan los millones de pesos en créditos que he concedido. Si alguno de ellos se toma el tiempo para ir y ver, estoy segura que no podría dormir con la conciencia tranquila, a menos que sea un ser humano iletrado y sin escrúpulos, que no se ha molestado en leer acerca de los desastrosos efectos que dejan en el delicado suelo tropical las pezuñas de las pesadas bestias vacunas.

Destrucción por la tala de la caoba

En 1940, observé la tala de los caobos en la región del río Usumacinta y sus tributarios. En aquellos tiempos no se oía el ensordecedor rugido de las sierras de cadena que destruye los majestuosos árboles en cosa de minutos no se olía la enfermiza emanación del combustible de los tractores y las rastras. Se usaban bueyes para transportar los troncos hasta los ríos. El gran Usumacinta los acarrea hasta el mar.

Me han dicho que la máquina es un símbolo de progreso y que hace posible la explotación de la madera en lugares donde no hay grandes ríos para transportarla. No sé si alguien se ha detenido a pensar y a calcular cuánto bosque se pierde en la construcción de caminos, con la devastación que causan los tractores en el traslado de las maderas fuera del camino.

Lo que queda detrás es una terrible ruina ecológica. También me han dicho que estas carreteras significan progreso y que las mismas facilitan la comunicación con las colonias. Aun donde no hay carreteras la invasión continúa; más y más claros siguen apareciendo en la selva.

El campesino desbroza la jungla para sembrar maíz que es su supervivencia, pero el verdadero daño ha sido hecho por los leñadores: los campesinos simplemente le siguen las huellas. Donde antes hubo el bosque virgen, decenas de invasores van talando las colonias para hacer maizales y en la tierra que siembran pronto habrá rocas peladas. Me pregunto: ¿Quién se habrá tomado la molestia de observar estos asentamientos? ¿Dónde están los guardabosques? Rastra tras rastra se van llevando los troncos y nadie dice nada como protesta, tal parece que enriquecerse es más importante que el futuro de nuestro planeta. Estamos dejando una triste herencia a las futuras generaciones.

En los primeros días de nuestra expedición, una fuerte tormenta detuvo por un tiempo el incendio, pero al final vimos fuegos accidentales, tanto en las áreas cultivadas cuanto en la selva virgen, porque no se habían construido contracandelas. Vimos quilómetros tras quilómetros de llamaradas ardiendo salvajemente y sin control. Fue una

never smelled the sickly odor of gasoline from the tractors and trailers. Oxen were used to transport the mahogany to the rivers, and the great Usumacinta took the logs to the sea.

They tell me that the machine is a symbol of progress and that it makes the exploitation of timber possible in places where there are no big rivers to transport it. I don't know if anyone has stopped to think and calculate just how much forest is being lost by the construction of roads and by the clearings left by the tractors when they take the enormous tree trunks out to the road. What is left behind is a terrible biological ruin. They also tell me that these roads mean progress and that they facilitate communication to the colonies. Even where there are no roads, the invasion continues; more and more clearings keep appearing in the jungle.

The *campesino* cuts the jungle to plant his corn so that he can survive; but the first real damage was done by the lumbermen, and the *campesinos* simply follow in their wake. Where there was once virgin forest, there are now scores of invaders cutting down hillsides to make cornfields; and the land they are planting on will soon be barren rock. I ask myself, Who has bothered to take a look at these new settlements? Where are the forest rangers? Trailer after trailer is taking out the last trees and no one says or does anything in protest; it seems that getting rich is more important than the future of our planet. We are leaving a sad legacy for future generations.

In the first days of our expedition a strong storm stopped the burning for a while, but in the end we saw accidental burnings of both cultivated land and virgin forest because firebreaks had not been made. We saw kilometer after kilometer of flames burning wildly and unchecked. It was an apocalyptic vision of the end of the world.

All the way from the Usumacinta to Palenque we were enveloped in a dense cloud of smoke and dust. Everything smelled of burning, and the heat was heavy and asphyxiating. Not even the sun's rays were able to penetrate the curtain of opaque gray smoke in which we were traveling. It was an inferno of destruction.

Never in my forty years of traveling in the jungle had I witnessed such uncontrolled destruction. The sad and painful truth is that *la milpa que camina* (slash-and-burn agriculture practiced on a vast scale) and, even worse, the cattle have subjugated the once majestic jungle.

Cows are being brought into enormous stretches of land, but who knows how long the topsoil is going to support the pasture that these animals feed on? While in these months people don't even have enough corn in other parts of the jungle.

For the poor *campesino* the credit of the Banco Rural is a nightmare. In the Tzeltal colony, Lacandon, they are

visión apocalíptica del fin del mundo.

A todo lo largo del Usumacinta hasta Palenque, estuvimos envueltos en una densa nube de humo y polvo. Todo olía a quemazón, y el calor era pesado y asfixiante. Ni siquiera los rayos del sol podían penetrar la cortina de gris opaco dentro de la cual viajábamos. Era una destrucción infernal.

Nunca, en mis cuarenta años de viajes por la selva había presenciado una destrucción tan incontrolable. La triste y dolorosa verdad es que la *milpa que camina* (práctica agrícola de corte y quema en gran escala) y peor sún, hasta el ganado había sometido lo que una vez había sido la selve majestuosa.

Las vacas han sido traídas a enormes extensiones de terreno, pero quién sabe hasta cuándo el manto vegetal ha de poder proporcionar el alimento a estos animales. Mie ntras tanto, en estos meses, las gentes de otras partes de la selva no tienen maíz que comer.

Para el campesino pobre el Banco Rural es una pesadilla. En la colonia lacandona Tzeltal, están temerosos de que no podrán cubrir los reembolsos y los intereses si el ganado se enferma. Diez personas recibieron quinientas cabezas de ganado y esto ha preocupado a otros ejidatarios porque tienen miedo de perder sus tierras que han hipotecado con el banco, como garantía para el pago de los préstamos.

La selva está ardiendo, los grandes árboles están siendo destruidos y la tierra se envuelve en una siniestra oscuridad. A nadie le importa; las gentes sólo piensan en el ganado que van a traer y en las ganancias que van a alcanzar. No se detienen por un instante a pensar que el suelo de la selva se está volviendo laterita, roja arcilla ferruginosa; que los manantiales que el ganado necesita se han de secar; que el nivel de los ríos descenderá, y que cuando vengan las lluvias no habrá plantas ni arbolado que pueda detener su furia, y los ríos inundarán los campos y las vegas, arrastrando hasta las viviendas con su poderoso torrente. Todo habrá de ser barrido por las oscuras aguas fangosas. Y que los ríos de corriente cristalina azul y verde serén sólo un recuerdo.

afraid that they won't be able to cover the repayments and the interest if the cattle get sick. Ten people received five hundred head of cattle, and this has worried the other *ejidatarios* because they are afraid that they are going to lose their land, which they mortgaged to the bank as a guarantee for the repayment of the loans.

The jungle is burning, the great trees are being destroyed, and the land is enveloped in a sinister darkness. No one cares; people seem to be thinking only about the cattle they are going to bring in and the profits from them. They don't stop for a moment to think that the floor of the jungle is turning into laterite, that the springs of water that the cattle need will dry up, that the level of the rivers will go down, that when the rains come, there won't be any plants or trees to stop the water's fury and the rivers will flood the fields and meadows, washing even the houses away in their mighty torrent. Everything will be swept away by the dark muddy water; and the bluish green crystalline rivers will be only a memory.

GERTRUDE BLOM
Santiago, dignatorio religioso. (Tzotzil), 1974
Santiago, religious official (Tzotzil), 1974

GERTRUDE BLOM

Jatate, Pedro Kayúm cortando una ceiba con un machete (Lacandón), 1958

Jatate, Pedro Kayúm cutting down ceiba tree with machete (Lacandon), 1958

GERTRUDE BLOM
Najá, Kimbor, (Lacondón), 1959
Najá, Kimbor, (Lacondon), 1959

GERTRUDE BLOM
El Real, lacondones de Monte Líbano, (Puna), 1959
El Real, Lacondones from Monte Libano, (Puna), 1959

GERTRUDE BLOM
Chilil, cortando pelo, (Tzotzil), 1965
Chilil, cutting hair, (Tzotzil), 1965

El Día de los Muertos

Day of the Dead

SERGEI EISENSTEIN

La irónica actitud hacia la muerte, penetra completamente un segundo aspecto de afirmación hacia la vida en el festival del Día de los Muertos.

El primero es dedicado a las memorias de los fallecidos, plegarias para ellos, a sus no vistas presencias entre los vivos. Para ellos se pone la mesa; para ellos la comida es colocada sobre las tumbas, entre bosques de candelas ardiendo durante toda la noche en el camposanto de la montaña . . . o en las riberas del lago de Pátzcuaro, en el estado de Michoacán. Pero con las primeras luces de la aurora, la vida comienza a reclamar lo suyo; la vida es para los vivos.

Y recordando el divertio anuncio del café que está opuesto a la entrada principal del famoso cementerio parisino de Pére Lachaise "Au repos des vivantas" (Para el reposo de los vivos) la vida firma sus derechos. La comida y la bebida se engullen, los fuegos de artificio son encendidos (en plena luz del día) alternando con más expresiones tradicionales de contento: hay disparos de pistola, los carruseles giran, las tiendas y bochinches medran, y en las tumbas del cementerio, entre las consumidas velas y los retratos de los difuntos envueltos en sudarios de crepé traídos de las casas, los vivos se ocupan diligentemente en la propagación de la humanidad.

El alimento y el disfrute en ese día llevan el emblema de la muerte. Los jarrones son calaveras. Las golosinas tienen forma de calaveras. Hay cráneos especialmente grandes y decorados con azúcar, que tienen el tamaño de la cabeza de un niño, y en la frente inscriben el nombre de un fiel desaparecido. Pequeños ataúdes de chocolate compiten con los difuntos hechos de azúcar. Y para el final del día, todo eso ha sido disuelto en los estómagos de niñitos bronceados, que ya desde sus tiernos años se acostumbran a asociar el azúcar con la calavera, y no con el sombrío refrán franciscano de la calavera con los fémures cruzados: "Yo fui tú—tú serás yo."

Un mar de juguetes decorados con esqueletos, calaveras y ataúdes llenan los bazares en estos días, posesionándose de las alamedas. Panfletos y hojas sueltas, con canciones irónicas e impresiones políticas (epitafios para las figuras

The ironic attitude toward death completely permeates a second, life-affirming aspect of the festival Day of the Dead.

The first is devoted to memories of the deceased, prayers for them, their unseen presence among the living—for them the table is set, for them food is spread out on the graves, among the forest of candles burning all night in the mountain cemetery . . . or on the shore of Lake Patscuaro in the state of Michoacan. But from the first light of dawn, life begins to claim its own; life is for the living. And recalling the amusing sign of the cafe opposite the main entrance to the famous Parisian cemetery Père Lachaise "Au repos des vivants" ("place of rest for . . . the living"), life asserts its rights. Food and drink are gulped down, fireworks are set off (in broad daylight!) alternating with more traditional expressions of joy—pistols are fired, carrousels revolve, shops and booths do business, and on the graves of the cemetery, among the burnt-out candles and the crepe-shrouded portraits of the deceased brought from home, they are diligently involved in the propagation of humankind.

Food and enjoyment on that day all carry the emblem of death. The pitchers are skulls. The sweets are skulls. There are especially large, decorated sugar skulls, the size of a child's head, and bearing the name of a departed loved one on the forehead. Little chocolate coffins compete with the sugar-made deceased. And by the end of the day, all of that is dissolved in the stomachs of little bronze children, from their tenders years accustomed to associate the skull with sugar, and not with the gloomy Franciscan slogan, the traditional skull decorated with crossed bones: "I was you—you will be me."

. . . A sea of toys decorated with skeletons, skulls and coffins flood the bazaars on those days, taking over the "alamedas" (squares). Sheets and leaflets with ironic songs and political pamphlets (epitaphs for living political figures, supposedly "at rest with God") and the matchless prints of the incomparable Posada, always on the same ironic theme of death, are passed from reader to reader, adults and children, their faces concealed in the dance by masks . . . of the same death. In their buttonholes are again emblems of death, but with social attributes: a skull in a top-hat, a skull in the broad-brimmed hat of a hacendado. A skull in a matador's cap, with a braid on the bone of a neck. A skull in the three-cornered hat of a minister, the helmet of a fireman, the service cap of a gendarme. There is a skull under a general's kepi, and a skull in a bishop's tiara.

This is Mexican defiance of death, an affirmation of the vitality of life.

políticas vivas, supuestamente "a descansar" con Dios) y los incomparables impresos del inigualable Posada, siempre con el mismo tema irónico de la muerte, se pasan de mano en mano de los lectores, adultos o infantiles, cuyas caras se esconden en el baile y tras las máscaras . . . de la misma muerte. En los ojales de las solapas, hay también emblemas de la muerte, con atributos sociales", una calavera con sombrero de copa, una calavera en el ala del sombrero de un hacendado. Una calavera en la capa de un matador, con la coleta en el hueso del cuello. Una calavera con un sombrero de tres picos de un ministro, el casco de un bombero, la gorra de servicio de un gendarme. Hay una calavera bajo el quepis de un general y una calavera bajo la tiara de un obispo. Este es un desafío mexicano de la muerte, una afirmación de la vitalidad de la vida.

EMILE TISSÉ
Vista fija del filme *Que Viva México*, 1931
Still photograph from the film *Que Viva México*, 1931

JOEL-PETER WITKIN
Fiesta de los Tontos, Ciudad de México, 1990
Feast of Fools, Mexico City, 1990

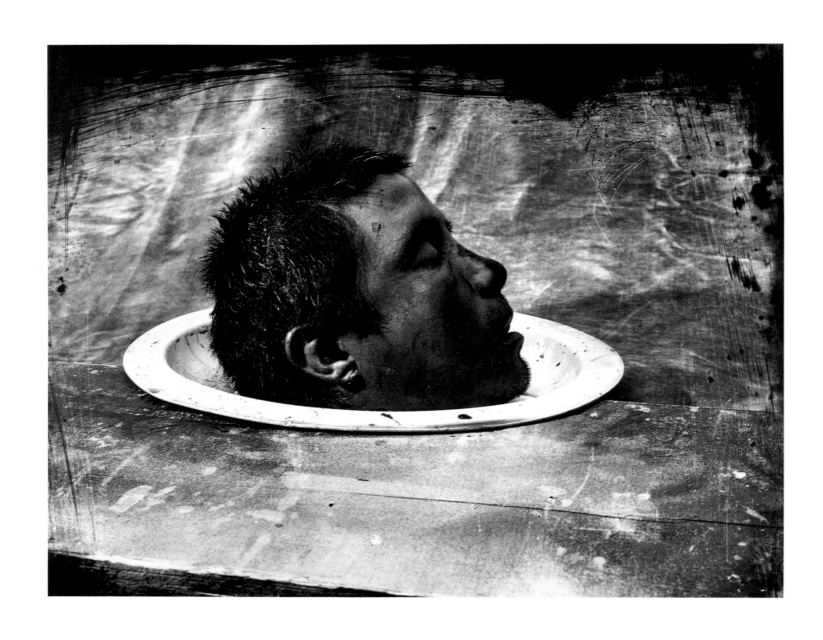

JOEL-PETER WITKIN

Cabeza del hombre muerto, Ciudad de México, 1990

Head of the Dead Man, Mexico City, 1990

JOEL-PETER WITKIN
Hombre con perro, Ciudad de México, 1990
Man with Dog, Mexico City, 1990

FRANÇOIS AUBERT
Camisa de Maximiliano, 1867
Tribunal court at Maximilian's trial, 1867

FRANÇOIS AUBERT
Camisa de Maximiliano, 1867
Maximilian's shirt, 1867

FRANÇOIS AUBERT
Ropa de Maximiliano ensangrentada, 1867
Maximilian's bloodied clothing, 1867

FRANÇOIS AUBERT
Maximiliano en un ataúd, 1867
Maximilian in coffin, 1867

ROSALIND SOLOMON

Mérida, 1991
Mérida, 1991

ROSALIND SOLOMON
Mérida, 1991
Mérida, 1991

ROSALIND SOLOMON
Ciudad de México, 1991
Mexico City, 1991

KEN LIGHT
Familia de Michoacán, con niños de cinco meses y cuatro años, aprehendidos en San Ysidro, 1985

Family from Michoacán with children five months and four years old, apprehended in San Ysidro, 1985

KEN LIGHT

Indocumentados descubiertos en el baúl de un coche abandonados por su Coyote, San Ysidro, 1986

Illegal aliens discovered in the trunk of a car abandoned at the border, San Ysidro, 1986

KEN LIGHT
Tablilla para boletines, INS, San Ysidro, 1985
Bulletin Board, INS, San Ysidro, 1985

KEN LIGHT
Agente de la patrulla de Frontera, con "la perrera" (carro para los perros) con hombres apresados en "Japs Drive," San Ysidro, 1985
Border Patrol agent with "la perrera" (car for the dogs) and men apprehended at "Japs Drive," San Ysidro, 1985

ABBAS
Madona Chamulana, 1983
Madona Chamulana, 1983

ABBAS
Matanza con perro, 1983
Matanza con perro, 1983

ABBAS
Caña amarga, 1983
Caña amarga, 1983

ABBAS
Boda pobre, 1983
Boda pobre, 1983

ABBAS
Perspectiva, 1983
Perspectiva, 1983

Retratando a México en Colores

Picturing Mexico in Color

MAX KOZLOFF

Haja un viaje desde la casi blanca y calva superficie del centro de la ciudad de San Diego, hasta el centro de Tijuana, y en menos de una hora, el mundo urbano cambia enteramente y se le ofrece como un excitante cromático del que no se ha oído hablar. Se encontrá usted en un tinglado que tiene el coraje de sus aguamarinas y de sus anaranjados. Donde debía haber unas zonas de piedra, grandes, neutrales e ininterrumpidas de espejeantes ventanas, hay ahora una constante y bronca puntuación de tonos. El centro citadino de los EEUU corporativos no se percata de su retraimiento social; el mexicano, quizás inadvertidamente, no puede evitar su proximidad. Desde luego, uno advierte que la gente en realidad usa las calles en México, que son su teatro, su entretenimiento, su mercado. Y cumple con esas miriadas de funciones con una viveza incesante, vulgar, a la cual los mismos ciudadanos contribuyen como actores y como espectadores. Antes de que llegue hasta nosotros por medio de anuncios, la competencia populachera de todas las cosas con las otras cosas lleva a cabo dentro de una coloración estimulante que se impone sobre cualquier sentido de estructuración metropolitana.

Hubiera vacilado en hacer esas comparaciones tan obviamente embarazosas, excepto que los mismos fotógrafos mexicanos, tradicionalmente, recogen las imágenes en blanco y negro. No es simplemente que sea descuido el que ellos categóricamente hayan excluido el color. (Una buena razón de tal ausencia es es el precio incosteable de la película a color y su procesamiento.) Para los extranjeros, los modelos nativos de la realidad mexicana, para ser descritos, han sido siempre los frescos de Rivera y el film de Buñuel *Los olvidados* (esto fue antes de que conociéramos mucho acerca de Manuel Alvarez Bravo.) Si sólo por contraste con las pinturas, que fueron grandes visiones turísticas, hemos sentido que la más desnuda fotografía que apareció en los años 80, como legado de Buñuel y de Alvarez Bravo, deben representar el punto de vista interno, no dispuesto para la exportación. Sé que en mí propio caso, existe un conflicto entre la atracción ejercida por las fantasías históricas de los murales, con todos los azafranes

Take a trip from the off-white, bald-surfaced downtown of San Diego to downtown Tijuana, and within less than an hour, the urban world changes entirely and solicits you with an unheard of chromatic excitement. You find yourself in a setting which has the courage of its aquamarines and its oranges. Where there had been large, neutral, uninterrupted zones of stone or reflective window, there is now a constant raucous punctuation of hues. The corporate U.S. city center does not know itself to be socially withdrawn; the Mexican one, perhaps just as inadvertently, can not help being forthcoming. Of course, one notices that people actually use their street in Mexico—it's their theater, their entertainment, their market. And it fulfills these myriad functions with an incessant, vulgar liveliness to which the citizens themselves contribute as actors and audience. Before it reaches us through signs, the brazen competition of everything with everything else is realized through a color pungence that wins out over any sense of metropolitan structure.

I would have hesitated to make such embarrassingly obvious comparisons, except that the Mexican photographers themselves traditionally image their surrounding in black and white. It was not simply that they neglected color, they had categorically excluded it. (One very good reason for such an absence was the unaffordable price of color film and processing.) For foreigners, the important native models for depiction of a Mexican reality had long been Rivera's frescoes and Buñuel's film *Los Olvidados*. (This was before we knew much about Manuel Alvarez Bravo.) If only by contrast with the paintings, which were great tourist sights, we sensed that the bleaker photography that came along in the 80s, as a legatee of Buñuel and Bravo, must represent the insiders' point of view—not intended for export. I know that in my own case a conflict existed between the attraction exerted by the historical fantasies of the murals, with all the chiles in their palette, and the gripping, sardonic, sometimes agonistic documentations of the photographers.

If there was a politics of seeing Mexico photographically, then surely it must be in accord with a stripped, almost elemental vision in black and white—the spectrum of suffering and pity. While it is true that Weston, Cartier-Bresson, Strand, and Levitt, before World War II, were practiced in their particular genres; when they came to Mexico they also did justice to the country with a kind of hardness that could be tragic or sinister. What is always a nice question is how deeply do subjects condition a photographer's style, and are the visitors to be distinguished from

MAX KOZLOFF
Músico ciego, Mérida, 1992
Blind musician, Mérida, 1992

en su paleta, y los documentos de los fotógrafos, que son opresivos, sardónicos y a veces agonísticos.

Si existiese una política de cómo ver a México fotográficamente, ésta, de seguro, estaría de acuerdo con una visión descarnada, casi elemental, en blanco y negro: el espectro del sufrimiento y de la piedad. Aunque es cierto que Weston, Cartier-Bresson, Strand y Levitt, antes de la Segunda Guerra Mundial, eran activados en sus respectivos géneros, cuando ellos vinieron a Méjico, los mismos hicieron justicia al país con una especie de dureza que pudiera ser trágica o siniestra. Siempre es una buena pregunta la de cuán profundamente los asuntos condicionan un estilo fotográfico, y sí los visitantes han de ser diferenciados de los ciudadanos cuando ambos miran con ambición artística el mismo fenómeno. Estos visitantes, en particular, no estuvieron allí para, simplemente, ofrecer sus respectos, sino para adentrarse en la visión del lugar latino—casi como una visión secular del drama de la pasión mayormente de acuerdo a sus propios temperamentos—. Sin embargo, era como si ellos lejos de inventar trataran de emular lo que entendían por esfuerzo de conciencia mexicana.

Desde el punto aventajado, de la fotografía histórica donde ella es más vívida, sino el hecho de estar en Mexico ahora, tal capítulo parece comparativamente abstracto. No quiero decir abstracto en sentido emocional—por el contrario—sino abstracto como respuesta a lo fenomenal. De hecho, negro y blanco (más simbólicamente, sol y sombra) recargan un sentido inherente de drama—lo mexicano innato, como pensamos—por lo cual el color lo hace difuso. Sin embargo, el color es esa sustancia con la cual la existencia mexicana se visualiza a sí misma. Lo encontramos bien entendido en las mejores novelas extranjeras escritas acerca del país, por D. H. Lawrence, Malcolm Lowry, B. Traven y Graham Greene. Pero los fotógrafos que vienen de afuera tienden a expresar su visión de México, más con la mente que con los sentidos. Era—y para algunos todavía lo es—un punto de honor el evitar lo obvio, su pena de ser estigmatizados como fabricantes de tarjetas postales. (Por Ej. condescendientemente, *Kitschy*) Y por tanto, la experiencia más común en la sociedad mexicana, era un espectáculo cromático disponible para todos como un disfrute o como una irritación que cada quien recibe con cada golpe ocular, interpretado, por esa misma razón, como inadmisible y negado efectivamente.

Pero sí el entorno del color a veces abruma, tiene todavía que dársele forma, dentro de un principio de visión. En esto, Rivera iba a la cabeza, con frescos de una indescriptible transparencia. Yo crecí con la aventura de su trabajo, así que supe a través de su evocación visual algo sobre la esencia del mango, del persimón, de esas pequeñas limas que ellos llaman limones, y con los daiquiríes azules, mucho antes de haberme encontrado con sus sabores. Pero sus grupos eran estáticos, mientras todo en la calle era un reflujo. Él había entendido memorablemente bien el espíritu

the citizens when both look with artistic ambition at the same phenomena? These particular visitors were not there simply to pay their respects, but to internalize a vision of the Latin place—as a kind of secular passion play—most in accord with their own temperaments. Yet it was as if they had not so much invented, as emulated what they imagined to be a strain of Mexican consciousness . . .

From the vantage, not of photographic history, where it is quite vivid, but of being in Mexico now, such a chapter seems comparatively abstract. I don't mean abstract in the emotional sense—on the contrary—but abstract as response to phenomena. In fact, black and white (or, more symbolically, *sol y sombre*) supercharges an inherent sense of drama—innately Mexican, as we think—whereas color diffuses it. Yet color is that substance out of which Mexican existence visualizes itself. One finds it well attended to in the best foreign novels about the country, by D. H. Lawrence, Malcolm Lowry, B. Traven, and Graham Greene. But photographers coming from abroad tended to express their vision of a Mexico more of the mind than the senses. It was—and for many, still is—a point of honor to avoid the obvious, at pain of being stigmatized as the makers of postcards (that is, condescending, kitschy). And so the most common experience in Mexican society, a chromatic spectacle available for all, as an irritant or enjoyment, which one takes in with every glance of the eye, was perhaps for that very reason thought of as inadmissible and effectively denied.

But if the color environment often overwhelms, it has still to be given form, within a principle of seeing. In this, Rivera led the way, with frescoes of an indescribable clean transparency. I grew up with the romance of his work, so that I knew through his visual evocation of them, something about the essence of mangoes, persimmons (the special little limes they call lemons), and blue daiquiris before I ever encountered those tastes. But his crowds were stationary, whereas all on the street were in flux. He had gotten their carnavelesque spirit memorably right, and packed it into his fantasy of the Alameda Park. As for the darker side of the city, who can forget those grimaces in the Day of the Dead at the Secretariat of Education? Still, he organized a spectacle as a ballet is choreographed, at the expense of giving us any sense of the passion that fires off in the streets, a passion for which a gringo photographer at home is ordinarily starved.

Almost by definition, the spectacular is something beheld, and the creator of it is detached. When ambulating

carnavalesso de sus gentes y lo había amasado dentro de la fantasía de Parque Alameda Park. En cuanto al lado oscuro de la ciudad, ¿quién puede olvidar esas muecas en el Día de los Muertos en lo de la Secretaría de Educación? Más aún, él organizó un espectáculo, como una coreografía de ballet, al costo de darnos un sentido de la pasión que se dispara en las calles, una pasión de la que siente hambre en su casa el fotógrafo gringo. Casi por definición, lo espectacular es algo observado y su creador está distante. Cuando voy ambulando entre puntos de contacto y maniobras urbanas en México, estoy siendo sorprendido constantemente por actividades que crean el espectáculo sobre la marcha. Uno no sabe qué nos espera alrededor de la próxima esquina, aunque uno sea parte de ese 'momentum' que nos atrae hacia lo que sea. Hasta la fecha, no hay modelo que anticipe esa dualidad por la que la ciudad mexicana le habla a las Américas de lo más reciente en información barata y en la plástica, y sin embargo, en

MAX KOZLOFF / Vidriera con efectos de ferretería, Ciudad de México, 1992 / Hardware display window, Mexico City, 1992

between points of contact and urban maneuver in Mexico, I am constantly being surprised by the activities that make up the spectacle as it goes along. One doesn't know what to expect around the next corner, even if one is part of the visible momentum that is drawn toward it. No model in the visual literature, to date, anticipates the duality whereby the Mexican city speaks of the Americas, of the latest in cheap media and plastics, and yet, at certain instants, easily summons up the primordial. It's not difficult to find hints of Madras or Cairo in neighborhoods of the place once ruled by Moctezuma, and therefore of an ancient society in touch with the jungle and the desert. But the iridescence

ciertos instantes, puede resumir lo primordial. No es difícil encontrar huellas de Madrás o del Cairo en los vecindarios del lugar donde una vez gobernó Moctezuma, y por lo tanto de una sociedad arcáica en contacto con la selva y el desierto. Pero la iridiscencia de la ciudad hindú y el polvero en la egipcia, están ahora sometidos a la malignidad de la contaminación que le infunde su cromática bruma en la enyesada capital mexicana. Hace tiempo, por 1979, me tomó 20 impresiones para obtener la que correspondía en mí memoria: la del color de lavanda y melocotón de los contaminantes que flotaban sobre la Avenida Guadalupe. El punto de este evidentemente sensual proyecto, logró un registro pictórico de efecto disonante. Después de todo, el México tradicional se sustenta en nuestro feroz hemisferio occidental donde los campesinos en sarapes, con caras mayas, comparten el mismo espacio metropolitano con antenas de televisión y tiendas de comidas al minuto. Con la más disparatada confusión los colores sintéticos chocan con los tintes naturales, con el acompañamiento de la guerra entre Pemex y las tortillas. Esta cultura no está ya más atendida por un llamado al pasado folclórico, a una evocación de sus rituales y dogmas. Más bien está inmersa en un compuesto industrial cuya realidad es tan agresivamente "pop" que uno puede fácilmente imaginar si no se ha convertido ya en una mezcla de mariachi y "rap". Si por largo tiempo se ha podido suponer que los sueños se experimentaban en blanco y negro, no cabe duda que los sistemas de mitos en choque, tales como los que he descrito aquí, son vividos en color espeluznante, no menos volátil por estar mutuamente degradados. Mi propia respuesta a esa escena ha sido relativamente circunspecta, y que dejo a la disonancia hablar por sí misma. El color es curiosamente imparcial en la forma que se asienta, junto con las circunstancias de la miseria, una improbabilidad del esplendor. Ambas están fundidas tan indisolublemente como las emisiones en el espacio. Mientras más tuerce en esa dirección un argumento, no obstante, más gringos tienen el derecho de ver su propio futuro en tal desenlace. Aunque mucho más incongruamente que Miami o Los Angeles, Nueva York es, en gran parte, una ciudad latina. Lo que sentimos aquí en mi ciudad natal es mordacidad y presión, que está más concentrada en México, pero la cual, sin embargo, evoca en nosotros un sentimiento familiar de nuestros viajes. Yo solía pensar que, por causa de su cosmopolitismo genérico, era posible vagar por las calles de Nueva York, con el espíritu de un turista, refrescado por el exotismo de lo fenomenal en cercana proximidad. Seguramente, por razón de este contacto es que traemos con nosotros más de lo que se había pensado de nosotros mismos, cuando la dejábamos y que encontraríamos más de ella al regresar. La maravilla de todo ello es que nada de esto ofrece ninguna evidencia del asentamiento en nuestra conciencia de convertirse en cómoda rutina. El color es una llave tan buena como cualquier otra con la que el fotógrafo abre la puerta para entrar en el dilema de ese engaño.

in the Indian city and dustiness in the Egyptian one are now subordinated to the malignance of a pollution that infuses its own chromatic haze in the chalkier Mexican capital. As long ago as 1979, it took me twenty prints before obtaining the one that matched my memory of the lavender-peach hue of smog above the Avenida Guadalupe. The point of this evidently sensuous project led to a pictorial registration of dissonant effects. After all, traditional Mexico sustains itself in our ferociously Western Hemisphere. Campesinos in serapes, with Mayan faces, share the same metropolitan space as television antennas and American fast food chains. With the wildest profusion, synthetic colors clash with natural dyes, to the strains of warfare between Pemex and tortillas. This culture is no longer served by an appeal to its folkloristic past, an evocation of its rituals and verities. It is immersed, rather, in an industrial compost whose reality is so aggressively pop culture that one can easily imagine, if it has not already occurred, a mingling of mariachi and rap.

If it had been long assumed that dreams were experienced in black and white, there is no question that clashing myth systems, such as the ones I describe here, are lived out in lurid color, no less volatile for being mutually degraded. My own response to this scene has been relatively circumspect, to let the dissonance speak for itself. Color is curiously impartial in the way it sets forth, along with the circumstances of misery, an unlikeliness of splendor. They are fused together as indissolubly as the emissions in the sky.

The more an argument turns in that direction, however, the more gringos have a right to see their own future in such an outcome. Though far more incongruously than Miami or Los Angeles, New York is, in large part, a Latin city. What we sense here in my hometown is a spiciness and pressure that is more concentrated in Mexico but which nevertheless evokes in us a familiar feeling from our travels. I used to think that, because of the city's generic cosmopolitanism, it was possible to roam the streets of New York in the spirit of a tourist, freshened by exotic phenomena in close proximity. Surely, because of that contact, we now bring with us more than was thought, of ourselves, when we leave, and find more of ourselves when we return. The wonder is that none of this gives any evidence of settling down in our consciousness, of becoming routine there, and comfortable. Color is as good a key as any for a photographer to open the door into that beguiling dilemma.

ELIOT PORTER

Muchacho con pájaros, Morelia, México, 1956
Boy with Birds, Morelia, Mexico, 1956

ELIOT PORTER
Guirnalda de naranjo, Iglesia de Xochel, Yucatán, México, 1956
Orange Wreath, Church of Xochel, Yucatán, Mexico, 1956

ELIOT PORTER

Caballo del fotógrafo, equipo y telón de fondo con pintura de la imagen y peregrinaje a la iglesia de Nuestra Señora de San Juan de los Lagos, Jalisco, c. 1955

Photographer's horse, equipment, and backdrop with painting of the image and pilgrimage to the church of Our Lady of Saint John of the Lakes, San Juan de Los Lagos, Jalisco, c. 1955

ELLEN AUERBACH

Santa Rosa de Lima, Xoxocotlán, 1956

Santa Rosa at Lima, Xoxocotlan, 1956

ELLEN AUERBACH
Cristo arrodillado, Huejotzingo, México, 1956
Kneeling Christ, Huejotzingo, Mexico, 1956

ALEX WEBB
Nuevo Laredo, México, 1978
Nuevo Laredo, Mexico, 1978

ALEX WEBB
Frontera México–EEUU (San Ysidro, CA), 1979
U.S.–Mexico Border (San Ysidro, CA), 1979

ALEX WEBB
León, México, 1987
León, Mexico, 1987

Bottom:
Oaxaca, México, 1982
Oaxaca, Mexico, 1982

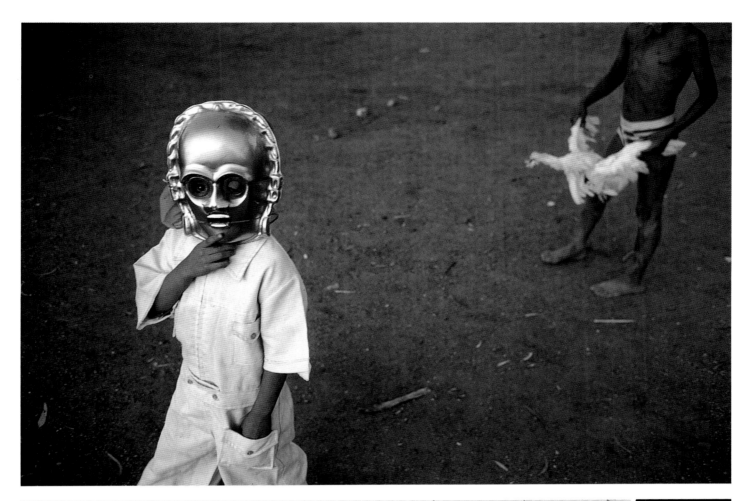

ALEX WEBB
Santa Cruz Papaluta, México, 1982
Santa Cruz Papaluta, Mexico, 1982

Bottom: ·
Oaxaca, México, 1982
Oaxaca, Mexico, 1982

VIA WYNROTH
Rosie y Maya entrando en el Golfo, Chicxulub Puerto, Yucatán, México, 1989
Rosie and Maya entering the Gulf, Chicxulub Puerto, Yucatán, Mexico, 1989

VIA WYNROTH

Esperando los recortes, Sisal, Yucatán, México, 1988
Waiting for scraps, Sisal, Yucatán, Mexico, 1988

VIA WYNROTH

Doña Epifemia y su nieta Margaly, posando para un retrato de bodas, Chicxulub Puerto, 1990
Doña Epifemia and granddaughter, Margaly, posing for a wedding picture, Chicxulub Puerto, 1990

CHARLES HARBUTT
Maniquí de sastre, Mérida, Yucatán, 1977
Tailor's Dummy, Mérida, Yucatán, 1977

CHARLES HARBUTT
Vendedores de globos, Carnaval, Mérida, Yucatán, 1977
Balloon Sellers, Carnival, Mérida, Yucatán, 1977

CHARLES HARBUTT

Bella Chuli, Mérida, Yucatán, 1982

Beautiful Chuli, Mérida, Yucatán, 1982

CHARLES HARBUTT
Luis Aquí, 5:47 P.M., 1976
Luis Aquí, 5:47 P.M., 1976

TINA MODOTTI
Manos de titiritero, c. 1926
Hands of Marionette Player, c. 1926

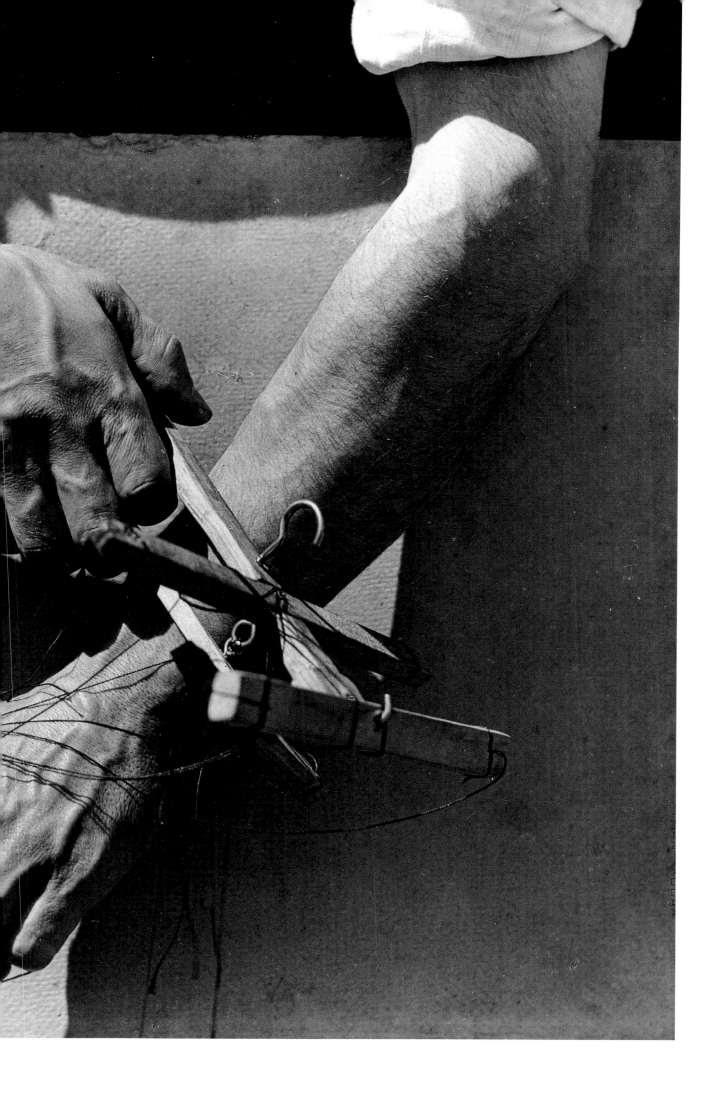

TINA MODOTTI
Oaxaca Tehuana cargando niño desnudo. Oaxaca, 1926
Pregnant mother and child, Oaxaca, c. 1926

Tina Modotti ha muerto

Tina Modotti is Dead

PABLO NERUDA

Tina Modotti, hermana, no duermes, no, no duermes.
Tal vez tu corazón oye creecer la rosa
de ayer, la última rosa de ayer, la nueva rosa.
     Descansa dulcemente, hermana.

La nueva rosa es tuya, la nueva tierra es tuya:
te has puesto un nuevo traje de semilla profunda
y tu suave silencio se llena de raíces.
     No dormirás en vano, hermana.

Puro es tu dulce nombre, pura es tu frágil vida.
De abeja, sombra, fuego, nieve, silencio, espuma,
de accro, linea, polen se construyó tu férrea,
     tu delgada estructura.

El chacal a la alhaja de tu cuerpo dormido
aún asoma la pluma y el alma ensangrentada
como si tú pudieras, hermana, levantarte,
     sonriendo sobre el lodo.

A mi patria te llevo para que no te toquen,
a mi patria de nieve para que a tu pureza
no llegue el asesino, ni el chacal, ni el vendido:
     allí estarás tranquila.

Oyes un paso, un paso lleno de pasos, algo
grande desde la tepa, desde el Don, desde el frío?
Oyes un paso firme de soldado en la nieve?
     Hermana, son tus pasos.

Ya pasarán un día por tu pequeña tumba
antes de que las rosas de ayer se desbaraten,
ya pasarán a ver, los de un día, mañana,
     donde está ardiendo tu silencio.

Un mundo marcha al sitio donde tú ibas, hermana.
Avanzan cada día los cantos de tu boca
en la boca del pueblo glorioso que tú amabas.
     Tu corazón era valiente.

En las viejas cocinas de tu patria, en las rutas
polvorientas, algo se dice y pasa,
algo vuelve a la llama de tu dorado pueblo,
     algo despierta y canta.

Son los tuyos, hermana: los que hoy dicen tu nombre,
los que de todas partes, del agua y de la tierra,
con tu nombre otros nombres callamos y decimos.
     Porque el fuego no muere.

Tina Modotti, sister, you do not sleep, no, you do not sleep.
Perhaps your heart hears the rose of yesterday
growing, the last rose of yesterday, the new rose.
     Rest gently, sister.

The new rose is yours, the new earth is yours:
you have put on a new dress of deep seed
and your soft silence is filled with roots.
     You shall not sleep in vain, sister.

Pure is your gentle name, pure is your fragile life.
Of bee, shadow, fire, snow, silence, foam,
of steel, line, pollen was built your tough,
     your slender structure.

The jackal at the jewel of your sleeping body
still shows the white feather and the bloody soul
as if you, sister, could rise up,
     smiling above the mud.

To my country I take you so that they will not touch you,
to my snow country so that your purity
will be far from the assassin, the jackal, the Judas:
     there you will be at peace.

Do you hear a step, a step-filled step, something
huge from the great plain, from the Don, from the cold?
Do you hear the firm step of a soldier upon the snow?
     Sister, they are your steps.

They will pass one day by your little tomb
before yesterday's roses are withered,
the steps of tomorrow will pass by to see
     where your silence is burning.

A world marches to the place where you were going, sister.
The songs of your mouth advance each day
in the mouths of the glorious people that you loved.
     Your heart was brave.

In the old kitchens of your country, on the dusty
roads, something is said and passes on,
something returns to the flame of your golden people,
     something awakes and sings.

They are your people, sister: those who today speak your name,
we who from everywhere, from the water and the land,
with your name leave unspoken and speak other names.
     Because fire does not die.

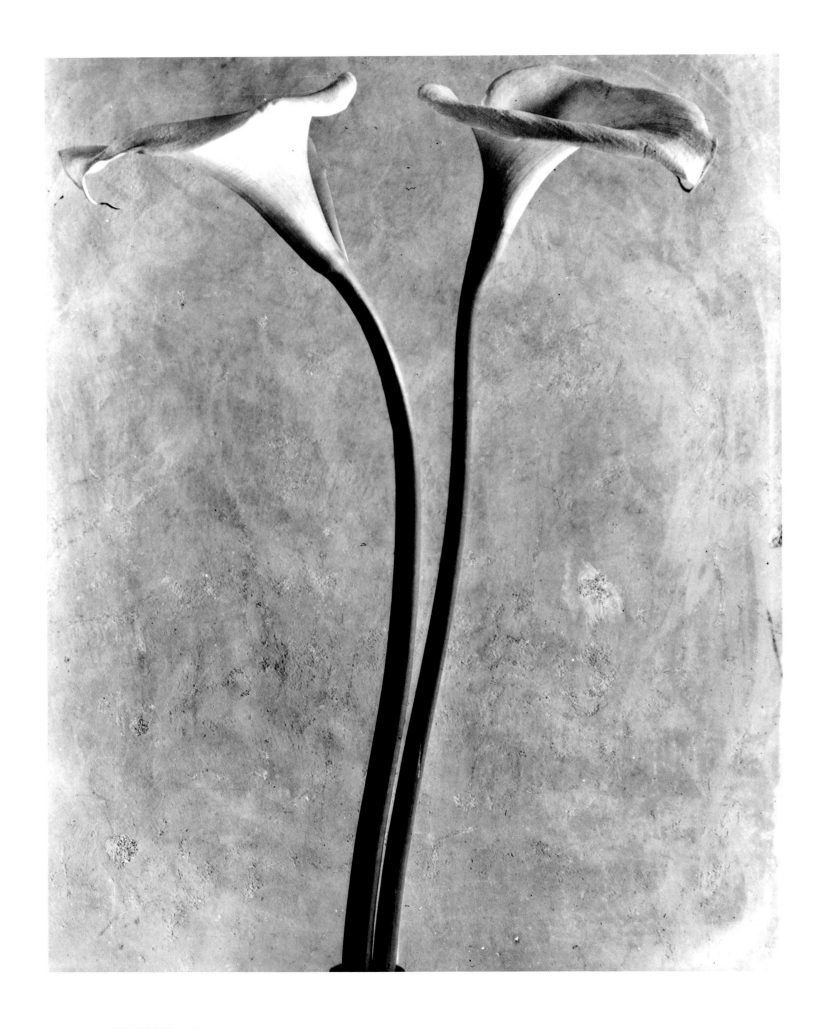

TINA MODOTTI
Alcatraces, c. 1926
Calla Lillies, c. 1926

TINA MODOTTI
Retrato sin identificar, 1925
Unidentified portrait, 1925

TINA MODOTTI
Mujer con una bandera negra anarco-sindicalista, c. 1925
Woman carrying anarcho-sindicalist black banner, c. 1925

TINA MODOTTI
Grupo numeroso de campesinos en una calle, c. 1928
A big group of field workers in the street, c. 1928

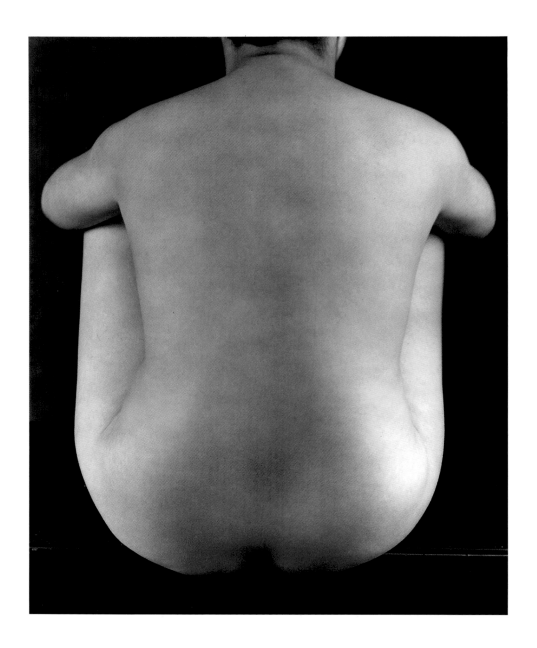

EDWARD WESTON
Desnudo (Espalda de Anita), 1925
Nude (Anita's Back), 1925

De Libros del Diario

from The Day Books

EDWARD WESTON

OCTUBRE 4–5.   He ampliado la gran nube blanca de Mazatlán. ¡Qué gran retrato hubiese sido de no haberse deteriorado la película! He empleado horas y muchas planchas tratando de mejorar su calidad técnica en el negativo. A pesar de esta pérdida en calidad, ha de ser una de las fotografías más finas y de más significación.

OCTUBRE 5.   Los ruidos nocturnos me fascinan; en las horas inmóviles y oscuras del desvelo, la resultante intensidad y magnificación de nuestro oido excita la imaginación hacia un asentimiento, una comprensión, o por lo menos, a una conjura con lo imposible, lo anormal. Así, con la luz más prosaica del día, con la lógica y el sentido común en autoridad, yo inquiero muy filosóficamente aquello que en la noche trae el libre juego para mis más excesivas fantasías. Como un acompañamiento a una música que se escucha a medias en algún sueño feérico, débil pero claro y persistente sobre el gallo ronco o el perro que ladra, se estremece y trisa un pequeño silbido; desde la distancia otro contesta y aún uno más, tres notas, como de caramillo, como de flauta, noche tras noche. Escucho y me maravillo. En la mañana no pregunto, temeroso de destruir ese encanto.

    Más tarde en la semana, no puedo resistir sin preguntar. De la Peña me dijo que lo que yo había escuchado era el silbato de la policía mexicana, un silbato conservado por siglos, cuando, como en los días de la Inglaterra de Pepy, el sereno, linterna en mano, hacía sus rondas de calle en calle, cantando las horas, el tiempo y el "todo en paz".

OCTUBRE 6. DOMINGO. XOCHIMILCO.   El comienzo de nuestra aventura diaria tiene su lado humorístico: Tina, Llewellyn, Chandler y yo, cargados con cámaras, lentes y trípodes, parados en Bucareli y Lucerna, esperamos el primer Ford marcado "listo", libre para alquilar. Llegó y en rápida sucesión otra media docena aparece, pues sus choferes, advertidos de nuestro aparente deseo, realizan una larga procesión para tener su oportunidad de regatear. Uno a uno van pasando hasta que el sexto se rinde, aceptando la propuesta de Tina, de tres pesos y nomás.

OCTOBER 4–5.   Have enlarged the great white cloud of Mazatlán. What a picture it might have been but for the film's deterioration! I have spent hours and many plates trying to improve its technical quality in the negative. Despite this loss in quality, it will be one of my finest and most significant photographs.

OCTOBER 5.   Night noises fascinate: in the still dark hours of wakefulness, a resulting intensification and magnification of one's hearing keys the imagination to an acceptance, an understanding or, at least, a conjuring with the impossible, the abnormal. So, with more prosaic daylight, with logic and common sense in authority, I question quite philosophically that which in the night brings free play to my most excessive fancies. Like an accompaniment to the half heard music of some eerie dream, faint, but clear and persistent above the raucous rooster and barking dog, quavers and trills a tiny whistle, from the distance another answers, and yet another, three notes, reed-like, flute-like, night after night. I listen and wonder. In the morning, I do not ask, afraid to destroy my mood.

    Later in the week, I could not resist questioning. De la Peña told me that I heard the whistle of the Mexican police, a whistle retained from centuries back, when, as in the days of Pepy's England, the night watchman, lantern in hand, made his round from street to street, calling out the hour, the weather, and "all's well."

OCTOBER 6. SUNDAY, XOCHILMICO.   The beginning to our day's adventure had its humorous side; Tina, Llewellyn, Chandler and I, loaded with cameras and lenses and tripods standing on Bucareli and Lucerna, awaiting the first Ford marked "Listo"—free for hire. It came, and in quick succession half a dozen others, the drivers of which having noted our apparent desire, drew up in long procession to take their turn at bargaining. One by one they left until the sixth capitulated, accepting Tina's offer of three pesos and no more.

    The ride to Xochilmico was one to remember. The Mexican sky, always dramatic, presented a surpassing spectacle. Gathering rain clouds, gold rimmed, massed against intense blue; straight ahead rose Ixtaccihuatl, "The White Woman," higher than the highest cloud, dazzling and splendid in the sunlight. Impossible to believe this October!—the springlike green of grass and cottonwoods, the freshness of air.

    We raced! The Mexican drivers are the most reckless and most brilliant I have seen. They have to be or perish, for

La carrera hasta Xochimilco es algo para recordar. El cielo mexicano, siempre dramático, presentaba un espectáculo superior. Las nubes de lluvia se reunían, con bordes dorados, amasadas contra el azul intenso; bien arriba se levantaba Ixtaccíchuatl, "La Mujer Blanca", más alta que la nube más alta, deslumbrante y espléndida en la luz del sol. ¡Este octubre es imposible de creer!, el verde primaveral de la grama y de los algodoneros, la frescura del aire. ¡Corremos! Los choferes mexicanos son los más temerarios y los más brillantes que he visto. Tienen que serlo o perecer, porque aparentemente no hay leyes de tránsito. ¡Nos pasaban y pasábamos a otros, por ambos lados volvíamos o cruzábamos por la izquierda a voluntad, y con la velocidad yo cerraba los puños y contenía la respiración!

Nos acercamos a las afueras de Xochimilco. "Me recuerda a Italia", dijo Tina. Llewellyn agregó: "Sólo que más bella!" Paredes, paredes de ladrillo o piedra o adobe; los mexicanos no hacen ostentación de sus céspedes. En vez, los tiestos de geranios se despliegan sobre los enrejados de hierro forjado, brillando contra los rosados pálidos y los azules de las soleadas casitas. Ahora, la arquitectura cambia definidamente; aparecen cobijos con techos de palmas, un racimo de pensamientos cae sobre el regazo de Tina, no se sabe de dónde vino, seguido de un niño indiano que, sin aliento, se sube al coche para pedir cinco centavos—luego ¡Xochimilco! Estas que una vez fueron islas flotantes y que constituyen a Xochimilco, eran camalotes, mucho tiempo atrás. Sobre ellos los indios cosechaban vegetales y sembraban flores; gradualmente la vegetación echó raíces en el lecho del lago y las almadías se volvieron islas, separadas por canales, no exactamente como Venecia. El domingo es un día de gala en Xochimilco. El agua está salpicada con canoas o con botes más grandes, con cubiertas de lona, todas decoradas con flores y llenos de alegres viajeros, gente festiva, que canta y rasgan guitarras y que van borrachitas con vino o con pulque.

Pronto, nosotros nos deslizábamos por las vías de agua, pasando junto a cobijos graciosos y a tristes sauces y nos tornamos borrachitos, porque atravesando los canales una embarcación nos servía pulque curado. Poco después, otra canoa se acercó a nuestra borda, esta vez con elote asado—maíz horneado—que sirven caliente de la hornilla de carbón que llevan en el centro del bote. El mismo indio nos preparó deliciosas enchiladas, tan sabrosas que consumimos un número innombrable.

Entonces, se nos acercó la muchacha de las flores, con su bote amantonado de pensamientos, de no-me-olvides, de claveles: ¡"Señorita, señorita! A cinco centavos!" y movía un buquet, casi una brazada de pensamientos. ¡No pudimos resistir!

He llamado tristes los sauces de Xochimilco. Son así, de forma punzante. Son altos y derechos y tan esbeltos como

apparently there are no traffic laws. We passed and were passed on either side, turned around or crossed to the left at will, and as for speed, I clenched my fists and held my breath!

We approached the outskirts of Xochilmico. "It reminds me of Italy," said Tina. "Only more beautiful," added Llewellyn. Walls, walls brick or stone or adobe; Mexicans do not parade front lawns. Instead, potted geraniums sprawl over wrought iron gratings, brilliant on the faded pinks and blues of the sun-baked casitas. Now the architecture changed definitely; thatched huts appeared, a bunch of pansies from nowhere dropped into Tina's lap, followed by a breathless Indian boy who jumped into the car to claim his five centavos—then Xochilmico! These once floating islands which comprise Xochilmico were long ago rafts. Upon them the Indians raised vegetables, planted flowers; gradually, the vegetation took root in the bed of the lake and the rafts became islands, flower-covered islands, divided by canals not unlike Venice. Sunday is a gala day in Xochilmico. The water was dotted with canoes or larger canvas-covered boats all bedecked with flowers and filled with festive people, gay people who sang and thrummed guitars and were "borrachito" with pulque or wine.

Soon, we too were gliding down the water ways, past quaint thatched huts, past sad willows, and gardens of pansies, lilies, forget-me-nots, violets. We too laughed and sang and became "borrachito," for across the canal darted a swift canoe to serve us pulque curado. Later, another canoe drew up to our side, this time with elote asado—roast corn—hot from a charcoal stove in the centre of the canoe. The same Indian cooked us delicious enchiladas, so savory that an unmentionable number were consumed.

Then came the flower girl, her boat piled high with pansies, forget-me-nots, carnations—"Señorita, Señorita! Cinco centavos!" waving toward us a bouquet of pansies, almost an armful—We did not resist!

I called the willows of Xochilmico sad. They are poignantly so. They are tall, straight, and slender as an Italian cypress, but more lissome and yielding. With each passing breeze, they sway unresistingly, bending their tops in mournful submission; a bed of river rushes is not more graceful.

Our canoe was "manned" by one Indian who stood in the prow with his one long oar, but some canoes, (or "barge" would be a better name for these larger square-nosed, awning-covered boats) held twenty people, with an Indian at the stern and prow. These were the gay parties with singing and drinking and señoritas, "Wine, Women, and Song."

un ciprés italiano, pero más flexibles y rendidos. Con cada brisa que pasa, se pliegan sin resistir, doblando sus copas como en doliente sumisión; ¡no sabe ser más grácil una camada de juncos! Nuestra canoa estaba "tripulada" por un indio que estaba parado en la proa empuñando un largo remo, pero algunas canoas ("patana" sería un nombre mejor para estos botes más grandes, de proa cuadrada y cubiertas con techo) llevaban hasta veinte personas, con un indio en la proa y otro en la popa. Allí iban los grupos de fiesta, cantando, bebiendo, con sus señoritas, "Vino, mujeres y canciones". Traían sus cocineras, que servían comidas calientes de cocinas de carbón, mientras otras criadas cuidaban de que los vasos no quedasen vacíos, o mantenían la gran mesa de proa a popa llena de manjares.

Había estado lloviendo, pero no importaba, el bote tenía su techo. "¡Parada!" Le grité al indio y nos detuvimos junto a un canal donde flotaban esos lirios de pálida lavanda que yo había visto en Guadalajara. De alguna parte, a lo lejos, llegaron los sones de 'Mi Viejo Amor'; más cerca una chica cantaba 'Chaparrita'. Nuestra canoa se dezlizóal desembarcadero.

OCTUBRE 30. PRIMERA EXHIBICION EN "TIERRA AZTECA".   La exhibición había sido abierta hacía una semana: era un éxito. Hice lo que yo esperaba hacer, crear una sensación en Ciudad México. Roubiceck, el propietario de "Tierra Azteca", me dijo que nunca había tenido tal concurrencia en ninguna exhibición anterior.

Nunca antes yo había sentido un aprecio y una comprensión tan intensos. Entre los visitantes habían estado los hombres más importantes de México, y son los hombres los que vienen, hombres, hombres, diez de ellos por cada mujer; lo contrario siempre sucedía en Estados Unidos. Los hombres forman la experiencia cultural en este país, y es un alivio luego de saber que en América es la "mujer de club" la que mantiene viva nuestra cultura. La intensidad de este aprecio y el modo emocional en que los latinos lo expresan me ha elevado a una escala mayor pero al ver, día a día, mí trabajo en las paredes, me ha deprimido mucho, porque sé cuán pocos de ellos me han satisfecho en algún grado, qué poco de lo que hay dentro de mí ha sido liberado.

Del futuro, escamente puedo pensar, porque todo lo que alcanzo a ver es un día tras otro de retratismo profesional, tratando de complacer a alguien, menos a mí mismo. Hasta hoy se han vendido ocho copias, la primera al Lic. Ramón Mena, arqueólogo, que compró 'Vestido Tehuano', de Elisa. Vino Best (Alberto Best-Maugard) y ha sido de mucha ayuda. El segundo día, Robelo (Ricardo Gómez Robelo) vino tan inesperadamente, después de un largo silencio, que fue una conmoción. Nos abrazamos largamente y con emoción. Fue muy bueno verlo. Robelo ha estado muy enfermo, lo que era aparente. Cuán enfermo, él no lo admitiría, confinado a su hogar, y no obstante su

They brought their cocineras—cooks—too, who served hot food from charcoal fires, while other criadas—servant girls—watched that no glass remained empty, or kept the long table from stern to prow laden with viands.

By now, it was raining but it mattered not, the boat was covered. "Parada!"—Stop!—I cried to the Indian and we stopped by a canal on which floated those same lovely lilies of pale lavender I had seen in Guadalajara. From somewhere, far away, came the strains of Mi Viejo Amor—My Old Love—, nearer a girl sang Chaparrita—Little One—; our gay canoe glided to its landing.

OCTOBER 30. FIRST EXHIBIT AT "AZTEC LAND."   The exhibit has been open for over a week; it is a success. I have done what I expected to do, created a sensation in Mexico City. Roubicek, the owner of "Aztec Land," told me he has never had such an attendance to any previous exhibition.

I have never before had such an intense and understanding appreciation. Among the visitors have been many of the most important men in Mexico, and it is the men who come, men, men, men, ten of them to each woman; the reverse was always the case in the U.S. The men form the cultural background here, and it is a relief after the average "clubwoman" of America who keeps our culture alive. The intensity of this appreciation and the emotional way in which the Latins express it has keyed me to a high pitch, yet, viewing my work day after day on the walls has depressed me greatly, for I know how few of them are in any degree satisfying to me, how little of what is within me has been released.

Of the future, I hardly dare think, for all I can see ahead is day after day of professional portraiture, trying to please someone other than myself. Eight prints have been sold to date, the first one to Lic. Ramón Mena, archaeologist, who bought Tehuana Costume of Elisa. Best came [Alberto Best-Maugard] and has been of much help.

The second day, Robelo [Ricardo Gómez Robelo] came, so unexpectedly after this long silence, it was a shock. We embraced long and with emotion, it was so good to see him. Robelo has been very sick, that was apparent. How sick, he would not admit—confined to his home, nevertheless writing, in spite of his illness, a book on the Pyramids of Mexico.

An interesting and also interested visitor was Dr. Atl, who came with Nahui Olín, apparently his mistress, a quite

enfermedad, escribiendo un libro sobre las pirámides de Mexico.

Un visitante interesante y muy interesado lo fue el Dr. Atl, que vino con Nahui Olín, aparentemente su querida, una muy fascinante muchacha mexicana que ha pasado casi toda su vida en París. Tina y yo comimos con ellos, luego fuimos a casa de Nahui—mucho más interesados en el trabajo del Dr. Atl y de Nahui Olín—sus libros y sus pinturas. Mientras Atl y yo caminábamos por la avenida Madero me parecía que el Dr. era saludado por casi todas las personas. Tanto a pie o en máquina, todos se inclinaban o lo llamaban para saludarle.

La noche pasada Diego Rivera visitó la exhibición. Nada me ha complacido más que el entusiasmo de Rivera. No emoción voluble, sino un disfrute tranquilo y agudo, haciendo largas pausas delante de algunas de mis impresiones, esas que yo considero las mejores. Mirando la arena en uno de mis desnudos en la playa, un torso de Magrethe, Rivera dijo: "Esto es lo que nosotros los 'modernos' tratábamos de hacer cuando regábamos arena en nuestras pinturas, o pegábamos pedazos de cinta o papel u otras piezas de realismo".

Con Rivera vino su esposa, Guadalupe, alta, continente arrogante, casi altanero; su forma de caminar es la de una pantera, su tez casi verde con ojos de lo mismo, gris-verde, con círculos negros, ojos y piel que yo nunca he visto antes sino en algunas señoritas mexicanas.

Ahora mismo una muchacha americana vino para hacer una cita. "¿Sabe usted que es de usted de lo que se habla hoy en México? No importa dónde vaya, a un té de mediodía, a un partido de cartas, su exhibición parece ser el principal tópico de discusión. ¡Usted ha comenzado como una explosión!—Ya es famoso en México!"

Cosa incidental, somos populares. Tina y yo hemos cenado y bebido y festejado hasta repletarnos. Y hemos tenido que rehusar más invitaciones que las que hemos aceptado.

NOCHE DEL DOMINGO.   Deprimido y solitario, me salí silenciosamente de nuestra casa y he caminado por horas; me he sentado en la Alameda y he observado los pequeños dramas que se han desarrollado en cada banco. He vagado a lo largo de los puestos donde preparaban el negocio de la Navidad, mucho basura hecha para los turistas, pero también algunas cosas muy hermosas. Para aliviar mi morriña hice mí primer regateo a solas, comprando dos bellos platos de vajilla de Jalisco. No debí haber gastado un centavo, ¡pero tenía que hacerlo y lo hice.!

Luego me encontré con un carrusel donde estuve una hora escuchándolo. En un asiento, una sofisticada señorita, con las piernas cruzadas para mostrar mejor su belleza, con estudiada indiferencia, encendió uncigarrillo. Frente a ella, en un caballo ornado de rosas, cabalgaba un indio, con una flamígera flor en la boca y una pluma verde en el

fascinating Mexican girl who has spent most of her life in Paris. Tina and I dined with them, then went to Nahui's home—more later concerning the work of Dr. Atl and Nahui Olín—their books and paintings. As I walked down Avenida Madera with Atl, it seemed that he was greeted by every other person. On foot or in machines, they bowed or called to him.

Last evening, Diego Rivera visited the exhibit. Nothing has pleased me more than Rivera's enthusiasm. Not voluble emotion, but a quiet, keen enjoyment, pausing long before several of my prints, the ones which I know are my best. Looking at the sand in one of my beach nudes, a torso of Margrethe, he said, "This is what some of us 'moderns' were trying to do when we sprinkled real sand on our paintings or stuck on pieces of lace or paper or other bits of realism."

With Rivera came his wife, Guadalupe, tall, proud of bearing, almost haughty; her walk was like a panther's, her complexion almost green, with eyes to match—grey-green, dark circled, eyes and skin such as I have never seen but on some Mexican señoritas.

Just now an American girl came in for an appointment. "Do you know," she said, "that you are the talk of Mexico City? No matter where I go—to afternoon tea, to card parties—your exhibit seems to be the principal topic for discussion. You have started out with a bang!—already famous in Mexico!"

Incidentally we are popular—Tina and I have been dined and wined and feted to repletion, yet we have refused more invitations than we have accepted.

SUNDAY NIGHT—   depressed and lonesome, I stole silently away from our casa and walked for hours alone; sat in the Alameda and watched the little dramas staged on every bench; strolled along where the "puestos"—booths were preparing for Christmas trade—much utter rubbish made for the tourist, but some lovely things. To assuage my "blues," I did my first bargaining alone, purchasing two lovely dishes of Jalisco ware. I should not have spent a cent, but I needed to, and did!

Then I found a merry-go-round I watched and listened for an hour. In one seat a sophisticated señorita, legs crossed to better show their beauty, nonchalantly lit a cigarette. In front of her, on a rose-bedecked horse, rode an Indian, a

sombrero. Había muchachas indias descalzas con el cabello largo hasta las rodillas y hombres presumidos con bastones, y por supuesto, los niños, todos remolineando y girando y girando en este carrusel, que siendo más alegre que otros era también más triste.

NOVIEMBRE 1.   Una vez más, esta última noche vamos a los puestos paseando por los estanquillos repletos de atrocidades, o de la mano de obra más fina; es evidente que el trabajo de los indios se ha corrompido y con otra generación produciendo en exceso por la comercialización, ese trabajo perderá su valor.

Todo estaba de fiesta, alegre, colorido, con la comida siendo tan importante como los despliegues de arte. Enfrente de los puestos se alineaba una contínua fila de cocinas de carbón sobre las cuales, en ardientes sartenes, se cocinaban enchiladas y otros bocados tentadores. Con idéntica frecuencia, deambulaban los vendedores de caramelos y tartas—los mexicanos cosumen dulces en cantidad, que preparan con imaginación—.

Tengo muchas citas pendientes y muchas sentadas, ¡pero qué cansado estoy de ser un fotógrafo retratista profesional!

DOMINGO, 4 DE NOVIEMBRE.   Plaza de Toros. Tina, Llewellyn, Chandler y Edward. La exibición ha terminado—las luces se apagaron anoche. Aproximadamente, calculo entre 800 y 1000 las personas que visitaron la balconada de "Tierra Azteca" durante los catorce días, habiendo firmado sus asistencia en el libro de registro unas 250. Este libro será un atesorado recuerdo. Creo que he hecho un impacto definitivo en la conciencia del público mexicano, especialmente entre los pintores, los poetas y los amantes de las artes, muchos de los cuales volvieron una y otra vez, y muchos de los cuales hubiesen hecho compras si les hubiese alcanzado la bolsa.

De las ocho impresiones vendidas, seis eran desnudos de Margrethe, hechas durante la última y terrible semana con ella, antes de dejar a México. Rivera gustó de uno de los fragmentos de playa con ella, lo mejor de todo lo mío en mí colección.

Un día de sol ardiente atemperado por nubes cambiantes. Nos han advertido que la Sección de Sol, no era lugar para una dama; que uno podía esperar una multitud ruda y violenta, pero Tina estaba dispuesta, y además, la condición de mis fondos imposibilitaba el disfrute de los refinamientos ofrecidos en la sombra.

Llegamos a la plaza una hora antes para escoger el mejor punto de comodidad y "respetabilidad." La muchedumbre ya empezaba a afluir. Afuera de nosotros: vendedores de comida, golosinas heladas y carnes fritas—la

flaming flower in his mouth, a green feather in his wide sombrero. There were bare-footed Indians girls with hair to their knees and dandified men with canes, and, of course, children, all swirling around and around and around on this merry-go-round—which being gayer than ours, was sadder.

NOVEMBER 1.   To the puestos again last evening, strolling by booths filled with both atrocities and work of the finest craftsmanship; it is evident that the Indian work is becoming corrupt, and with another generation of overproduction and commercialization will be quite valueless. It was all very gay, festive, colorful—with food as important a display as art. Opposite the puestos, a continuous line of charcoal fires over which, in sizzling pans, cooked enchiladas and other tempting foods. Quite as frequent were the vendors of candies and cakes—the Mexicans consume quantities of sweetmeats prepared with imagination.

Sittings ahead, many dates pending, but oh how tired I am of professional portraiture!

SUNDAY, NOVEMBER 4. PLAZA DE TOROS. TINA, LLEWELLYN, CHANDLER, AND EDWARD.   The exhibit is over—the lights turned out last night. Roughly, I estimate that between 800 and 1,000 people visited the "Aztec Land" balcony during the fourteen days—about 250 people registered in the guest book, which will be a treasured souvenir. I have made quite a definite break into the consciousness of the Mexican public—especially among the painters and poets and lovers of the arts—many of whom returned again and again, and many of whom would have bought but for their purses.

Of the eight prints sold, six were nudes of Margarethe made that last terrific week with her, before leaving for Mexico. Rivera liked one of the beach fragments of her the best of anything in my collection.

A day of blazing sun tempered by shifting clouds. We had been warned that the Sección del Sol—the bleachers—was no place for a lady, that one could expect a rough, tough crowd, but Tina was game, and besides the condition of my purse precluded the comfort and refinements offered by the shade.

We arrived at the plaza an hour early to choose the best vantage point for comfort and "respectability." Already crowds were streaming in. Outside were vendors of food, frozen dainties or frying meats—the charcoal stove turns

harnilla de carbón convierte un rincón en una cocina. Había ventas de banderillas que se suponía habían sido, alguna vez, clavadas en el lomo de algún infortunado toro. Gaona, el matador e ídolo del pueblo, sería el torero. Su retrato se vendía con un buquet para el ojal; un periodiquillo impreso por sus fanáticos, llevaba el nombre del torero.

Entramos al tendido de sol. Un soldado se adelantó echándome los brazos alrededor del cuerpo y tentándome los bolsillos del pantalón—¡los cuchillos y armas de fuego están prohibidos en la plaza de toros! En nuestros juegos de beisbol, y como forma de protesta, una botella de refresco es lanzada ocasionalmente al terreno, pero los mexicanos consideran que un arma de fuego es más eficaz.

Pronto fue evidente que el tendido de sol era peligroso: para romper la monotonía, las manzanas y otros objetos manuables comenzaron a zumbar, hasta que el juego se volvió furioso y un hombre fue levantado en peso de su asiento y, pataleando y luchando, fue entregado a la turba. Una protesta hubiese resultado fútil: hasta la víctima simulaba estar regocijada.

any street corner into a kitchen. Banderillas were for sale, supposed to have once waved from the back of some luckless bull. Gaona, el Matador, and the people's idol, was to fight. His picture was being sold in buttonhole bouquets, a leaflet published for bullfight "fans" was named after him.

We entered the gate to "el Sol." A soldier stepped suddenly forward, threw his arms around me grabbing at my hip pockets—fire-arms and knives are barred from the bullring! At our baseball games, a pop bottle is occasionally tossed by way of protest, but the Mexican thinks a gun more efficacious.

It was soon evident the sunny side *was* tough: to relieve monotony, apples and other handy articles began whizzing, until the fun waxed furious and a man was lifted bodily from his seat and handed kicking and struggling over the audience. A protest would have been futile—even the victim pretended mirth.

EDWARD WESTON
Galván disparando (Manuel Hernández Galván, México), 1925
Galván shooting (Manuel Hernandez Galván, Mexico), 1925

EDWARD WESTON
Crépusculo, 1924
Dusk, 1924

EDWARD WESTON
Indio orinando, Tepotzotlán, México, 1924
Indian pissing, Tepotzotlán, Mexico, 1924

EDWARD WESTON
Sombrero y Zapatos, 1926
Hat and Shoes, 1926

EDWARD WESTON
Pirámide del Sol, Teotihuacán, 1923
Pyramid of the Sun, Teotihuacán, 1923

AARON SISKIND
Acolman 2, 1955

Acolman 2, 1955

AARON SISKIND
Acolman 4, 1955
Acolman 4, 1955

Bottom:
San Luis Potosí 16, 1961
San Luis Potosí 16, 1961

AARON SISKIND
Durango 8, 1961
Durango 8, 1961

AARON SISKIND
Guadalajara 16, 1961
Guadalajara 16, 1961

ARTHUR TRESS
Cuervo, San Miguel de Allende, 1964
Raven, San Miguel de Allende, 1964

ARTHUR TRESS
Soldado, Oaxaca, 1965
Soldier, Oaxaca, 1965

ARTHUR TRESS
Estudiantes en el Museo de Historia Natural, Ciudad México, 1964
Students in the Museum of Natural History, Mexico City, 1964

ARTHUR TRESS

Muchacha en el Museo de Historia Natural, Ciudad México, 1964

Girl in the Museum of Natural History, Mexico City, 1964

ARTHUR TRESS
Muchacho en el mercado, Oaxaca, 1965
Boy in Market, Oaxaca, 1965

HELEN LEVITT
México, 1941
Mexico, 1941

HELEN LEVITT
México, 1941
Mexico, 1941

HELEN LEVITT
México, 1941
Mexico, 1941

KENT KLICH
Pelón, 1987
Pelón, 1987

KENT KLICH
Efeo, 1987
Efeo, 1987

KENT KLICH
Toño y Chicelín, 1989
Toño and Chicelín, 1989

KENT KLICH
Tunco, 1990
Tunco, 1990

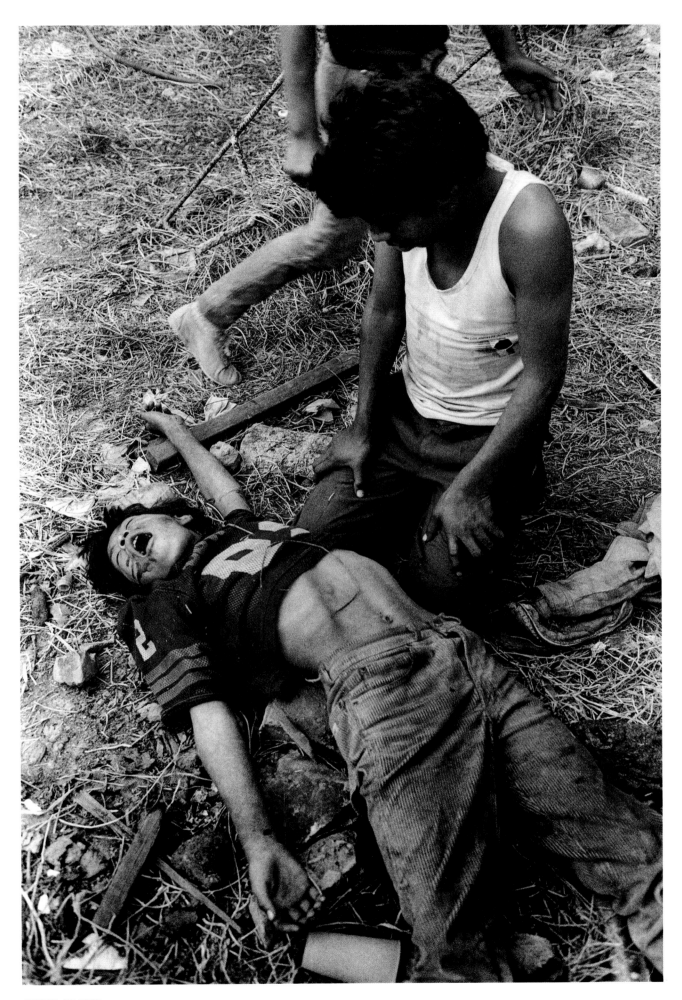

KENT KLICH

Japone sufre un ataque epiléptico, 1988

Japone is having an epileptic fit, 1988

KENT KLICH
Maíz y sal, 1989
Corn and salt, 1989

EDWARD STEICHEN
Mujeres mayas, Yucatán, 1938
Mayan Women, Yucatán, 1938

EDWARD STEICHEN
Mercado en Pátzcuaro, 1938
Market at Pátzcuaro, 1938

HARRY CALLAHAN
México, 1982
Mexico, 1982

HARRY CALLAHAN

México, 1983
Mexico, 1983

JEFF JACOBSON
Oaxaca, México, 1989
Oaxaca, Mexico, 1989

JEFF JACOBSON
Oaxaca, México, 1989
Oaxaca, Mexico, 1989

JEFF JACOBSON
Morelia, México, 1989
Morelia, Mexico, 1989

PAUL OUTERBRIDGE

Estación de gasolina, México, 1955
Gas Station, Mexico, 1955

PAUL OUTERBRIDGE
Carruaje de carnaval, México, 1955
Carnival Carriage, Mexico, 1955

HENRY RAVELL

Muchacho peón mexicano, c. 1920

Mexican peon boy, c. 1920

HENRY RAVELL

Escena callejera, c. 1920

Street scene, c. 1920

SERGEI EISENSTEIN

Durante mi encuentro con México, me pareció ser, en todas las variantes de sus contradicciones, una suerte de proyección hacia el exterior de todas esas líneas y facetas individuales que he llevado y llevo dentro de mí como un enredo de complejos.

Simplicidad monumental y barroco irrestricto (en cada uno de sus aspectos, español y azteca) . . . La dualidad de estas atracciones encuentra expresión, otra vez, en mi entusiasmo, tanto por la severidad de la ropa blanca del peón (un ropaje que tanto en su color como en su silueta rectilínea, parece ser la tábula rasa de los ropajes en general) y por la escultórica secuencia de los bajos relieves de oro y plata, sobrecargados con bordados dorados, quemándose sobre el azul, el verde, el naranja, y el puro satinado que aparece bajo los sombreros negros de los heróicos participantes de las corridas.

Los trópicos responden a la sensualidad soñadora. Los entrelazados cuerpos bronceados parecen encarnar los latentes errabundeos sensoriales; aquí en las lianas supersaturadas y exageradamente crecidas, los cuerpos del macho y de la hembra se enguirnaldan y se enredan como las lianas; se miran al espejo y han visto cómo las muchachas de Tehuantepec se miran a sí mismas, con ojos negros y almendrados, en los espejos de los dormidos arroyos tropicales, y admiran sus arreglos florales, reflejados en la superficie dorada de sus cuerpos. Tal parece que corporizados en mí, y bañados con la luz de la luna, estaba la abundancia de rítmica respiración de los cuerpos de las esposas de soldados, agarradas de los abrazos de sus esposos soldados; cuerpos extendidos sobre toda el área del patio octogonal de la pequeña fortaleza que guarda el puerto de Acapulco en el océano Pacífico. (¿Guardándolo de quién? A menos que sea del vuelo de los pelícanos, con sus cabezas arrebujadas de lado, dejándose caer como flechas dentro del agua ambarina del Golfo.)

Los cuerpos respiran ríticamente al unísono. La propia tierra parace estar respirando, blanqueada aquí y allá por un velo echado modestamente sobre una pareja entre los otros cuerpos, reluciendo en negro, bajo la luz lunar, sin

During my encounter with Mexico, it seemed to me to be, in all the variety of its contradictions, a sort of outward projection of all those individual lines and features which I carried and carry within me like a tangle of complexes.

Monumental simplicity and unrestrained Baroque (in each of its aspects, Spanish and Aztec). . . . The duality of these attractions finds expression again in my enthusiasm both for the severity of the peon's white costume (a costume that, in both its color and rectilinear silhouette, seems to be the tabula rasa of costumes in general) and for the sculpturesque sequence of gold and silver bas-reliefs, overloaded with gold embroidery, burning on blue, green, orange, and puce satin, that appear under the black hats of the heroic participants of the corridas. . . .

The tropics responded to dreamy sensuality. The intertwining bronze bodies seemed to incarnate the latent rovings of sensuality; here in the oversaturated, overgrown grasping of the lianas, male and female bodies wreathed and intertwined like lianas; they looked in the mirror and saw how the girls of Tehuantepec looked at themselves with black, almond-shaped eyes in the surface of the dreamy tropical creeks, and admired their flowered arrays, reflecting on the golden surface of their bodies. It seemed that embodied in me, and flooded with moonlight, was the rhythmically breathing abundance of the bodies of *esposas de soldados* clasped in the embraces of their husband-soldiers; bodies spread across the whole area of the little eight-sided courtyard of the small fortress guarding the Pacific Ocean port of Acapulco. (Guarding from whom? Unless it be the flights of pelicans, their heads tucked away on one side, plunging like arrows into the amber-colored water of the Gulf.)

The bodies breathe rhythmically and in unison. The very earth itself seems to be breathing, whitened here and there by a veil drawn modestly over a pair among the other bodies, gleaming black in the moonlight, that are not covered by anything. Bodies knowing no shame, bodies to whom what is natural for them is natural, and needs no concealment. . . .

Mexico—lyrical and tender, but also brutal.

It knows the merciless lashes of the whips, lacerating the golden surface of bare skin. The sharp cactus spikes to which, at the height of the civil wars, they tied those already shot half to death, to die in the heat of the desert sands. The sharp spikes that still penetrate the bodies of those who, having made crosses from the cacti's vertical trunks, tie them with rope to their own shoulders, and crawl for hours up to the tops of the pyramids, to glorify the Catholic Madonnas—de Guadalupe, de los Remedios, the Santa Maria Tonantsintl; Catholic Madonnas since Cortes's time,

cubierta alguna. Cuerpos que no conocen de vergüenza, cuerpos para quienes lo natural es natural para ellos, sin necesidad de encubrimiento.

México, tierno y lírico, pero también brutal. Conoce de los inmisericordes latigazos del foete, lacerando la dorada superficie de la piel desnuda. Las agudas puntas del cactus, las cuales, a la altura de las guerras civiles, sirvieon para atar sobre ellas a aquellos que iban a fusilar y a morir en el calor de las arenas del desierto. Las agudas agujas que penetrarían los cuerpos de aquellos que atados a cruces hechas de los brazos de los cactus, los harían subir, por horas, hasta la altura de las pirámides, para glorificar a las vírgenes católicas, la de Guadalupe, la de los Remedios, la de Santa Maria Tonantsintl; vírgenes católicas de los tiempos de Cortés, ocupando triunfalmente los lugares y prominencias del culto de los antiguos dioses y diosas paganos.

De forma de no cambiar los añejos caminos de los peregrinajes, los mañosos monjes elevaron estatuas y templos a los dioses en los mismos lugares (alturas, desiertos, pirámides) donde los arcaicos dioses paganos expulsados— aztecas, toltecas, o mayas—una vez reinaron. Hasta el presente torrentes de peregrinos, en los días santos, se arrastran por horas sobre el seco polvo, descarnándoles las rodillas, para poder apretar sus labios resecos sobre el borde dorado de la reina celestial, o sobre los fragmentados restos de los huesos de sus más leales discípulos (que fueron obtenidos para nosotros de debajo del altar de la iglesia de San Juan de los Remedios, por un cínico y algo sucio regente de esta iglesia, el Padre Figueroa, un agudo fotógrafo, que salía en su motocicleta cada jueves, sin falta, a los burdeles de Ciudad de México, situados, por alguna razón, especialmente abundantes alrededor de la calle que lleva el muy heróico nombre del pasado mexicano, Guatemotzin) . . . El fue, Guatemotzin, el cabecilla real, con su perfil indiano de halcón, que pronunció las famosas palabras "Tampoco estoy en un lecho de rosas", cuando los conquistadores españoles, torturándolo sobre ardientes braseros, trataban de conocer el secreto de la riqueza y el lugar donde escondían el tesoro de la tierra que habían esclavizado.

Las orgullosas palabras del indio iban dirigidas a uno de sus camaradas, que estaba sufriendo su porción de tortura a su lado y se había atrevido a emitir un gruñido entre sus dientes apretados.

Un bajo relieve en el pedestal del monumento a Guatemotzin, muestra el heróico sufrimiento del indio con su cabeza echada con toda dignidad hacia atrás.

triumphantly occupying the places and positions of the cult of the former pagan gods and goddesses.

In order not to change the age-old routes of the pilgrimages, the crafty monks raised statues and temples to the gods on the very same spots (heights, deserts, pyramids) where the overthrown ancient, heathen gods of the Aztecs, Toltecs, or Mayas had once reigned. To this day streams of pilgrims on religious holidays crawl for hours through the dry dust, tearing skin from their knees, in order to press their parched lips to the heavenly Queen's golden hem or to the fragmented remains of the bones of Her most loyal past disciples (which were obtained for us, from under the altar of the church of San Juan de los Remedios, by the cynical and slightly soiled dean of this church on a pyramid, Father Figueroa, a keen photographer, who went off on his motorcycle every Thursday, without fail, to Mexico City's brothels, situated, for some reason, especially densely around the street bearing the most heroic name from Mexico's past, Guatemotzin). . . . He it was, Guatemotzin, the royal leader with the hawklike, Indian profile, who uttered the famous words "I'm not lying on a bed of roses, either" when the conquering Spaniards, torturing him over fierce braziers, were trying to find out where the wealth and treasure of the land they had enslaved was hidden.

The proud Indian's words were addressed to one of his comrades, who was suffering his share of torture alongside and had dared to utter a groan through clenched teeth.

A bas-relief depicting their heroic sufferings now decorates the pedestal of the monument of Guatemotzin with his head thrown proudly back.

RICHARD MISRACH

Boojun Tree, Baja California, 1976

RICHARD MISRACH

Palmera y pedregones, Baja California, 1976

Palm Tree and Boulders, Baja California, 1976

RICHARD MISRACH
Transición Roca/Palma, 1976
Rock/Palm Transition, 1976

ANDRÉ KERTÈSZ
Acapulco, 1953
Acapulco, 1953

ANDRÉ KERTÈSZ

Acapulco, 1953

Acapulco, 1953

ANDRÉ KERTÈSZ
Acapulco, 1953

Acapulco, 1953

ANDRÉ KERTÈSZ
Acapulco, 1953
Acapulco, 1953

LAURENCE SALZMANN

De la serie "Bosquejos Tlaxcaltecas," 1969
From the series, "Tlaxcalan Sketches," 1969

LAURENCE SALZMANN
De la serie "Bosquejos Tlaxcaltecas" 1969
From the series, "Tlaxcalan Sketches," 1969

LAURENCE SALZMANN
De la serie "Bosquejos Tlaxcaltecas," 1969
From the series, "Tlaxcalan Sketches," 1969

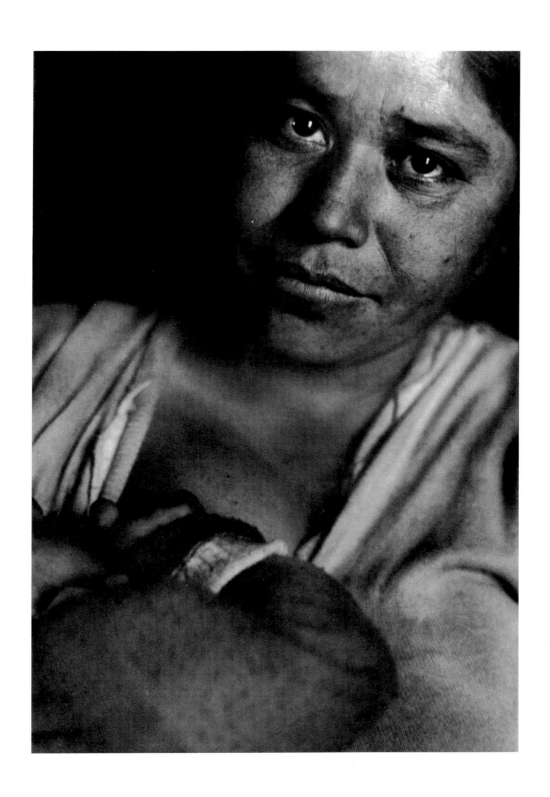

LAURENCE SALZMANN

Juana, de la serie de la familia de Luis, Juárez, 1965
Juana, from Luis' family series, Juárez, 1965

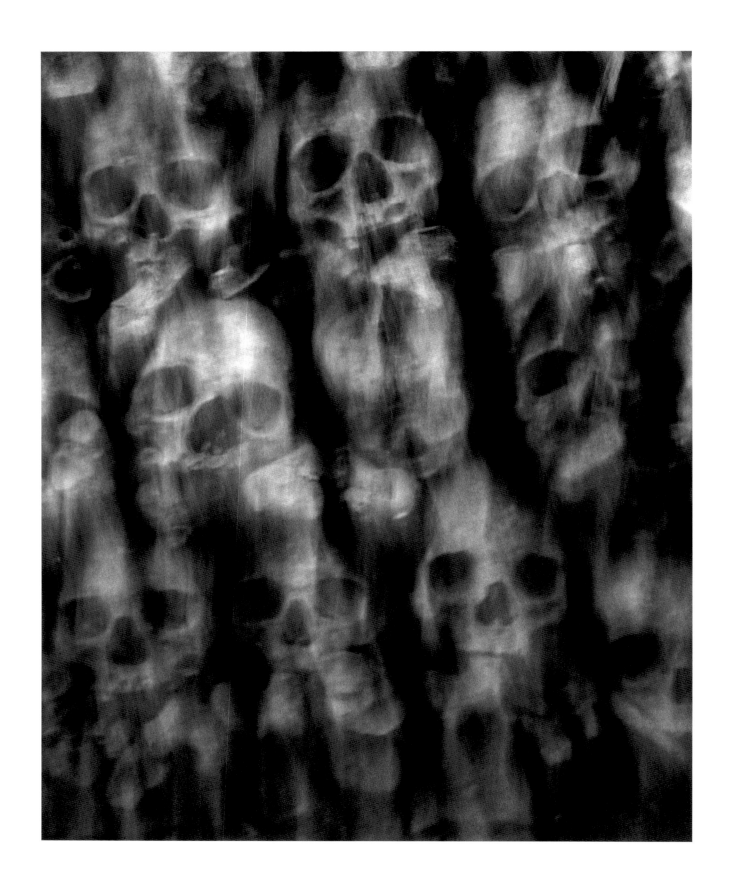

JOHN GUTMANN

Danza Macabra, México, 1960
Dance Macabre, Mexico, 1960

Viajes del tiempo

Time Travels

FRED RITCHIN

Al entrar en México, un norteño llega en otra zona del tiempo, un pasaje que requiere mucho más que ajustar las manecillas del reloj. El tiempo mexicano, densamente estructurado, abarcando miríadas rítmicas, antiguas y contemporáneas, mezclándose mucho más fluídamente entra la vida y la muerte, permite fácilmente la suposición de que todas las zonas del tiempo, real e imaginario, deben existir de alguna manera dentro del mismo.

El norteño, cámara en mano, llega de una tradición fotográfica cuya atadura con el tiempo ha sido menos variada. Su suposición ha sido, primariamente, modernística, reflejando las culturas septentrionales que la popularizan, intensificadas por un prejuicio mecánico. Porque mucho de su corta vida fotográfica (tanto como las culturas europeas y norteamericanas) ha sido concatendada a un sentido temporal, progresivo, lineal, cuantificable (⅟₆₀ de segundo) aprovechándose de la fragmentación, de naturaleza histórica, ávida de cambio. (El cambio, virtualmente, ha sido el sine qua non de la fotografía, de otra manera, ¿para qué fotografiar algo que siempre estará ahí, inalterable?)

Para el fotógrafo el norte, la geografía mexicana del tiempo puede ser comparada con sus monumentos, lugares o ciudades, la mayor novedad. Particularmente para un practicante contemporáneo, viviendo en un mundo que parace encojerese, como se representa dondequiera, visitado, copiado, el viaje en el tiempo puede ofrecerle ahora, por lo menos, un viaje tan expansivo como una travesía en el espacio.[1] El fotógrafo neoyorquino Charles Harbutt escribe sobre su experiencia en México, en el prefacio de su libro "Progreso", lo que sigue: "Creo que fui seducido por las nociones mayas del progreso; el tiempo es cíclico; las cosas no mejoran día por día, sino simplemente se arremolinan como el polvo en las calles". Mark Cohen hace un contexto de la seriedad de la imaginería documental que él hizo en sus tres viajes a México, con un libro cuyo título irónico, inusualmente denigrante, *Cinco minutos en México*, uno de los más osados reconocimientos del choque cultural y temporal.

Entering Mexico, a northerner arrives in another time zone, a passage that requires much more than the resetting of a watch. Mexican time, densely textured, encompassing myriad rhythms, ancient and contemporary, melding much more fluidly between life and death, easily allows the presumption that all time zones, actual and imagined, must exist somewhere within it.

The northerner, camera in hand, comes from a photographic tradition whose attachment to time had been less variegated. Its presumption has been primarily a modernist one, reflecting the northern cultures that popularized it, intensified by a mechanical bias. For much of its short life photography (as well as contemporary U.S. and European culture) has been linked to a linear, forward-moving, progressive temporal sense—quantifiable (⅟₆₀ of a second), thriving on fragmentation, historical in nature, avowing change. (Change has become virtually the *sine qua non* of photography—otherwise, why photograph something that will always be there, unaltered?)

For the photographer from the north, the Mexican geography of time may be, compared to its monuments, landmarks or cities, the greater novelty. Particularly for a contemporary practitioner, living in a world thought to be shrinking as it is everywhere imaged, visited, represented, travels in time may now offer at least as expansive a voyage as travels in space.[1] New York photographer Charles Harbutt writes about his experience in Mexico in the foreword of his book, *Progreso*, "I think I was seduced by Mayan notions of progress: that time is cyclical; things don't get better day-by-day, they just swirl around like dust in the street." Mark Cohen contextualizes the serious documentary imagery he made over three trips to Mexico with the ironic, unusually denigrating book title, *Five Minutes in Mexico*, one of the bolder acknowledgments of the temporal and cultural clash.

Their work, and the work of all the photographers represented in this volume, pose a multitude of questions about the relationship of a foreigner to his or her subject. What can one find out when the very act of entering the society, camera in hand, relying on the visible, profoundly changes the terms of the confrontation? What discoveries does one's outsider status allow, or encourage? Can a northerner be in Mexico for any more than five minutes, or any less?

"You give us twenty-two minutes, we'll give you the world," a New York news-oriented radio station repeats over and over. How little this jibes with the sense of time in a country where many spend whole days at the cemetery socializing with the dead, eating together, among handwritten grave markers of which an abundance commemorate

Sus trabajos y el trabajo de los fotógrafos representados en este libro, plantean una multitud de preguntas acerca de la relación del forastero y de su objetivo. ¿Qué puede uno encontrar cuando el mismo acto de entrar a una sociedad, cámera en mano, dependiendo de lo visible, cambia profundamente los términos de la confrontación? ¿Qué descubrimiento permite o estimula la posición convencional de un forastero? ¿Puede un norteño estar en México por algo menos o algo más de cinco minutos?

"Denos 22 minutos y le daremos el mundo", repite y repite la voz de una estación noticiosa de Nueva York. Qué poco concuerda es cantinela con el sentido del tiempo de un país donde muchos pasan días enteros en el cementerio, visitando con los muertos, comiendo juntos, entre tumbas marcadas a mano, con abundancia de memorias infantiles. La muerte no está inevitablemente eslabonada a un linealidad temporal que no perdona, cual Colón cayéndose al final de la tierra. Abundan las copias de las calaveras, tanto en el arte como en la vida diaria. (Las computadora también abundan, pero son las calaveras las que atraen a los fotógrafos.) A diferencia de la fotografía, "Mexico nació de la negación de lo moderno", como afirma el escritor mexicano Octavio Paz.[2] Lo natural, lo arcaico, lo asincrónico, se respetan en una visión mundial con una bien desarollada indiferencia por la modernidad. La conquista española permanece siendo un recordatorio traumático de las posibilidades destructivamente sinergísticas de la tecnología y la agresividad humana. La "captura" de momentos fragmentarios celebrados en ciertas clases de fotografía—el "momento decisivo"—por ejemplo, no es tan persuasivo en un país que vive en ecuanimidad con la muerte prematura y las memorias pre columbinas. La fotografía, sin embargo, del modo en que ha sido practicada en el norte, envuelve, generalmente, una exhibición afirmativa de la voluntad humana (¡captura, tomas, disparos, helar, documentar!). Se capa de "preservar" lo natural los fotógrafos con frecuencia tratan de controlarlo—parar el tiempo, encuadrar un lugar o una persona grabar un momento. Una máquina es usada para efectuar una transformación casi objectiva del entorno—sometiendo, explicando, destacando, traduciendo, coleccionando y, finalmente, reemplazando. El fotógrafo ominipresente viene a considerarse como caso equivalente a lo que representa, a veces hasta mejor: "Te ví en la fotografía", "eres casi tan bella como en tu fotografía".

Dick Reavis, en su libro Conversaciones con Moctezuma, relata una entrevista con un intelectual mexicano: "Ustedes los americanos, me regañaba una vez, construyen invernaderos para poder tener flores todo el año. Ustedes creen haber hecho una cosa buena, pero, realmente, lo que hacen es devaluar las flores".[3] De forma similar, la fotografía permite la reproducción, la comodificación y la conformidad, la creación de un mundo de imagen que en su abundante florescencia puede crear un espectáculo que reemplaza la escena original, la persona, el suceso, que

children. Death is not inevitably linked to an unforgiving temporal linearity, like Columbus falling off the end of the earth. Replicas of skulls abound, both in art and daily life. (Computers abound too, but it is the skulls that attract the photographers.)

Unlike photography, "Mexico was born of the negation of modernity," as Mexican writer Octavio Paz asserted.[2] The natural, the ancient, the asynchronous, are all respected in a worldview with a well-developed indifference for modernity. The Spanish Conquest remains a traumatic reminder of the destructively synergistic possibilities of technology and human aggressiveness. The "capture" of fragmentary moments celebrated in certain kinds of photography—the "decisive moment," for example—is not as persuasive in a country that lives in equanimity with early death and pre-Columbian memories.

Photography, however, as it has been practiced in the north generally involves an assertive display of human will (capture, take, shoot, freeze, document!). Under the guise of "preserving" the natural photographers often try to control it—stop time, frame a place or person, record a moment. A machine is used to effect a quasi-objective transformation of the environment—taming, explaining, highlighting, translating, collecting, and, finally, replacing. The omnipresent photograph comes to be thought of as nearly equivalent to that which it represents, sometimes even better: "I saw you in the photograph"; "You're almost as beautiful as in your photograph."

Dick Reavis, in his book, Conversations with Moctezuma, recounts a meeting with a Mexican intellectual: " 'You Americans,' he once chided me, 'build greenhouses so that you can have flowers all year around. You think you've done a good thing, but actually, what you've done is to devalue flowers.' "[3] Similarly, photography allows for reproduction, commodification and conformity, the creation of an image world that in its efflorescent abundance can create a spectacle that supersedes the original scene, person, event that it appears to represent. Next to its image, the original comes to be thought of as woefully inadequate.

In Mexico, a society not overwhelmed by mass consumerism, there are still originals. This remains a key drawing point for both foreign and Mexican photographers who, even in an era of international infatuation with the postmodern, are unwilling to assume as their reference point the contemporary "image world." They are still intrigued by more fundamental societal forces rather than, one might contend, their calcification. Exploration in a

aparenta representar. Comparado con su imagen, el original viene a ser considerado pésimamente inadecuado.

En México, en una sociedad no dominada por el consumerismo masivo, todavía hay originales. Eso permanece siendo un punto de partida esencial tanto para los fotógrafos extranjeros cuanto mexicanos, quienes, aun en una era de apasionamiento con lo post moderno, no tienen voluntad de adoptar como su punto de referencia la "imagen mundo" contemporánea. Están todavía intrigados por fuerzas sociales más fundamentales que, podemos afirmar, su calcificación. La exploración, en un estilo generalmente documental, puede ser más atractiva cuando el sitio de la cultura no se ha determinado que esté en el aparato televisor. Las identidades personales y culturales siguen persistiendo, sin estar listas para ser negociadas por un imagen banqueable en el estilo de la superpotencia del norte.

La atracción de este intercambio de la identidad propia por su réplica no es siempre comprendida en México. Un mexicano que conocí en la capital, que había venido de una aldea exterior, guardaba en su dormitorio un retrato que había encontrado; no era el de su madre, pero la mujer se parecía bastante a ella, lo suficiente para formar un nexo y mantenerlo a la vista. La duplicación exacta no es la realidad de cada quien. En el turbión de memorias y emociones, lo esencial quizás no sea ni visible. ¿Pero se puede imaginar a una pareja en Zurich o en Seattle enviando tarjetas de navidad con fotografías que solamente se aproximan al parecido de la familia? De hecho, la reproducción quizás no sea tan relevante cuando el sujeto de una fotografía no se cree que sea tan concretizable. Aprendí esta lección de uno de mis estudiantes, un joven fotógrafo mexicano, que residía temporalmente en Nueva York. El presentó un grupo de sus imágenes de algunos de los más pedestres despliegues en los escaparates de la ciudad. En el norte, uno estaría tentado a categorizar tales imágenes como naturalezas muertas, excepto que en este caso el artista personificaba las máscaras y maniquíes como entes vivos, animados independientemente por las intenciones de su creador. Los objetos representados pudieran imaginarse como ocupando los límites cambiantes y porosos entre la vida y la muerte, donde los mismos se regodeaban pomposos, teatrales, personalizados. Intuitiva e inmediatamente, el artista había captado algo acerca de mi propia ciudad que yo no había comprendido ni visto antes. En las fotografías típicas de Nueva York, hechas por sus habitantes permanentes, aquello que se había exhibido en los escaparates, permanecían siendo una mercancía sin espíritu, una artimaña de publicidad en el contexto de una cultura enamorada de lo material, algo un poco más que un medio predecible para un fin consumerista.

En México, los objectos no se hacen fácilmente aliados de lo artificial. Helicópteros hechos de calabacines, adornos de cabeza hechos de iguanas, peces de madera coloreada, todos sugieren la primacía del mundo natural. En las iglesias mexicanas, la estatua de Jesús parece más sanguinolenta, más roja, que en las iglesias del norte; la piel

generally documentary style may be more attractive when the locus of the culture has not been determined to be in its television set. Personal and cultural identities continue to persist, not readily traded in for a bankable image in the style of the superpower to the north.

The attraction of this exchange of one's identity for its replication is not always understood in Mexico. One Mexican man I met in the capital, who had come from an outlying village, kept a picture on his bedroom wall that he had found—it was not of his mother, but the woman seemed enough like her for him to form an attachment and to keep it on display. Accurate duplication is not everyone's reality. In the wash of memories and emotions, the essential might not even be visible. But could one imagine a couple in Zurich or Seattle sending out Christmas cards with photographs that only approximate their family's appearance?

In fact, replication might not be as relevant when the subject of a photograph is not believed to be so concretizable. I learned this lesson from a student of mine, a young Mexican photographer temporarily residing in New York. He presented a group of his images of some of the more pedestrian displays in that city's shop windows. In the north one would be tempted to categorize such imagery as still lifes, except in this case he envisioned the masks and mannequins as if they were alive, animated independently of their creators' commercial intentions. The objects depicted could be imagined as occupying the porous, shifting borders between death and life, where they thrived, flamboyant, theatrical, personable. Intuitively and immediately he had grasped something about my own city that I had neither understood nor seen before. In typical photographs of New York made by its permanent inhabitants, what was displayed in the store's window generally remained a commodity without a spirit, an advertising ruse in the context of a culture enamored of the material, little more than a means to a predictable, consumerist end.

In Mexico, objects do not so easily ally themselves with the artificial. Gourd helicopters, iguana headdresses, colorful wooden fish, still suggest the primacy of the natural world. In Mexican churches the statue of Jesus seems bloodier, redder than in the churches to the north—the skin appears alive, the pain more proximate, the original agony still uncauterized. This religious sense of time seems to link present and past more intimately; in Christian churches in the countries to the north the trauma, physical and emotional, appears more abstract, more resolved.

But religious feeling, like so many other Mexican realities, does not seem to arise from only one direction, shaped

parece viva, la pena más cercana, la agonía original todavía sin cauterio. El sentido religioso del tiempo parece encadenar el presente con el pasado más íntimamente; en los países cristianos del norte, el trauma físico y emocional aparece más abstracto, más resuelto.

Pero el sentimiento religioso, como tantas otras realidades mexicanas, no parece surgir de una dirección solamente, formada por una sola tradición. Otros espíritus permanecen en otras culturas. Los arcaicos templos de piedra de las civilizaciones índigenas pre cristianas, todavía se sienten poderosamente misteriosos, animados, físicamente accesibles, espiritualmente fuertes: "ruinas" que permanecen indomables a la visión reductivista del turismo. Los vendedores de baratijas parecen minimizados por los amenazantes edificios, el sol potente y el tirón de los vientos. Contrariamente, algunos de los centros de atracciones turísticos al norte de la frontera, parques tématicos, intentan recrear el pasado dentro de un presente consumible, sin cambio, una especie de congelación plástica con su área de estacionamiento, repudiando lo sagrado con una avalancha de repeticiones.

¿Cómo se las arregla entonces un fotógrafo contemporáneo, que trabajando en fracciones de segundos por los mecanismos de su cámara, para acercarse a una cultura de repetidas lentitudes? ¿Cómo hacen los fotógrafos nacidos en culturas de concretizado materialismo para tratar con una sociedad permeada de un realismo mágico; y cómo se incluyen flexiblemente en las caprichos y las exigencias de la imaginario? ¿Qué sucede cuando "el momento decisivo" tan altamente influyente del fotógrafo frances, Henri Cartier-Bresson, definido por el mismo "como el reconocimiento de un hecho en una fracción de segundo" y los arreglos rigorosos de las formas percibidas visualmente que le da a ese hecho expresión y significado, se enfrenta al tiempo de Melquíades, el protagonista de *Cien Años de Soledad* de Gabriel García Marquez (por muchos años un residente eventual de México) quien concentró un siglo en episodios diarios de tal manera que todos coexisten en un instante?

Tal vez las ondas del tiempo creadas en el punto de choque enté los mundos diferentes sirven para ilustrarlo. En el volumen, hay numerosas fotografías que parecen entrar en esa mezcla temporal. Algunos hasta ondulan, literalmente hablando, tal vez por gracia del ensueño de un metafísico: la imagen reveberante de la muerte por John Guttman; la desconcretización brilladora de lo sólido entre aire abrillantado, por Linda Connor; la imaginería borrorosa de lo nuevo y lo viejo de Jeff Jacobson. La imagen de un joven vagando por las calles, con un reloj sobre un mostrador de emparedados sobre el cual esta escrito "Aquí Luis le de la hora", afirmando de este modo la existencia de otras perspectivas sobre el pasar de la vida. Hasta hoy un fotografía de enfoque suave hecha por Cartier-Bresson lustrosamente indistinta; de una pareja para la cual el abrazo e más *frisson* que el "reconocimiento de un hecho".[4]

by a single tradition. Other spirits linger, other cultures. Ancient stone temples of indigenous, pre-Christian civilizations still feel powerfully eerie, animated, physically accessible, spiritually forceful—"ruins" that remain untamed by tourism's reductivist vision. The trinket sellers seem dwarfed by the looming edifices, the intense sun, and wrenching winds. Conversely, some of the great tourist attractions north of the border, theme parks, attempt to reify the past into an unchanging, consumable present, a kind of plastic cyrogenics with a parking lot, repudiating the sacred in an avalanche of repetition.

How does the contemporary photographer, then, restrained to working in fractions of seconds by the mechanics of the camera, approach a culture of often lingering moments? How do photographers raised in cultures of concretized materialism deal with a society permeated with a magical realism, a more flexible inclusion of the vagaries of consciousness and the demands of the imaginary? What happens when the highly influential "decisive moment" of French photographer and Mexican visitor Henri Cartier-Bresson, defined by him as "the recognition of a fact in a fraction of a second and the rigorous arrangement of the forms visually perceived which give to that fact expression and significance," meets, for example, the time of Melquíades, the protagonist of *One Hundred Years of Solitude*, by Gabriel García Marquez (for many years a part-time resident of Mexico), who "concentrated a century of daily episodes in such a way that they coexisted in one instant."

Perhaps the ripples in time created at the point of collision between different worlds serve to illuminate. In this volume there are numerous photographs that seem to enter the temporal mix. Some even literally undulate, perfect perhaps for a metaphysicist's reverie: John Guttman's reverberating image of death. Linda Connor's deconcretization of the solid into shimmering air, Jeff Jacobson's blurred imagery of young and old. Charles Harbutt's image of a young boy wandering the streets with a clock on a sandwich board upon which it is written, "Luis here gives the time," asserts the existence of other perspectives on life's passing. There is even a rare soft-focus photograph by Cartier-Bresson, lustrously indistinct, of a couple for whom the clinch is allowed to be more *frisson* than the "recognition of a fact."

Other photographers have reacted by slowing down. For example, Abbas, a peripatetic veteran who covered the frenetic revolution in his native Iran among numerous newsworthy cataclysms, is one of many photographers

Otros fotógrafos han reaccionado demorándose. Por ejemplo: Abbas, un veterano peripatético que cubrió la frenética revolución en su nativo Irán entro otros numerosos cataclismos dignos de nota, es uno de los muchos fotógrafos representados aquí, quien han encontrado en el tiempo de la aldea mexicana algunos de los más blandas y más subestimadas metáforas de los dramas de la vida. En el caso de Abbas, su auto-iniciada relocalización le proporcionó una oportunidad de redefinirse a sí mismo, de trabajar de acuerdo a la poesía sutil de los cotidiano más bien que los íconos recurrentes del apocalipsis. Uno piensa en un modelo anterior de definición con los retratos mexicanos de Paul Strand, dignificados en su acercamiento al pueblo. Articulando una afinidad temporal con los sujetos. Como ha escrito el crítico John Berger: "Strand no busca un instante pero estimula un momento de incorporarse, del modo que uno puede incluir para que una historia sea dicha".

Significativamente, a veces una aceleración del ritmo fotográfico puede crear nuevas interpretaciones. Marilyn Bridges, usando juntas la cámara y el avión consige plasmar lo que los humanos nunca pensaron ver. Sus retratos se

KEN LIGHT / Efigie, Oficina de Inmigración sector de Chula Vista, 1987 / Mug Shot, INS Office, Chula Vista sector, 1987

represented here who found in Mexican village time some of the softer, more underestimated metaphors of life's dramas. In Abbas's case, his self-initiated relocation gave him a chance to redefine himself, to work according to the subtle poetry of the everyday rather than the recurring icons of apocalypse. One thinks of an earlier defining model, Paul Strand's Mexican portraits, dignified in their approach to people, articulating a temporal affinity to his subjects. As the critic John Berger has written, "Strand does not pursue an instant, but encourages a moment to arise as one might encourage a story to be told."[4]

Significantly, sometimes a speeding-up of the photographic rhythm can help bring new interpretations. Marilyn Bridges, using camera and airplane both, manages to depict what humans were never intended to see. Her pictures stand as giant clocks, sun dials, emanations from the earth's core, pulling the viewer back into time while recording from the perspective of its forward advance. She has recorded a scarring in the land, a history that has written itself in a language the original conquerors could not know or destroy. One feels, in this case, that one is not looking over a photographer's shoulder at the ruins far below, but from the vantage point of the gods, for whom some of the edifices were intended.

Despite the considerable pull of the country's past, their own painful awareness of the problems of city environments have led some visitors to investigate the growing urbanization of the Mexican people. Like Bridges, Mark Cohen, Charles Harbutt, and Alex Webb are among those who use the camera's fractional speed to help articulate the

destacan como relojes gigantes, relojes de sol, emanaciones del núcleo terrestre, atrayendo al observador dentro del tiempo mientras recuenta su avance de esa perspectiva. Ella ha recojido una señal en la tierra, una historia que se ha escrito a sí misma en un lenguaje que los conquistadores no supieron destruir. En este caso, uno siente que no está mirando sobre el hombro del fotógrafo las ruinas allá debajo, sino que del punto ventajos o de los dioses para los cuales el esfuerzo ha sido hecho.

A pesar de la atracción considerable del pasado nacional, su propia y dolorosa centidumbre de los problemas ambientales de la ciudad, ha llevado a algunos visitantes a investigar la creciente urbanización del pueblo mexicano. Como Bridges, Mark Cohen, Charles Harbutt y Alex Webb, se encuentra en esos que usan la velocidad fraccional de la cámara para articular la marea tartamuda y el flujo de la sociedad mexicana hacia un futuro urbanizado y anónimo. Ken Light explora un resultado doloroso de la modernizada sociedad, la subyugación y la adjetivación de los mexicanos en su intento de trabajar en los Estados Unidos sin suficiente documentación. Algunos fotógrafos en su confrontación con un México en evolución, han sido más críticos, en un postura difícil para un extranjero empático. (Los Estados Unidos nos lleva a pensar en el libro "Los Americanos" publicado en 1958, cuya crítica le ganó al autor la enemistad de virtualmente toda la publicación doméstica y que más tarde fue conocido como un clásico.) Kent Klich, un fotógrafo y psicólogo sueco que previamente había publicado un libro sobre una prostituta Danesa, ha explorado por varios años, con energía, unos de los sectores más exigentes y difíciles de la sociedad mexicana. Su retratos, tensos, perturbadoramente bellos y violentos, ahondan dentro de las vidas de un pequeño número de entre una multidud anónima de niños en la capital, otorgándole voces más fuertes. Gertrude Blom, que vino de visita en 1940 y se quedó, se encontraba al frente de esos que intentaron dibujar y preservar las vidas de gente indígena y más recientemente, ayudando a encabezar la campaña para rescatar la selva del desarollo urbano. Luego hay otros que como el talentoso foto reportero Agustín Víctor Casasola, se estuvieron allí para documentar los momentos más transcendetales de la nación: las brutales fotografías de la revolución mexicana; Robert Capa y su recorrido visual de la campaña política; Ed Van Der Elserken con el enfado de sus imágenes artístico-políticas, y otros muchos que han fotografiado a los artistas y escritores más importantes de México.

Para mucho fotógrafos contemporáneos que han estado en México, sus experiencias han sido en parte, la búsqueda filosófica, un intento de comprensión personal, o tal vez de salvación, al igual que un lugar para una visita con un universo sensual para la exploración. La futileza de control dentro de una civilización que todavía respeta lo ceremonial de fuerzas no humanas, la reticencia de tal civilización al entregar sus secretos, hace al fotógrafo atento,

stuttering ebb and flow of Mexican society toward a more urban and anonymous future. Ken Light explores an especially painful result of the modernizing society, the subjugation and objectification of Mexicans attempting to work in the United States without sufficient documentation.

Some photographers, in their confrontation with an evolving Mexico, have been more critical, a difficult stance for an empathetic foreigner. (In the United States one thinks of foreigner Robert Frank's 1958 astringent book, *The Americans*, which upon its publication earned him the enmity of virtually every domestic publication and only later was acknowledged as a classic.) Kent Klich, a Swedish photographer and psychologist who previously published a book on a Danish prostitute, has energetically explored one of the more demanding and difficult sectors of Mexican society over a period of years. His pictures, tense, disturbingly beautiful and violent, delve deeply into the lives of a small number of the anonymous multitude of street children in the capital, giving them a larger voice. Gertrude Blom, who came to visit in 1940 and stayed, was at the forefront of those who attempted to depict and preserve the lives of indigenous people and, more recently, has helped spearhead the campaign to save the jungle from development.

Then there are others who, like the gifted Mexican photojournalist Agustín Víctor Casasola, were there to document the country's more public moments—the often brutal photographs of the Mexican Revolution, Robert Capa's imagery of political campaigning, Ed van der Elsken's angry, synthetic, political-artistic imagery, the many who photographed Mexico's key writers and artists.

For many contemporary photographers who have gone to Mexico the experience seems to have been in part a philosophical inquiry, an attempt at personal understanding or even salvation, as well as a cheap place to visit with a sensual universe to explore. The futility of control within a civilization that still respects a panoply of nonhuman forces, the reticence of that civilization in giving up its secrets, help make the attentive photographer more humble, perhaps even more intuitive. Some of the photographers represented in this volume did much of their best work in Mexico, creating photographs that served as turning points in their careers. The concurrent present seems a fruitful state of being for many born into a modernist legacy.

And certainly their status as foreigners, while providing obstacles, has also allowed them to make images that

más humilde, quizás hasta más intuitivo. Algunos de los fotógrafos presentados en este libro, hicieron mucho de sus trabajos de valor en México, creando fotografías que sirvieron como puntos de partida en sus carreras. La presente concurrencia parece ser un fructífero estado de ser muchos nacidos dentro del legado modernista.

Y ciertamente, su condición de extranjeros aunque les ha creado obstáculos, también les ha permitido hacer imágenes que aclaran la sociedad mexicana en modos valiosos, tanto por analizar como por contribuir al conglomerado ya existente allí. Ellos complementan el trabajo de numerosos fotógrafos mexicanos relevantes que han surgido en las dos últimas décadas, ente ellos Pedro Meyer, Graciela Iturbide, Flor Garduño, Mariana Yamplosky, Víctor Flores Olea, Pablo Ortíz Monasterio, Eniac Martínez, todos en seguimiento del gran maestro mexicano, Manuel Alvarez Bravo, el que ha revelado con un liricismo distintivo y un abrazo imaginativo, muchos de los íconos envraizados profundamente en el país al permitir el acceso a su complejidad temporal.[5]

Las fotografías de este libro hechas por forasteros armados de sus cámaras, con conceptos erróneos y un deseo de aprender, constituyen un homenaje a la brillantez polifacética de México, a sus misterios y profundidades.[6] Ha sido un imán singular para los fotógrafos desde el comienzo de la cámara fotográfica. Este libro es también, a su manera, un saludo a esos fotógrafos de talento quienes siempre se han visto necesitados de articular su comprensión de otras culturas por medio de una salida superficial: la aparencia. Quizás como mejor se describan las fotografías reunidas aquí, es como el dibujo de una línea fronteriza entre las culturas: temporal, cultural, política y económica. Si se estudian cuidadosamente, es posible que comiencen a expresar lo que no sabemos, tanto de México como de la propia fotografía. En esta edad nuestra de la informática, ese servicio sería de una valiosa naturaleza.

1. Para una discusión atractiva y extensa del significado cultural del tiempo, véase Jeremy Rifkin, *Time Wars: The Primary Conflict in Human History* (Simon & Schuster, 1987).
2. Citado en la página 30, de *Conversations with Moctezuma, Ancient Shadows over Modern Life in Mexico* (New York: William Morrow and Company, 1990) por Dick J. Reavis.
3. *Conversations with Moctezuma, Ancient Shadows over Modern Life in Mexico* (New York: William Morrow and Company, 1990) por Dick J. Reavis.
4. Página 43 de *About Looking* (New York: Pantheon, 1980) por John Berger.

5. Los fotógrafos mexicanos que recientemente han surgido al escenario internacional (encabezando una creciente presencia de la fotografía en America Latina), han tenido una variada producción de libros y exhibiciones dedicadas a su trabajo, tanto a lo personal como en grupo. Entre los más intersantes libros se incluyen los de la serie de volúmenes de fotografía de Río de Luz, hechos por fotógrafos latinoamericanos publicados en México.
6. No puedo, sin embargo, terminar este ensayo, sin confesar mi propia contribución extranjera, a comentar la obra fotográfica de los forasteros en México, la cual, por ironía, es muy precaria, lo cual debe ser evidente para cualquier lector.

illuminate Mexican society in valuable ways, both analyzing and adding to the mix that was already there. It complements the work of numerous accomplished contemporary Mexican photographers who have emerged in the last two decades—among them, Lola Alvarez Bravo, Victor Flores Olea, Flor Garduno, Graciela Iturbide, Eniac Martinez, Pedro Meyer, Pablo Ortiz Monasterio, Mariana Yampolsky, all beholden to the great Mexican master, Manuel Alvarez Bravo—who have, with a distinctive lyricism and imaginative embrace, unveiled many of their country's deeply rooted icons while availing themselves of its temporal complexity.[5]

The photographs in this book, by foreigners armed with cameras, misconceptions, and a desire to learn, constitute an homage to Mexico's multifaceted brilliance, to its mysteries and profundities.[6] It has been a singular magnet to photographers since the medium's beginning. This volume is also, in a way, a salute to those gifted photographers who have always had to articulate their understanding of other cultures through that often superficial gateway, appearance. Perhaps it is best to describe the photographs published here as depicting a borderline between cultures—temporal, cultural, political, economic. If one reads them carefully they may even begin to articulate what we do not know, both about Mexico, and about photography. In this information age of ours, that may be the rarer service.

1. For an intriguing, extended discussion of the cultural meaning of time, see Jeremy Rifkin, *Time Wars: The Primary Conflict in Human History* (Simon & Schuster, 1987).
2. Dick J. Reavis, *Conversations with Moctezuma: Ancient Shadows over Modern Life in Mexico* (New York: William Morrow and Company, 1990), p. 30.
3. Ibid.
4. John Berger, *About Looking* (New York: Pantheon, 1980), p. 43.
5. Mexican photographers, who have only very recently emerged into the international spotlight (spearheading a growing appreciation of photography from Latin America), have had a number of books and exhibitions devoted to their work, both singly and in groups. Among the most interesting volumes are those included in the Rio de Luz series of photographic books by Latin American photographers, published in Mexico City.
6. I somehow cannot let this essay end without confessing that my own role, as a foreigner commenting on foreigners photographing Mexico, is a precarious one whose irony must be evident to every reader.

MARK COHEN
Sin título, 1991
Untitled, 1991

MARK COHEN
Sin título, Cuernavaca, 1991
Untitled, Cuernavaca, 1991

MARK COHEN
Sin título, Ciudad México, 1981
Untitled, Mexico City, 1981

MARK COHEN

Sin título, Veracruz, 1985
Untitled, Veracruz, 1985

Bottom:
Sin título, Ciudad México, 1981
Untitled, Mexico City, 1981

MARK COHEN
Sin título, Ciudad de México, 1991
Untitled, Mexico City, 1991

MARK COHEN

Untitled, Mexico City, 1991

PETER PFERSICK
Ciudad de México, 1989
Mexico City, 1989

PETER PFERSICK
Ciudad de México, 1988
Mexico City, 1988

EDOUARD BOUBAT
México, 1978
Mexico, 1978

EDOUARD BOUBAT
México, 1978
Mexico, 1978

EDOUARD BOUBAT
México, 1978
Mexico, 1978

SUMNER MATTESON
Autorretrato con serpiente, 1901
Self-portrait with snake, 1901

Biografías de los fotógrafos
Photographers' Biographies

ABBAS Iraní. Nacido en 1944, en Irán. Estudió Comunicación de Masas en Inglaterra (1964 a 1968). En 1968, hizo fotografías para el Comité de los Juegos Olímpicos en Ciudad de México; luego trabajó como fotógrafo libre en Africa para la revista Jeune Afrique, 1971–1973; viajó por Bangladesh, Biafra, Irlanda del Norte, Vietnam, y el Medio Este, para Sipa, 1973–1974; fotógrafo libre en Etiopía, 1974–1980; fotoperiodista para Gamma en Vietnam del Norte, Sri-Lanka, Pakistán, Colombia, Perú, Polonia, Líbano, Sudáfrica e Irán. En 1981 dejó Gamma y estuvo nominado para Magnum Photos. En 1983 y 1987, Abbas trabajó en México, fotografiando el país "como si estuviera escribiendo una novela". Cree que este trabajo, *Return to Mexico*, es, hasta ahora, su más importante testimonio. Desde 1987, Abbas ha estado fotografiando el resurgimiento del Islám en el mundo, interpretando el islamismo como ideología más que como religión. Ha sido expulsado de Irán por su interpretación crítica de la revolución. Reside en Paris.

Su obra aparece en: *Return to Mexico: Journeys Beyond the Mask*, con introducción de Carlos Fuentes, W. W. Norton, 1992. *Retornos a Oapan*, Colección Río y Luz, Ciudad de México; Fondo de Cultura Económica, 1986; *Irán: La Revolution Confisquée*, Paris: Editions Cletrat, 1980; *Zaire Today*, Diallo, Siradiou, Paris. Editions Jeune Afrique, 1977.

FRANCOIS AUBERT Francés. Nacido en 1829, Aubert asistió a la Ecole des Beaux Arts en Lyon, donde estudió con el pintor realista Hyppolite Flandin. En 1851, tuvo una exhibición de su trabajo en el Salon. En 1854 viajó a Ciudad México, donde conoció al de su trabajo en el Salon. En 1854 viajó a Ciudad México, donde conoció al fotógrafo Jules Amiel, de quien aprendió fotografía y a quien compró su negocio en 1864. Abrió su propio estudio en la calle 2a. Corso San Francisco, en Ciudad México. Desde 1864 a 1869, fotografió al Emperador Maximiliano y su corte; también tomó fotografías del paisaje mexicano y de acontecimientos notables en Ciudad México. En 1867, Aubert presenció el arresto y ejecución de Maximiliano y tomó una serie de fotografías de las ropas que vestía, que estaban manchadas de sangre y perforadas por los disparos durante la ejecución; también fotografió el cadáver depositado en un ataúd. Poco después Aubert dejó Méjico y trabajó como fotógrafo en Argelia. Aubert murió en Condrieu, Francia, en 1906.

ELLEN AUERBACH Americana. Nacida el 20 de mayo de 1906, en Karlsruhe, Alemania. Estudió escultura en la Kuntsakademie, desde 1924 a 1927. En 1929 se trasladó Berlin, donde su interés se cambió por el de la fotografía. Comenzó a trabajar con el profesor de Bauhaus Walter Peterhans. En 1932, abrió con Greta Stern un estudio fotográfico especializado en publicidad vanguardista. En 1933 emigró a Palestina, donde abrió un estudio. En 1936 se mudó a Londres para comenzar a trabajar con Greta Stern, pero el gobierno inglés le denegó el permiso de trabajo y la residencia en ese país. En 1937 emigró a los Estados Unidos. Residió en Filadelfia hasta 1944, trabajando para la Colección de Impresiones Lessing Rosenwald, y en 1945 se trasladó a Nueva York donde trabajó como fotógrafo libre y a destajo. En 1946 viajó por Argentina, Grecia, Mallorca, Alemania y Australia. De 1946 a 1949, trabajó para la Fundación Menninger. En 1955 viajó extensamente en México con Eliot Porter.

De 1965 a 1984, Ellen Auerbach trabajó como Terapista Educacional en el Instituto Educacional para la Enseñanza y la Investigación, en Nueva York. Reside actualmente en esa ciudad; continua viajando y trabajando.

Su obra aparece en: *Photographie & Bauhaus*, Kestner Gesselschaft, Hannover, W. Germany, 19BG. *Portfolio: 12 fotografías originales de "ringl & pit,"* Sander Gallery Editions, 1986; *Mexican Churches, Ellen Auerbach and Eliot Porter*, New Mexico University Press, 1987; *Mexican Celebrations, Ellen Auerbach and Eliot Porter*, New Mexico University Press, 1989.

ABBAS Iranian. Born 1944, in Iran. He studied mass communications in England (1964 to 1968). In 1968 he photographed for the Olympic Games Committee in Mexico City, then worked as a freelance photographer in Africa for the magazine *Jeune Afrique*. 1971–1973: he traveled to Bangladesh, Biafra, Northern Ireland, Vietnam, and the Middle East for Sipa. 1973–1974: freelance photographer in Ethiopia. 1974–1980: photojournalist for Gamma in North Vietnam, Sri-Lanka, Pakistan, Colombia, Peru, Poland, Lebanon, South Africa, and Iran. In 1981 he left Gamma and became a Magnum Photos nominee. In 1983 he became an associate member of Magnum, and in 1985 a full member. Between 1983 and 1987, Abbas traveled in Mexico, photographing the country "as if writing a novel." He believes this work, *Return to Mexico*, is his most important statement so far. Since 1987, Abbas has been photographing the resurgence of Islam in the world, interpreting Islam more as an ideology than as a religion. He has been expelled from Iran because of his critical interpretation of the revolution. He resides in Paris.

His work is included in the following publications: *Return to Mexico: Journeys Beyond the Mask*, Introduction by Carlos Fuentes, W. W. Norton, 1992; *Retornos A Oapan*, Colección Rió de Luz, Mexico City: Fondo de Cultura Económica, 1986; *Iran: La Revolution Confisquée*, Paris: Editions Cletrat, 1980; *Zaire Today*, Diallo, Siradiou, Paris, Editions Jeune Afrique, 1977.

FRANÇOIS AUBERT French. Born 1829, Aubert attended the Ecole des Beaux Arts in Lyon, where he studied under the realist painter Hippolyte Flandrin. In 1851, he had an exhibition of his work at the Salon. In 1854 he traveled to Mexico City, where he met the photographer Jules Amiel, from whom he learned photography, and whose business he bought in 1864. He opened up his own studio at 2a Corso San Francisco, Mexico City. From 1864 to 1869 he photographed the Emperor Maximilian and his court, and also took pictures of the Mexican landscape and newsworthy events in Mexico City. In 1867, Aubert witnessed Maximilian's arrest and execution and took a series of photographs of the blood-stained, bullet-ridden clothes worn by Maximilian during the execution and images of the corpse laid out in a coffin. Aubert left Mexico soon after and worked as a photographer in Algeria. Aubert died in 1906 in Condrieu, France.

ELLEN AUERBACH American. Born May 20, 1906, in Karlsruhe, Germany, she studied sculpture at the Kunstakademie from 1924 to 1927. In 1929 she moved to Berlin, where her interest shifted to photography. She began working under Bauhaus professor Walter Peterhans. In 1932, she opened with Grete Stern a photography studio, specialized in avant-garde advertising. In 1933 she emigrated to Palestine, where she opened a studio. In 1936 she moved to London to begin working with Grete Stern, but she was refused a working permit and further residence by the British government. She emigrated to the United States in 1937. Until 1944 she resided in Philadelphia, working for the Lessing Rosenwald Print Collection then in 1945 moved to New York, where she worked as a freelance photographer. In 1946 she traveled to Argentina, Greece, Majorca, Germany, and Australia. From 1946 to 1949 she worked for the Menninger Foundation. In 1955 she traveled extensively in Mexico with Eliot Porter.

From 1965 to 1984, Auerbach worked as an educational therapist at the Educational Institute for Learning and Research in New York. She still lives in New York City and continues to travel and work.

Her work is included in the following publications: *Photographie & Bauhaus*, Kestner Gesellschaft, Hannover, W. Germany, 1986. *Portfolio: 12 original photographs of "ringl & pit,"* Sander Gallery Editions, 1986; *Mexican Churches*, Ellen Auerbach and Eliot Porter, New Mexico University Press, 1987; *Mexican Celebrations*, Ellen Auerbach and Eliot Porter, New Mexico University Press, 1989.

GERTRUDE BLOM Suiza. Nacida en Berna, Suiza, en 1901. Estudió horticultura. En 1920, asistió, en Zurich, a una escuela para trabajo social. Allí se involucró con el movimiento de La Juventud Socialista, y trabajó como corresponsal de periódicos socialistas. En 1925, trabajó como periodista en Italia, hasta que fue deportada por el gobierno de Mussolini a causa de sus actividades socialistas. Después de su regreso a Suiza, Gertrude Blom reanudó su trabajo promoviendo el socialismo y en la Alemania anterior a la Segunda Guerra Mundial se le conoció como una organizadora antifascista. En 1939 viajó a Estados Unidos para organizar un congreso mundial de mujeres contra la guerra. Después de su regreso a Francia fue detenida y enviada a un centro de detención en el sur de Francia. En 1940, se le permitió emigrar a México, donde reside desde entonces. Trabajó como periodista libre a destajo, y prestó servicios al gobierno mexicano documentando las condiciones de trabajo de las mujeres en las fábricas. Aunque nunca se consideró a sí misma fotógrafa, ha trabajado la fotografía por más de 40 años. En 1943 fue enviada como fotoperiodista en una misión investigativa en las aldeas lacandonas en la frontera entre México y Guatemala. Desde entonces, G. Blom ha hecho más de setenta expediciones a las aldeas de los indios lacandones. Por medio de sus escritos y fotografías ha trabajado en favor de esos indios, para proteger su cultura original y las selvas lluviosas en las cuales viven. En 1950, se estableció en San Cristóbal de las Casas, convirtiendo su hogar, *Na Bolom*, en un centro de estudios científicos para el estado de Chiapas. Su obra aparece en: *Gertrude Blom Bearing Witness*, Alex Harris, 1991; *Heirs of the Ancient Maya*, texto por Christine Price, Scribner's, New York, 1972; *Chiapas Indígenas*, Universidad Nacional Autónoma de México, Ciudad México, 1961; *La Selva Lacandona*, 2 volúmenes, con Frans Blom, Editorial Libros de México, Ciudad México, 1955.

EDOUARD BOUBAT Francés. Nació en París, en septiembre 15 de 1923. Desde 1938 a 1942, asistió a la Ecole Etienne, en París, donde estudió imprenta, diseño y tipografía. De 1942 a 1945 trabajó en París como impresor de fotograbado. Comenzó a tomar sus primeras fotografías en 1946, trabajando como fotógrafo libre y a destajo, en París desde 1946 a 1950. Fue fotógrafo de plantilla del magazine *Réalités*, en París, de 1951 a 1968. Desde 1968 ha sido un fotógrafo libre, con base en París. Ha viajado y trabajado en Europa, la Unión Soviética, los Estados Unidos, el Oriente Medio, Asia, Sur América y México. Su primer viaje a México fue en 1978; su segundo viaje en 1980.

Sus galardones incluyen: El Premio Kodak, 1947; El Premio Octavius Hill, 1973; El Gran Premio Nacional de la Fotografía, París, 1984. El Premio de la Fundación Hasselbad, 1988.

Su obra aparece en: *La Survivance*, Mercure de France, París, 1976. *Pauses, con textos de Claude Nori*, Contrejour, París, 1983; *Lella*, Contrejour, París, 1987; *Edouard Boubat, Photopoche*, CNP, París, 1988.

HUGO BREHME Alemán. Nacido el 3 de diciembre de 1882, en Eisenach, Alemania. A los dieciséis años decidió ser fotógrafo y dejó su Eisenach natal para estudiar fotografía en Berlín. Después de completar sus estudios, dejó Alemania para viajar y fotografiar. Su primer viaje a África terminó prematuramente ya que contrajo la malaria, que lo forzó a regresar a su patria. Después de recuperar la salud, salió nuevamente, esta vez para América Central y México. En 1910, se estableció en México y abrió un estudio fotográfico: "Fotografía Artística Hugo Brehme." Brehme se especializó en paisajes pictóricos y en las imágenes de la vida diaria mexicana. En 1923, sus fotografías fueron publicadas en un libro titulado *México pintoresco*. Este trabajo, inicialmente publicado en alemán, fue posteriormente dado a la prensa en inglés y en versiones españolas. Brehme vivió en México hasta su muerte en 1954.

Sus libros incluyen: *México pintoresco*, Hugo Brehme, Editor, 1923; *México pintoresco*, Hugo Brehme, Miguel Diéguez Armas, Miguel Angel Porrúa, Grupo Editorial, México, 1990.

MARILYN BRIDGES Americana. Nacida en Nueva Jersey, el 26 de diciembre de 1948. Se educó en las escuelas Brookside School y Mahwah High School. En 1971 estudió dibujo en el Art Students League de Nueva York. En 1972, viajó a Brasil, y fue durante este año que sus fotografías fueron publicadas por primera vez. Durante 1976, comenzó a trabajar la fotografía aérea; viajó al Perú, donde hizo imágenes aéreas de los enigmáticos dibujos de la llanura de Nazca. De 1976

GERTRUDE BLOM Swiss. Born 1901, in Berne, Switzerland, she studied horticulture, then in 1920, attended a school for social work in Zurich. There she became involved with the Socialist Youth Movement, and worked as a correspondent for socialist newspapers. In 1925, she worked as a journalist in Italy, until she was deported by Mussolini's government for her socialist activities. Upon returning to Switzerland she resumed her work promoting socialism, and in pre–World War II Germany became known as an anti-fascist organizer. In 1939 she traveled to the United States to organize a women's world congress against war. Upon her return to Europe she was sent to a detention camp in the south of France. In 1940 she was allowed to emigrate to Mexico, where she has resided ever since. She became a freelance journalist, and also worked for the Mexican government documenting women's working conditions in factories. Although she never considered herself a "photographer," she has worked with photography for over forty years. In 1943, she was sent as a photojournalist on a fact-finding mission to the Lacandon villages on the border of Mexico and Guatemala. Since then, Blom has made over seventy expeditions to the Lacandon villages. She has worked through her writing and her photographs to aid the Lacandones in protecting their traditional culture and the rain forest in which they live. In 1950, she settled in San Cristobál de las Casas, making her home, *Na Bolom*, into a center for scientific studies for the state of Chiapas.

Her work is included in the following publications: *Gertrude Blom Bearing Witness*, edited by Alex Harris and Margaret Sartor. The University of North Carolina Press, Chapel Hill & London, 1991; *Heirs of the Ancient Maya*, text by Christine Price, Scribner's, New York, 1972; *Chiapas Indígenas*, Universidad Nacional Autónoma de México, Mexico City, 1961; *Le Selva Lacandona*, 2 volumes, with Frans Blom, Editorial Libros de México, Mexico City, 1955.

EDOUARD BOUBAT French. Born September 15, 1923 in Paris. From 1938 to 1942, he attended the Ecole Estienne in Paris, where he studied printing, design, and typography. From 1942 to 1945 he worked in Paris as a photogravure printer. He began taking his first photographs in 1946, and worked as a freelance photographer in Paris from 1946 to 1950. He became a staff photographer for *Réalités* magazine in Paris from 1951 to 1968. Since 1968 he has been a freelance photographer based in Paris. He has traveled and worked in Europe, the Soviet Union, the United States, the Middle East, Asia, South America, and Mexico. His first voyage to Mexico was in 1978, his second in 1980.

His awards include: Kodak Prize, 1947; Octavius Hill Prize, 1973; Grand Prix National de la Photographie, Paris, 1984; Hasselblad Foundation Prize, 1988.

His work is included in the following publications: *La Survivance*, Mercure de France, Paris, 1976; *Pauses*, text by Claude Nori, Contrejour, Paris, 1983; *Lella*, Contrejour, Paris, 1987; *Edouard Boubat*, Photopoche, CNP, Paris, 1988.

HUGO BREHME German. Born December 3, 1882, in Eisenach, Germany. At sixteen, he decided to become a photographer and left Eisenach to study photography in Berlin. After he completed his studies, he left Germany to travel and photograph. His first voyage, to Africa, was cut short when he contracted malaria, forcing him to return to Germany. After he regained his health, he left again, this time for Central America and Mexico. In 1910 he settled in Mexico City and opened a photographic studio, Fotografia Artistica Hugo Brehme. Brehme specialized in pictorialist landscapes and images of Mexican daily life. In 1923, his photographs were published in a book entitled *México Pintoresco*. This work, initially published in German, was subsequently released in English and Spanish versions. Brehme lived in Mexico until his death in 1954.

His books include: *México Pintoresco*, Hugo Brehme, 1923; *México Pintoresco*, Hugo Brehme, Miguel Diéguez Armas, Miguel Angel Porrua, Grupo Editorial, México, 1990.

MARILYN BRIDGES American. Born December 26, 1948, in New Jersey. Bridges was educated at the Brookside School and Mahwah High School. In 1971, she studied drawing at the Art Students League in New York City. In 1972, she traveled to Brazil, and it was during this year that she had her first photographs published. During 1976, she began working with aerial photography and traveled to Peru, where she made

a 1981, estudió fotografía con el Instituto de Tecnología de Rochester, obteniendo su Bachelor in Art, en 1979.

En 1979 voló a Yucatán a fotografiar las ruinas mayas y también trabajó en una serie de imágenes de Perú.

Sus galardones incluyen: *Premio Guggenheim*, 1982; CAPS, del Estado de Nueva York, 1983; Beca de National Endowment for the Arts, 1984; Premio Fullbright, 1988–.

Su obra aparece en: *Markings: Aerial Views of Sacred Landscapes* (Señales: Vistas Aéreas de Paisajes Sagrados), Aperture, Inc. Noviembre, 1986; *Planet Peru* (El Planeta Perú), Aperture, Inc. 1990.

aerial images of the Nazca earthmarkings. From 1976 to 1981 she studied photography at the Rochester Institute of Technology, and obtained her B.A. in 1979.

In 1982 she flew to the Yucatán to photograph the Mayan ruins, and then worked on a series of images of Peru.

Her awards include: Guggenheim fellowship, 1982; New York State CAPS, 1983; National Endowment for the Arts grant, 1984; Fulbright grant, 1988–89.

Her work is included in the following publications: *Markings: Aerial Views of Sacred Landscapes*, Aperture, Inc., November, 1986; *Planet Peru*, Aperture, Inc., Fall, 1990.

DÉSIRÉ CHARNAY
Yucatán, México, 1856
Yucatan, Mexico, 1856

ANTON BRUEHL Americano. Nació en Australia, el 11 de marzo de 1900. Estudió ingeniería eléctrica en la escuela Christian Brothers, de Melbourne. En 1914 comenzó a desarrollar e imprimir sus propios negativos. En 1919, emigró a los Estados Unidos, estableciéndose en la ciudad de Nueva York. Trabajó como ingeniero para la Compañía Western Electric, de esa ciudad, desde 1922 a 1924. En 1924 decidió estudiar fotografía y se matriculó en la escuela Clarence H. White of Photography. Más tarde habría de enseñar en esa misma escuela. En 1925 comenzó su carrera como fotógrafo libre. Sus trabajos se incluían en tales publicaciones como Vogue, House and Garden, y Vanity Fair. Desde 1927 hasta 1966, Bruehl y su hermano Martin, han sido propietarios de un estudio en Nueva York. Durante este tiempo, Bruehl también trabajo para las ediciones de Condé Nast, donde estuvo a cargo del departamento de fotos a color. En 1933 viajó a México, donde fotografió el pueblo y la tierra. En 1970 se desplazó hacia la Florida y se retiró de la fotografía. Bruehl falleció en San Francisco en 1982.

Sus galardones incluyen: Premio Harvard, 1929, 1931; Best Book del American Institute of Graphic Art, 1933.

Su obra aparece en: Photographs of Mexico, Delphic Studios, New

ANTON BRUEHL American. Born March 11, 1900, in Australia, he studied electrical engineering at the Christian Brother's School in Melbourne. In 1914, he began to develop and print his own negatives. In 1919, he emigrated to the United States, and settled in New York City. He worked as an engineer for the Western Electric Company in New York, from 1922 to 1924. In 1924, he decided to study photography, and enrolled at the Clarence H. White School of Photography. He was later to teach at this school. In 1925 he began a career as a freelance photographer, and his work was included in such publications as *Vogue, House and Garden*, and *Vanity Fair*. From 1927 to 1966, Bruehl and his brother Martin owned a photographic studio in New York. During that time Bruehl also worked for Condé Nast, where he was in charge of the color photography department. In 1933, he traveled to Mexico, where he photographed the people and land. In 1970, he moved to Florida, and retired from photography. Bruehl died in San Francisco in 1982.

His awards include: Harvard Award, 1929, 1931; Best Book from the American Institute of Graphic Art, 1933.

His work is included in the following publications: *Photographs of Mexico*, Delphic Studios, New York, 1933; *Color Sells*, Fernand Bourges, New York, 1935; *Tropic Patterns*, Dukane Press, Hollywood, 1970.

HARRY CALLAHAN American. Born on October 22, 1912 in Detroit, Michigan. He studied engineering at Michigan State College, graduating in 1933. He then went to work at Chrysler Motor Parts Corporation until 1943. He started photography in 1938. In 1946 he began teaching photography at the Institute of Design, Illinois Institute of Technology, Chicago. From 1961 to 1973 he was a professor in and director of the photography department of the Rhode Island School of Design. He took his first trip to Mexico in 1963, and since then has returned there frequently. He currently resides in Georgia.

His awards include: Governor's Award for Excellence in the Arts, Rhode Island, 1969; Guggenheim Fellowship, 1972; Photographer and Educator Award from the Society for Photographic Education, 1976; Brandeis Award, Brandeis University, 1985.

His work is included in the following publications: *The Multiple Image: Photographs by Harry Callahan*, Institute of Design Press, Illinois Institute of Technology, Chicago, 1961; *Photographs: Harry Callahan*, Hugo Weber, Van Riper & Thompson, Inc., Santa Barbara, 1964; *Harry Callahan: 1941–1980*, Robert Two and Ricker Winsor, eds., Matrix Publications, Providence, 1980; *Eleanor: Photographs by Harry Callahan*, Friends of Photography, Carmel, California, 1984; *Harry Callahan: New Color, Photographs 1978–1987*, University of New Mexico Press, Albuquerque, 1990.

CORNELL CAPA American. Born Kornel Friedman on April 10, 1918, in Budapest, Hungary. He attended the Imre Madacs Gymnasium in Budapest from 1928 to 1936. In 1936 he moved to Paris, working as a photographic printer for his brother Robert. In 1937 he emigrated to the United States and began working for the Pix agency in New York. At this time he adopted the name of Capa. From 1937 to 1941 he worked as a photographic printer for *Life* magazine. During the war, from 1941 to 1945, Capa served in a photo-intelligence unit in the U.S. Air Force. After the war he worked as a staff photographer for *Life* magazine until 1954, and then as a contributing photographer until 1964. He became a member of Magnum in 1954, and was its president from 1956 to 1959. In 1958, he founded the Robert Capa / David Seymour Photographic Foundation, and from 1966 to 1974 he was cofounder and director of the Werner Bishof, Robert Capa, and David Seymour Memorial Fund in

York, 1933; *Color Sells*, Fernand Bourges, New York, 1935. *Tropic Patterns*, Dukane Press, Hollywood, 1970.

HARRY CALAHAN Americano. Nació en Detroit, Michigan, el 22 de octubre de 1912. Estudió ingeniería en el Michigan State College, graduándose en 1933. Entonces comenzó a trabajar con la Chrysler Motor Parts Corporation, hasta 1943. Comenzó la fotografía en 1938. En 1946, empezó a enseñar fotografía en el Institute of Design del Illinois Institute of Technology de Chicago. Desde 1961 hasta 1973 fue profesor y director del departamento fotográfico de Rhode Island School of Design. Hizo su primer viaje a México en 1963, y desde entonces ha regresado frecuentemente. Actualmente reside en el estado de Georgia.

Sus premios incluyen: Governor's Award for Excellence in the Arts, Rhode Island, 1969; Guggenheim Fellowship, 1972; Photographer and Educator Award de la Society for Photographic Education, 1976; Premio Brandeis, Brandeis University, 1985.

CORNELL CAPA Americano. Nació el 10 de abril de 1918, en Budapest, Hungría, con el nombre de Kornel Friedman. Asistió al Imre Madacs Gymnasium, en Budapest, desde 1928 hasta 1936. En 1936, se trasladó a París, trabajando como impresor fotográfico para su hermano Robert. En 1937, emigró o Estados Unidos y comenzó a laborar para la agencia PIX de Nueva York. En esta época adoptó el nombre de Capa. Desde 1937 al 1941, trabajó como impresor fotográfico para el magazine *Life*. Durante la guerra, de 1941 a 1945, Capa sirvió en la unidad de Foto Inteligencia de la Fuerza Aérea de EE.UU. Después de la guerra fue miembro del staff de la revista *Life*, hasta 1954, y luego fue su colaborador fotográfico hasta 1964. Fue miembro de *Magnum* en 1954 y su presidente, de 1956 a 1959. En 1958 estableció la Fundación Fotográfica Robert Capa/David Seymour; desde 1966 a 1974, fue co-fundador y director del Werner Bishop, Robert Capa, y David Seymour Memorial Fund, en Nueva York. En 1974 fundó el International Center for Photography, siendo su director ejecutivo, posición que aún mantiene.

Sus galardones incluyen: Overseas Press Award, 1956; Honor Award de la American Society of Magazine Photographers, 1975; Award of Honor del Alcalde, Ciudad de Nueva York, 1978. Su obra aparece en: *Retarded Children Can Be Helped*, con Maya Pines, Channel Press, Inc. New York, 1957; *The Emergent Decade: Latin American Painters and Painting in the 1960s*, con Thomas Messer, New York, 1966; *The Concerned Photographer*, 2 volúmenes, New York, 1969, 1972.

ROBERT CAPA Americano. Nacido en Budapest, Hungría, el 22 de octubre de 1913, con el nombre de André Friedman. Estudió ciencia política en la Universidad de Berlín en 1923 hasta 1931. Comenzó a tomar fotografías en 1930. En 1931 trabajaba como asistente de cuarto oscuro para Ullstein Enterprises, en Berlín. De 1932 a 1933 fue asistente fotográfico para Delphotos. En 1933 dejó Berlín y se trasladó a París, donde adoptó el nombre de Robert Capa, trabajando como fotógrafo y periodista libre desde 1933 a 1939. En 1936 viajó a España para fotografiar la guerra civil. En 1938 viajó a China donde fotografió la invasión japonesa. En 1939, emigró a los Estados Unidos, y trabajó como fotógrafo a destajo, en Nueva York. En 1940 fue enviado a México por la revista *Life*, para cubrir las elecciones en ese país. En 1941 fue corresponsal de guerra para la revista *Life* y para el ejército de EE.UU. en Europa. En 1947 fue co-fundador de Magnum, siendo su presidente desde 1948 hasta 1954. Trabajando en Indochina, como corresponsal de guerra para *Life*, encontró la muerte el 25 de mayo de 1954.

Sus premios incluyen: Estados Unidos: Medalla de la Libertad, 1947; Cruz de Guerra con Palma, de Francia, 1954; Premio George Polk Memorial, 1954. La revista *Life* y el Club de Prensa de Ultramar establecieron el Premio Robert Capa, Medalla de Oro, en 1955, que sido concedido anualmente desde esa fecha.

Su obra aparece en: *Death in the Making*, con Gerda Taro y prefacio de Jay Allen, arreglos de André Kertész, New York, 1938. *Slightly out of Focus*, New York, 1947. *Robert Capa: War Photographs*, con una introducción de John Steinbeck, Washington, D.C., 1960; *Robert Capa: Photographs*, redactado por Richard Whelan y Cornell Capa, Alfred A. Knopf, New York, 1985.

HENRI CARTIER-BRESSON Francés. Nacido en Chanteloup, Francia, el 22 de agosto de 1908. Estudió pintura con André

New York. In 1974 he founded and became executive director of the International Center for Photography in New York, a position he still holds today.

His awards include: Overseas Press Club Award, 1956; Honor Award from the American Society of Magazine Photographers, 1975; Award of Honor from the Mayor of the City of New York in 1978.

His work is included in the following publications: *Retarded Children Can Be Helped*, with Maya Pines, Channel Press Inc., New York, 1957; *The Emergent Decade: Latin American Painters and Painting in the 1960s*, with Thomas Messer, New York, 1966; *The Concerned Photographer*, 2 volumes, New York, 1969, 1972.

ROBERT CAPA American. Born André Friedman on October 22, 1913, in Budapest, Hungary. He studied political science at the Berlin University from 1923 to 1931. He began taking photographs in 1930. In 1931 he worked as a darkroom assistant for Ullstein Enterprises in Berlin. From 1932–1933 he was photographic assistant for *Delphotos*. In 1933 he left Berlin for Paris where he adopted the name Robert Capa and worked as a freelance photojournalist from 1933 to 1939. In 1936 he traveled to Spain to photograph the civil war. In 1938 he traveled to China, where he photographed the invasion by the Japanese. In 1939 he emigrated to the United States and worked as a freelance photographer in New York. In 1940 he was sent to Mexico to cover the upcoming elections for *Life* magazine. In 1941 he became a war correspondent for *Life* and the United States Army in Europe. In 1947 he co-founded Magnum, and was president from 1948 until 1954. He was working as a war correspondent for *Life* in Indochina when he was killed on May 25, 1954.

His awards include: United States Medal of Freedom, 1947; French Croix de Guerre with Palm, 1954; George Polk Memorial Award, 1954. *Life* magazine and the Overseas Press Club established the Robert Capa Gold Medal Award in 1955, which has been awarded annually since that date.

His work is included in the following publications: *Death in the Making*, with Gerda Taro, preface by Jay Allen, arrangement by André Kertész, New York, 1938; *Slightly Out of Focus*, New York, 1947; *Robert Capa: War Photographs*, introduction by John Steinbeck, Washington, D.C., 1960; *Robert Capa: Photographs*, edited by Richard Whelan and Cornell Capa, Alfred A. Knopf, New York, 1985.

HENRI CARTIER-BRESSON French. Born on August 22, 1908, in Chanteloup, France. He studied painting in Paris with André Lhote from 1927 to 1928. He then attended Cambridge University, where he studied painting and literature for two years. In 1931 he began his career as a photographer. In 1934 he spent a year on an ethnographic expedition to Mexico. In 1935 he worked as a freelance photographer in New York and studied filmmaking with Paul Strand. In 1936 he worked as an assistant director to filmmaker Jean Renoir. In 1937 he worked independently on a documentary film in Spain. In 1940 he was taken prisoner-of-war in Württemburg, Germany. He managed to escape in 1943 and began working for the French underground photographic units. Since 1945 he has worked as a freelance photographer based in Paris. In 1946 he co-founded Magnum with Robert Capa, David Seymour, and George Rodger. He has traveled and worked in India, Pakistan, China, Japan, Southeast Asia, the Soviet Union, Cuba, and Canada. He returned to Mexico in 1960. Since the mid-1970s he has devoted most of his time to drawing.

His awards include: Overseas Press Club Award in 1948, 1954, 1960; Prize of the Société Française de Photographie in 1957; Honorary Doctorate of Letters from Oxford University in 1975.

His work is included in the following publications: *The Photographs of Henri Cartier-Bresson*, texts by Lincoln Kirstein and Beaumont Newhall, The Museum of Modern Art, New York, 1947; *Images á la sauvette*, Editions Verve, Paris, 1952 (American edition: *The Decisive Moment*, Simon & Schuster, New York, 1952); *Les Européens*, Editions Verve, Paris, 1955; *Henri Cartier-Bresson: The Early Work*, Peter Galassi, The Museum of Modern Art, New York, 1987; *Trait pour trait: Les dessins d'Henri Cartier-Bresson*, introduction by Jean Clair, avant-propos by John Russell, Arthaud, Paris, 1989 (American edition: *Line by Line*, Thames & Hudson, London, 1989).

Lohte, desde 1927 a 1928. Luego asistió a la universidad de Cambridge, donde por dos años estudió pintura y literatura. En 1931 comenzó su carrera como fotógrafo. En 1934 permaneció un año con una expedición etnográfica a Méjico. En 1935 trabajó como fotógrafo libre en Nueva York y estudió fabricación fílmica con Paul Strand. En 1936 fue director asistente del cineasta Jean Renoir. En 1937 laboró independientemente en un filme documental en España.

En 1940 fue hecho prisionero de guerra en Wurtemburg, Alemania. Consiguió escapar en 1943, comenzando a trabajar para las unidades fotográficas del clandestinaje francés. Desde 1945 su trabajo ha sido libre, teniendo su base en París. En 1946 fue co-fundador de Magnum, con Robert Capa, David Seymour y George Rodger. Ha viajado y trabajado en India, Pakistán, China, Japón, Sudeste de Asia, la Unión Soviética, Cuba y Canadá. Regresó México en 1960. Desde mediados de 1970 ha dedicado la mayor parte de su tiempo al dibujo.

Sus premios incluyen: The Overseas Press Club Award, en 1948, 1954, y 1960. Premio de la Société Francaise de Photographie, 1957; y el título honorífico de Doctor en Letras de la universidad de Oxford, en 1975.

Su obra aparece en: The Photographs of Henri Cartier Bresson, con textos de Lincoln Kirstein y Beaumont Newhall, The Museum of Modern Art, New York, 1947. Images a la sauvette, Editions Verve, Paris, 1952 (Edición americana: The Decisive Moment, Simon and Schuster, New York, 1952). Les Européens, Editions Verve, Paris, 1955. Henri Cartier-Bresson: The Early Work, por Peter Galassi, The Museum of Modern Arts, New York, 1987. Trait pour trait: Les dessins d'Henri Cartier Bresson, con introducción de Jean Clair, avantpropos por John Russell, Arthaud, Paris, 1989 (Edicion americana: Line by Line, Thames & Hudson, London, 1989.

DÉSIRÉ CHARNAY Francés. Nacido en Fleurieux, Francia en 1828. En 1857, Charnay comenzó un largo viaje a Norteamérica y de allí a México. En México fotografió el terremoto del 15 de diciembre de 1858, y al año siguiente se embarcó hacia Yucatán para fotografía las ruinas mayas. A finales de 1859, abandonó México, regresando primero a Estados Unidos, y luego a Europa. Publicó su primer trabajo sobre Mexico en 1862. En 1864 regresó a México con los soldados franceses enviados a proteger al emperador Maximiliano. A la cáida del gobierno de Maximiliano, Charnay fue forzado a salir del páis. En ese tiempo viajó y fotografió en América del Sur, Canadá, Australia y Java. En 1880, fue enviado a México por el gobierno francés y por un negociante americano, a realizar trabajos arqueológicos. Durante esta expedición realizó importantes descubrimientos arqueológicos, cuyos resultados fueron publicados en 1885. Charnay fue hecho miembro de La Legión de Honor, como oficial, en 1888. Vivió la mayor parte de su vida en París, donde falleció en 1915.

Su obra aparece en: Cités et Ruines Americaines: Mitla, Palenque, Izamal, Chichén Itzá, Uxmal. Textos por Villet-Le-duc, Gide y A. Nivel & Cie. Paris, 1862. Le Mexique et ses Monuments Anciens, Emile Bonconneau, Paris, 1864. Les anciennes villes du Nouveau Monde, Hachette et Cie, Paris, 1885.

MARC COHEN Americano. Nació Wilkes-Barre, Pennsylvania, el 24 de agosto de 1943. Asistió a la universidad de Pennsylvania State, de 1961 a 1963; al Wilkes College desde 1963 a 1965. Abrió un estudio fotográfico comercial en Wilkes-Barre en 1967. De 1973 a 1977, enseñó fotografía en King's College, Wilkes-Barre. Desde 1979, ha sido profesor de fotografía en la Rhode Island School of Design, la Cooper Union, en Nueva York, la Corcoran School of Art, en Washington, D.C., y la New School for Social Research en Nueva York.

Su obra aparece en: Five Minutes in Mexico, Exhibition Catalogue, Marvin Heiferman, 1989. Counterparts and affinities, Weston Naef, Exhibition Catalogue, the Metropolitan Museum of Arts, New York City, 1981. Mirrors and Windows: American Photography since 1960; John Szarkowski, Exhibition Catalogue, the Museum of Modern Art, New York City, 1978.

LINDA CONNOR Americana. Nacida el 18 de noviembre de 1944, en la ciudad de Nueva York. Asistió a Rhode Island School of Design, en Providence, de 1962 a 1966, donde estudió fotografía con Harry Callahan. Obtuvo su B.FA. en 1967, yendo después al Illinois

DÉSIRÉ CHARNAY French. Born 1828, in Fleurieux, France. In 1857, Charnay began a long voyage to North America and from there left for Mexico. In Mexico, he photographed the earthquake of December 15, 1858, and the following year he sailed to the Yucatán to photograph the Mayan ruins. At the end of 1859 he left Mexico, returning first to the United States, and then to Europe. He published his first work on Mexico in 1862. In 1864, he returned to Mexico with the French soldiers sent to protect the Emperor Maximilian. When Maximilian's government was overthrown Charnay was forced to leave. At that time he traveled and photographed in South America, Canada, Australia, and Java. In 1880, he was sent back to Mexico by the French government and an American businessman to do archaeological work. During this expedition he made some important archaeological discoveries, the results of which were published in 1885. Charnay was made an officer of the Legion of Honor in 1888. He lived the latter part of his life in Paris, where he died in 1915.

His work is included in the following publications: Cités et Ruines Américaines: Mitla, Palenqué, Izamal, Chitzen-Itza, Uxmal, text by Viollet-Le-Duc, Gide and A. Nivel & Cie., Paris, 1862; Le Mexique et ses Monuments Anciens, Emile Bonconneau, Paris, 1864; Les anciennes villes du Nouveau monde, Hachette et Cie, Paris, 1885.

MARK COHEN American. Born August 24, 1943, in Wilkes-Barre, Pennsylvania. Cohen attended Pennsylvania State University from 1961 to 1963 and Wilkes College from 1963 to 1965. He opened a commercial photography studio in Wilkes-Barre in 1967. From 1973 to 1977 he taught photography at King's College, Wilkes-Barre. Since 1979 he has been a photography instructor at the Rhode Island School of Design, the Cooper Union in New York, the Corcoran School of Art in Washington, D.C., and the New School for Social Research in New York.

His awards include: Guggenheim Fellowships, 1971 and 1976; National Endowment for the Arts grant, 1975.

His work is included in the following publications: Five Minutes in Mexico, exhibition catalogue, Marvin Heiferman, 1989; Counterparts and Affinities, Weston Naef, exhibition catalogue, The Metropolitan Museum of Art, New York City, 1981; Mirrors and Windows: American Photography since 1960, John Szarkowski, exhibition catalogue, The Museum of Modern Art, New York City, 1978.

LINDA CONNOR American. Born November 18, 1944 in New York City. She attended the Rhode Island School of Design in Providence from 1962 to 1966 where she studied photography under Harry Callahan. She obtained her B.F.A. in 1967, then went on to the Institute of Design, Illinois Institute of Technology, Chicago, from 1966 to 1969, and obtained her M.S. degree in photography in 1969. She has worked as a freelance photographer since 1966, and has been an instructor at the San Francisco Art Institute since 1969.

Connor went to Mexico in 1976 and spent three weeks photographing in the Yucatán and in the area near Guyamas on the Gulf of Baja. In 1989 she returned to Mexico, this time to Baja California, photographing while taking a ten-day mule trip across the terrain.

Her awards include: Charles Pratt Memorial Award, 1988; National Endowment for the Arts, Individual Grant, 1976, 1988; U.I.C.A. Faculty Grant, California, 1973; AT&T Photography Project Grant, 1978; Guggenheim Fellowship, 1979.

Her work is included in the following publications: Solos, Millerton, New York, 1979; Linda Connor, exhibition catalogue, Corcoran Gallery of Art, Washington, D.C., 1982; Spiral Journey, introduction by Denise Miller-Clark, essay by Rebecca Solnik, Museum of Contemporary Photography, Columbia College, Chicago, Illinois, 1990; Women in Photography, Constance Sullivan, ed., Abrams, New York, 1990.

LAURA GILPIN American. Born April 22, 1891, in Colorado Springs. She was educated at the Baldwin School, Bryn Mawr, Pennsylvania and the Rosemary Hall School, Greenwich, Connecticut. From 1916 to 1918, she attended the Clarence H. White School of Photography in New York, where she studied under Clarence White and Max Weber, then did graduate studies in photogravure with Anton Bruehl. In 1922 she studied art and architecture while traveling in Europe. She became a photography instructor and taught at the Chappell School of Art, in

Institute of Technology, en Chicago, de 1966 a 1969, alcanzando su M.S. en fotografía en 1969. Ha trabajado como fotógrafo libre desde 1966 y ha sido profesora del San Francisco Art Institute, desde 1969. Linda Connor fue a México en 1976 y estuvo tres semanas tomando fotografías en Yucatán y en el área cercana a Guyamas en el Golfo de Baja. En 1989 regresó a México, esta vez a Baja, California, fotografiando durante un viaje en mula que le tomó diez días, en aquel territorio. Sus premios incluyen: el premio Charles Pratt Memorial, 1988; una donación individual del National Endowment 1976 y 1988; U.I.C.A. Faculty Grant, California, 1973; Donación de AT&T Photography Project, 1978; y una beca Guggenheim en 1979.

Su obra aparece en: *Solos*, Millerton, New York, 1979. *Linda Connor Exhibition Catalogue*, Corcoran Gallery of Art, Washington, D.C. 1982; *Spiral Journey*, con introducción de Denise Miller-Clark, ensayo de Rebecca Solnik, Museum of Contemporary Photography, Columbia College, Chicago, Illinois, 1990. *Women in Photography*, Constance Sullivan, redactor, Abrams, New York, 1990.

LAURA GILPIN Americana. Nacida el 22 de abril de 1891, en Colorado Springs; educada en el Baldwin School, Bryn Mawr, Pennsylvania y Rosemary Hall School, Greenwich, Connecticut. De 1916 a 1918, asistió la escuela de fotografía de Clarence H. White, en Nueva York, donde estudió con Clarence White y Max Weber, y luego hizo estudios de fotograbados con Anton Bruehl. En 1922 estudió arte y arquitectura mientras viajaba por Europa. Fue profesora de fotografía del Chappell School of Art en Denver y del Colorado Springs Fine Art Center; dejó de enseñar para convertirse en fotógrafo de la Central City Opera House Association, en 1933. En 1940 regresó a su puesto profesoral con el Colorado Springs Fine Arts Center. Durante la Segunda Guerra Mundial Laura Gilpin, trabajó como jefe de fotografía del departamento de relaciones públicas de Boeing Airplane Company. Después del término de la guerra, viajó a Yucatán, en México, publicando más tarde un libro sobre su trabajo allí. Ese año, un poco más tarde, se mudó a Santa Fe, donde comenzó su trabajo de fotografía con los indios del suroeste, y de 1946 hasta 1968, estudió los indios navéjos. De 1969 a 1978, trabajó en el proyecto fotográfico del Cañón de Chelley. Laura Gilpin falleció el 30 de noviembre de 1979, en Santa Fe.

Sus premios incluyen: Beca Guggenheim, 1975; Merit Award, Photographic Society of America, 1947; Miembro Honorario as Perpetuidad del Claustro, de la School of American Research, 1967.

Su obra aparece en: *Temples in Yucatan*, Hasting House, New York, 1947. *The Rio Grande*, Duell, Sloan & Pierce, New York, 1949. *The Enduring Navajo*, University of Texas, Austin, 1968. *A Taos Mosaic*, University of New Mexico, 1973.

JOHN GUTMAN Americano. Nacido el 28 de mayo de 1905 en Breslau, Alemania. Gutmann estudió arte con Otto Mueller, en la Academia de Arte de Breslau, recibiendo sus grados en 1927. Ese año se mudó a Berlín, donde continuó sus estudios, obteniendo maestría en 1928. De 1929 a 1932, hizo estudios de post graduación y comenzó a dar clases en varias instituciones en Berlín. En 1933 comenzó a fotografiar, y se empleó como fotoperiodista con Presse-Foto Agency. Más tarde, ese mismo año, emigró a Estados Unidos. En 1934 se estableció en San Francisco; se hizo miembro del Camera Club, donde podía usar la conveniencia del cuarto oscuro. En 1936, comenzó a impartir clases parciales en el San Francisco State College. Comenzó a trabajar para la agencia PIX en Nueva York, desde 1937 hasta 1962. Sus trabajos aparecieron en las siguientes publicaciones; *The Saturday Evening Post*; *Life*, *Time*, *Look*, *Picture Post*; *National Geographic*; *Pictorial Press*; *Coronet*; *Asia*; y *U.S. Camera Annuals*. En 1938 fue nombrado profesor asociado de arte del San Francisco State. Durante la guerra sirvió como fotógrafo de retratos y de películas con el Cuerpo de Señales de Los E.E.U.U. De 1943 a 1945, hizo servicios en Indochina, trabajando para la oficina de información de Guerra y con el Equipo de Picología de Guerra. Después de su servicio militar Gutmann retornó a su profesorado con San Francisco State, donde estableció un programa de fotografía creativa. Alcanzó su Catedra en 1955 y fue nombrado Profesor Emeritus en 1973. Además de sus fotografías Gutmann ha hecho varias series de filmes documentales. En 1950 hizo su primer viaje a México, regresando en 1960.

Sus galardones incluyen: beca Guggenheim, 1977; Distinguished

Denver and at the Colorado Springs Fine Arts Center. She left teaching to become the staff photographer for the Central City Opera House Association in 1933. In 1940 she resumed her teaching post at Colorado Springs Fine Arts Center. During World War II, Gilpin worked as the chief photographer in the public relations department of Boeing Airplane Company. After the war ended she traveled to the Yucatán in Mexico, and subsequently published a book on her work there. Later that year she moved to Santa Fe where she began her photographic work on the Southwest Indians, and from 1946 until 1968 she studied the Navajo Indians. From 1969 to 1978 she worked on the Cañon de Chelley photographic project. Gilpin died on November 30, 1979, in Santa Fe.

Her awards include: Guggenheim Fellowship, 1975; Merit Award, Photographic Society of America, 1947; Honorary Life Member of the Board, School of American Research, 1967.

Her work is included in the following publications: *Temples in Yucatán*, Hasting House, New York, 1947; *The Rio Grande*, Duell, Sloan & Pierce, New York, 1949; *The Enduring Navajo*, University of Texas, Austin, 1968; *A Taos Mosaic*, University of New Mexico, Albuquerque, 1973.

JOHN GUTMANN American. Born May 28, 1905, in Breslau, Germany. Gutmann studied art under Otto Mueller at the Art Academy in Breslau and received his B.A. in 1927. In 1927 he moved to Berlin, where he continued his studies and obtained his M.A. in 1928. From 1929 to 1932 he did postgraduate studies and began teaching art classes at various institutions in Berlin. In 1933, he began to photograph and signed as a photojournalist with the Presse-Foto Agency. Later this same year he emigrated to the United States. In 1934, he settled in San Francisco and became a member of the Camera Club. In 1936 he began teaching part-time at San Francisco State College. He began working for the PIX agency in New York, to which he belonged from 1937 to 1962. He had his work published in *The Saturday Evening Post*, *Life*, *Time*, *Look*, *Picture Post*, *National Geographic*, *Pictorial Press*, *Coronet*, *Asia*, and *U.S. Camera Annuals*. In 1938 he was made associate professor of Art at San Francisco State. During the war he served as a still and motion picture cameraman with the U.S. Army Signal Corps. From 1943 to 1945 he served overseas in Indochina, working for the United States Office of War Information with the Psychological Warfare Team. After his military service Gutmann returned to teaching at San Francisco State where he established a creative photography program. He was made a professor in 1955, and a professor emeritus in 1973. In addition to his still photography he has made a series of documentary films. In 1950 he made his first voyage to Mexico, returning in 1960.

His awards include: Guggenheim Fellowship, 1977; Distinguished Teaching Award, California State Colleges, 1968.

His work is included in the following publications: 99 *Fotografias: John Gutmann*, *America 1934-1954*, essay by Marvin Heiferman, Barcelona: Fundacio Caixa de Pensions, 1989; *as I saw it: Photographs by John Gutmann*.

CHARLES HARBUTT American. Born July 29, 1935, in Camden, New Jersey. Harbutt studied journalism at Marquette University in Milwaukee, receiving his B.A. in 1956. He worked for *Jubilee* magazine as an associate editor and photographer until 1959. At that time he became a freelance photographer, and his work appeared in *Life*, *Look*, *Paris Match*, *Stern*, *Epoca*, *Newsweek*, *Fortune*, *National Geographic*, and the London *Sunday Times*. He joined Magnum Photos as an associate member in 1963, and became a full member in 1964. In 1970 he was elected president of Magnum and retained the office until 1972. He held the position of president again from 1976 to 1978. From 1968 to 1970 he served as a photographic consultant to the New York City Planning Commission. He has been a visiting artist at the Art Institute of Chicago in 1975, the Rhode Island School of Design in 1976, and the Massachusetts Institute of Technology in 1978. He was a founding member of Archive Pictures Inc., where he worked from 1981 to 1989. He received a Creative Artists Service grant from New York City in 1972.

Harbutt took his first trip to Mexico in 1976 and has returned annually ever since.

His work is included in the following publications: *Progreso*, Archive Pictures, New York, 1987, and Navarin Editeur, Paris, 1986; *Travelog*, MIT Press, 1974 (Arles award: Best photographic book of 1974); *America in Crisis*, Holt, Rinehart & Winston, New York, 1969.

CHARLES HARBUTT Americano. Nacido el 29 de julio de 1935, en Camden, New Jersey. Harbutt estudió periodismo en la universidad de Marquette, em Milwaukee, recibiendo su B.A. en 1956. Trabajó para la revista *Jubilee*, como editor asociado y fotógrafo hasta 1959. En esa fecha se hizo fotógrafo libre y sus trabajos aparecieron en las siguientes publicaciones: *Life, Look, Paris Match, Stern, Epoca, Newsweek, Fortune, National Geographic* y *London Sunday Times*. Se unió a Magnum Photos como miembro asociado, en 1963, llegando a miembro completo en 1964. En 1970 fue elegido presidente de Magnum cargo que mantuvo hasta 1972. Volvió a ser presidente de 1976 a 1978. De 1968 a 1970, sirvió como consultor fotográfico de la Comisión de Planificación de la Ciudad de Nueva York. Ha sido artista visitador de Instituto de Arte de Chicago, en 1975; en 1976, de la Escuela de Diseño de Rhode Island; de Instituto de Tecnología de Massachussetts, en 1978. Fue miembro fundador de Archives Pictures Inc, donde trabajó desde 1981 a 1989. En 1972 recibió donación del Creative Artists Service de la Ciudad de Nueva York.

Harbutt hizo su primer viaje a México en 1976 y ha regresado anualmente desde entonces.

Su obra aparece en: *Progreso, Archive Pictures*, New York, 1987, y Navarin Editeur, Paris, 1986. *Travelog*, MIT Press, 1974 (Premio Arles: Por mejor libro fotográfico de 1974? *America in Crisis*, Holt, Rinehart & Winston, New York, 1969.

FRITZ HENLE Americano. Nacido el 9 de junio de 1909, en Dortmund, Alemania. Autodidacta en fotografía desde edad temprana, Henle construyó un cuarto oscuro en el sótano de la residencia de su familia en Dortmund. En 1929 estudió en la universidad de Heidelberg, y luego en la de Munich. De 1930 a 1932, trabajó con el historiador de arte Clarence Kennedy, fotografiando las esculturas del renacimiento, en Florencia. De 1934 a 1936 se empleó como fotógrafo publicitario. Después de su emigración a los Estados Unidos en 1936, trabajó como fotógrafo contratista para la revista *Life*, de 1937 a 1941. En 1942 se naturalizó como ciudadano de Estados Unidos, y de 1942 a 1945, fue empleado como fotógrafo por la oficina de Información de Guerra, en Washington, D.C. De 1945 a 1952, fue fotógrafo de *Harper's Bazaar*, y de 1952 a 1959, fue fotógrafo para City Oil Service, en Nueva York. Desde 1960 ha trabajado como fotógrafo libre. Es fundador, miembro y fideicomisario de American Society of Magazine Publishers. Sus premios incluyen: Donación Fairleigh Dickinson, 1979–80; National Endowment for the Arts, Donación, 1980; Donación Henry Reichold, 1983.

Su obra aparece en: *Mexico*, Chicago, 1945. *Paris*, con textos de Norman Wright, New York, 1948; *Fritz Henle's Rollei*, con textos de Vivienne Winterry, 1950. *Casals*, con textos de Pablo y Marta Casals, New York, 1975. *Fritz Henle*, con prefacio de Allan Porter, New York, 1975.

WALTER HORNE Americano, nacido en Hallowell, Maine, en 1883. Ansioso de salir del pequeño pueblo en el cual creció, Horne se trasladó a Nueva York, en 1905. Estaba trabajando en el distrito financiero cuando contrajo la tuberculosis. Debido a esta enfermedad decidió mudarse hacia el oeste, primero en Denver, luego a Los Angeles y finalmente asentándose en El Paso, Texas, en 1910. En febrero de 1911, Horne se interesó en la lucha armada al otro lado de la frontera, en Ciudad Juárez, y vio la oportunidad de lo que la guerra le podría ofrecer a un fotógrafo. Rápidamente compró el material fotográfico necesario para hacer tarjetas con retratos. En mayo de 1911, al tiempo de un gran combate en Ciudad Juárez, Horne pudo hacer y vender postales de las tropas y de la lucha. Cuando la venta de las tarjetas decayó por un receso en las actividades, Horne dirigió su atención hacia las tropas americanas acantonadas en la frontera y comenzó a vender postales de los hombres de servicio. Cuando la guerra se reanudó, y Pancho Villa efectuó su infame ataque sobre Columbus, Horne pudo captar estos eventos con su cámara. Su éxito financiero fue importante pero murió prematuramente de tuberculosis el 31 de octubre de 1921. Los libros de Horne incluyen:

FRITZ HENLE American. Born June 9, 1909, in Dortmund, Germany. Self-taught in photography from an early age, Henle set up a darkroom in the basement of his family residence in Dortmund. In 1929 he studied at the University of Heidelberg, and then at the University of Munich. From 1930 to 1931 he studied under Hannah Seewald at the Bayerische Staatslchranstalt für Lichtbildwesen school of photography. From 1931 to 1932 he worked with art historian Clarence Kennedy, photographing Renaissance sculpture in Florence. From 1934 to 1936 he worked as an advertising photographer. After emigrating to the United States in 1936, he worked as a contract photographer for *Life* magazine from 1937 to 1941. By 1942, he had become a naturalized U.S. citizen, and from 1942 to 1945 was employed as a photographer for the U.S. Office of War Information, in Washington, D.C. From 1945 to 1952 he worked as a photographer for *Harper's Bazaar*, and from 1952 to 1959 he worked as a photographer for City Service Oil Company in New York. Since 1960 he has worked as a freelance photographer. He is a founder, member, and trustee of the American Society of Magazine Publishers.

His awards include: Fairleigh Dickinson grant, 1979–80; National Endowment for the Arts grant, 1980; Henry Reichold grant, 1983.

His work is included in the following publications: *Mexico*, Chicago, 1945; *Paris*, with text by Norman Wright, New York, 1948; *Fritz Henle's Rollei*, with text by Vivienne Winterry, New York, 1950; *Casals*, with text by Pablo and Marta Casals, New York, 1975; *Fritz Henle*, with foreword by Allan Porter, New York, 1975.

WALTER HORNE American. Born 1883, in Hallowell, Maine. Anxious to get away from the small town he grew up in, Horne moved to New York in 1905 where he contracted tuberculosis. Due to his illness, he decided to move out west, first to Denver, then to Los Angeles, finally settling in El Paso, Texas, in 1910. In February 1911, Horne became interested in the fighting going on across the border in Ciudad Juarez and saw the financial opportunity that the war would afford to a photographer. He promptly bought all the photographic equipment necessary to make picture postcards. By May 1911, the time of a large battle in Ciudad Juarez, Horne was able to make and sell picture postcards of the troops and the fighting. When a lull in the fighting caused a drop in sales, Horne focused his attention on the American troops stationed at the border and began to sell portrait postcards of the servicemen. When the fighting began again, and Pancho Villa made his infamous raid on Columbus, Horne was able to capture these events with his camera. He became very successful financially but he died early of tuberculosis on October 13, 1921.

Books on Horne include: *Border Fury: A Picture Postcard Record of Mexico's Revolution and U.S. War Preparedness, 1910–1917*, Paul J. Vanderwood and Frank N. Samponaro, University of New Mexico Press, Albuquerque, New Mexico, 1988.

WILLIAM HENRY JACKSON American. Born April 4, 1843, in Keesville, New York. In 1858 he began doing retouching and coloring work in a photographic studio. During the Civil War, he was a Union soldier, serving as a staff artist for the 12th Vermont Infantry. After the war ended, Jackson traveled west, working as a trail driver for a Mormon wagon trail. In 1867 he and his younger brother Edward established a photographic portrait studio in Omaha, Nebraska. From 1870 until 1878 he worked as an official photographer for the U.S. Geological and Geographical Survey of the Territories (the Hayden Survey). In 1879 Jackson moved to Denver where he opened a studio, The Jackson Photo Co., which specialized in landscapes. In 1883 he was commissioned by the Mexican Central Railway to do photographic surveys in Mexico. A year later he returned to Mexico on his own to travel, photograph, and climb Mount Popocatepti. In 1885 he published several albums of documentary views of Mexico and Colorado. In 1894 *Harper's Weekly* sent Jackson on a two-year commission to travel around the world on assignment for the World Transportation Commission. From 1897 to 1924, Jackson was director of the Photochrom company and part-owner of the Detroit Publishing Company. Jackson was a life member of the Explorers Club, a member of the National Photographers Association, and president of the Colorado Camera Club. He died on June 30, 1942, in New York City.

His work is included in the following publications: *William Henry Jackson*, Beaumont Newhall and Diana E. Edkins, Morgan & Morgan,

Border Fury: A Picture Postcard Record of Mexico's Revolution and U.S. Preparedness, 1910–1917, Paul J. Vanderwood y Frank N. Samponaro, University of New Mexico Press, Alburquerque, New Mexico, 1988.

WILLIAM HENRY JACKSON Americano. Nacido el 4 de abril de 1884, en Keesville, New York. En 1858, comenzó a hacer trabajos de retocado y coloración en un estudio fotográfico. Durante la Guerra Civil, fue un soldado de la Unión, sirviendo como artista de la 12va División de Infantería de Vermont. Despues del término de la guerra, Jackson viajó al oeste, trabajando como guía de camino de una vagonada mormona. En 1867, con su joven hermano Edward, estableció un estudio fotográfico en Omaha, Nebraska. De 1870 hasta 1878, fue fotógrafo oficial para el Hayden Survey (Oficina de agrimensura geográfica de los territorios.) En 1879, Jackson se mudó a Denver donde abrió un estudio, The Jackson Photo Co., que se especializaba en paisajes. En 1883, fue comisionado por el Ferrocarril Central Mexicano, para hacer agrimensura fotográfica en Mexico. Un año más tarde regresó a Mexico por su cuenta, para viajar, fotografiar y escalar el monte Popocateptl. En 1885, publicó álbumes con vistas documentales de México y Colorado. En 1894, *Harper's Weekly* comisionó a Jackson a que viajara por dos años alrededor del mundo en una asignación de la Comisión Mundial del Transporte. De 1897 a 1924, Jackson fue director de la compañia Photochrom y condueño de Detroit Publishing Co. Jackson fue miembro vitalicio del Explorers Club, perteneciente a la Asociación Nacional de Fotógrafos. También fue presidente del Colorado Camera Club. Murió el 30 de junio de 1942, en la ciudad de Nueva York.

Su obra aparece en: *William Henry Jackson*, Beaumont Newhall y Diana E. Edkins, Morgan & Morgan, Amon Carter Museum, 1974. *William Henry Jackson: Pioneer Photographer of the West*, Aylsea Forsee, Viking Press, New York, 1964. *W. H. Jackson's Colorado*, William C. Jones & Elizabeth Jones, 1975. *Lens on the West*, Helen Markley Miller, 1966.

JEFF JACOBSON Americano. Nacido el 26 de julio de 1946. En Des Moines, Iowa. Jacobson estudió periodismo en la universidad de Oklahoma, recibiendo sus grados en 1968. Comenzó estudios legales en la Escuela de Derecho de la Universidad de Georgetown. De 1972 a 1974 se empleó como abogado en la ACLU de Georgia. En 1974 se hizo fotógrafo libre uniéndose a Magnum Photos en 1978. Permaneció con Magnum hasta 1981, en cuya fecha se separó para establecer Archive Pictures. En 1988 fue presidente de Archives Pictures. Hizo fotografía en México en 1988, 1990 y 1991, haciendo planes para volver con regularidad.

Sus premios incluyen: Donación de New York Foundation for the Arts, 1988; Beca de National Endowment for the Arts, 1990. *Eyes of Time, Photojournalism in America*, Marianne Fulton, New York Graphic Society, 1988. *My Fellow Americans*, Epílogo por Russell Lockhart, University of Mexico Press, en sociedad con Picture project, Inc. 1991.

KENT KLICH Sueco. Nacido en 1952. Estudió sicología en la Universidad de Gotteberg, en Suecia. Después de obtener sus grados, Klich trabajó con adolescentes perturbados. Luego se dedicó a la fotografía. Paso un año estudiando fotografía en International Center of Photography de Nueva York. En 1989, estuvo trabajando en un proyecto titulado *The Book of Beta*, acerca de un joven drogadicto y una prostituta. Comenzó a trabajar con los niños callejeros de México en 1986, y ha regresado, desde entonces, dos veces por año al país.

Sus premios incluyen: Donación del Concejo de Artes de Suecia, 1985, 1988, 1990. Su obra aparece en: *The Book of Beth*, Aperture, New York, 1989.

MAX KOZLOFF Americano. Nació el 21 de junio de 1933, en Chicago, Illinois. Estudió arte en la Universidad de Chicago, recibiendo su maestría en arte en 1958. Entonces pasó a estudiar en el Instituto de Bellas Artes de la Universidad de Nueva York, de 1960 a 1964. Ha sido un editor y colaborador de *Artforum*, desde 1963 a 1976. Critico de arte para *The Nation*, desde 1961 hasta 1969, y editor de *Art International*, desde 1961 hasta 1964. Actualmente trabaja como fotógrafo libre y escritor en Nueva York.

Sus premios incluyen: una beca del National Endowment for the Arts, 1972; beca Guggenheim, 1969; Premio Pulitzer for Criticism, 1962;

Amon Carter Museum, 1974; *William Henry Jackson: Pioneer Photographer of the West*, Aylsea Forsee, Viking Press, New York, 1964; *W. H. Jackson's Colorado*, William C. Jones & Elizabeth Jones, 1975; *Lens on the West*, Helen Markley Miller, 1966.

JEFF JACOBSON American. Born July 26, 1946, in Des Moines, Iowa. Jacobson studied journalism at the University of Oklahoma, receiving his B.A. in 1968. He went on to study law at Georgetown University Law School. From 1972 to 1974 he worked as an attorney for the ACLU of Georgia. In 1974 he became a freelance photographer, joining *Magnum Photos* in 1978. He stayed at Magnum until 1981, at which time he left to start Archive Pictures. In 1988 he became president of Archive Pictures. He photographed in Mexico in 1989, 1990, and 1991, and plans to go back regularly.

His awards include: New York Foundation for the Arts grant, 1988; National Endowment for the Arts Fellowship, 1990.

His work is included in the following publications: *My Fellow Americans*, University of New Mexico Press and The Picture Project, 1991; *Eyes of Time, Photojournalism in America*, Marianne Fulton, New York Graphic Society, 1988; *My Fellow Americans*, afterword by Russell Lockhart, University of Mexico Press in association with Picture Project Inc., 1991.

KENT KLICH Swedish. Born 1952. He studied psychology at the University of Goteberg in Sweden. After earning his degree, Klich worked with troubled adolescents before turning to photography. He spent a year studying photography at the International Center of Photography in New York. In 1989 he worked on a project entitled *The Book of Beth*, about a young drug addict and prostitute. He began working with street children in Mexico in 1986 and has returned to Mexico twice a year ever since.

His awards include: Grants from The Arts Council of Sweden, 1985, 1988, 1990.

He has published *The Book of Beth*, Aperture, New York, 1989.

MAX KOZLOFF American. Born June 21, 1933, in Chicago, Illinois. He studied art history at the University of Chicago, receiving his M.A. in 1958. He then went on to study at the Institute of Fine Arts at New York University from 1960 to 1964. He was a contributing editor of *Artforum* from 1963 to 1976; an art critic for *The Nation* from 1961 to 1969; and an editor for *Art International* from 1961 to 1964. He now works as a freelance photographer and writer, based in New York.

His awards include: National Endowment for the Arts Fellowship, 1972; Guggenheim Fellowship, 1969; Pulitzer Award for Criticism, 1962; Fulbright Fellowship, 1962.

His work is included in the following publications: *Photography and Fascination*, 1979; *Cubism/Futurism*, 1972; *Jasper Johns*, 1969, 1972; *Rendering, Critical Essays on a Century of Modern*, 1969; *Duane Michaels: Now Becoming Then*, 1991.

HELEN LEVITT American. Born August 31, 1918, in New York City. Levitt studied at New Utrecht High School, New York, and attended the Art Students' League from 1956 to 1957. She has worked as a freelance photographer based in New York since 1939. She has also worked as a freelance filmmaker since 1947. Her 1941 trip to Mexico has been her only photographic trip outside of North America.

Her awards include: Photography Fellowship, Museum of Modern Art, New York, 1946; Guggenheim Fellowships, 1959, 1960; Ford Foundation Film Grant, 1964; Creative Artists Public Service Fellowship, New York, 1974.

Her work is included in the following publications: *A Way of Seeing: Photographs of New York*, with text by James Agee, New York, 1965, 1981; *Helen Levitt: A Life in Part*, Maria Morris Hamburg, exhibition catalogue, The Museum of Modern Art, San Francisco, 1991.

KEN LIGHT American. Born March 16, 1951. Light received his B.A. in sociology and photography from Ohio University. As a photographer, he has worked extensively on the subject of farmworkers, documenting the lives of illegal immigrants working in the United States. In 1983 he made his first trip to Mexico to photograph the border. From

beca Fulbright, 1962.

Su obra aparece en: *Photography and Fascination*, 1979. *Cubism/Futurism*, 1972. *Jasper Johns*, 1969, 1972. *Renderings, Critical Essays on a Century of Modern. Duane Michaels: Now Becoming Then*, 1991.

HELEN LEVITT Americana. Nacida el 31 de agosto de 1918 en la ciudad de Nueva York. Helen Levitt estudió en New Utrecht High School, New York, y asistió a Arts Students' League desde 1956 hasta 1957. Ha trabajado como cineasta libre desde 1947. Su viaje a Méjico en 1941, ha sido su único viaje fotográfico fuera de Norteamérica.

Sus premios incluyen: beca de fotografía, Museum of Modern Art, New York, 1946; beca Guggenheim, 1959, 1960; donación del Ford Foundation, 1964; beca del Creative Artists Public Service, 1974.

Su obra aparece en: *A Way of Seeing: Photographs of New York*, con textos de James Agee, New York, 1965, 1981. *Helen Levitt: A Life in Part*, Maria Morris Hamburg, Exhibition Catalogue, The Museum of Art, San Francisco, 1991.

KEN LIGHT Americano, Nacido el 16 de marzo de 1951. Recibió su diploma en Sociología y Fotografía de la universidad de Ohio. Como fotógrafo ha trabajado extensamente en asuntos de trabajadores agrícolas, documentando las vidas de los emigrantes ilegales que laboran en los Estados Unidos. Hizo su primer viaje a México en 1983 para fotografiar la frontera. Desde 1985 hasta 1987 ha hecho doce viajes a la frontera mexicana, continuando su examen de los viajes de los obreros indocumentados de México hacia el norte, lo que él llama "la lucha épica y el viaje a través de una linea invisible". También ha fotografiado en Michoacán (1986) y en Oaxaca (1987) documentando las aldeas, la cultura, y los hogares de los mexicanos que hacen el viaje a Estados Unidos.

Sus galardones incluyen: beca del National Endowment for the Arts, 1982 y 1986; beca de Dorothea Lange, 1987; Premio de Periodismo M. Stroke International, 1990.

Su obra aparece en: *In The Fields*, Harvest Press, 1983; *With These Hands*, Pilgrim Press, 1986, con un ensayo de Paula Di Perna y una introducción de Cesar Chávez. *To The Promised Land*, Aperture, 1988. *The Circle of Life, Pages from the Human Family Album*, HarperCollins Publisher, 1991.

CARL LUMHOLTZ Americano. Nacido en 1851, en Lillehammer, Noruega. Después de un temprano interés en la teología, que estudió en la Universidad de Cristianía (ahora Oslo), Lumholtz volvió su interés hacia la antropología, la geografía, la botánica y la zoología. Su carrera como antropólogo comenzó en Australia, donde acompañó a un grupo del museo zoológico de la Universidad de Cristianía. Al regreso de Australia, viajó por los Estados Unidos, donde obtuvo fondos para una expedición antropológica a las montañas de La Sierra Madre en México. Su primera expedición a México comenzó el verano de 1890; agotó sus fondos en abril de 1891. Una vez más Lumholtz ofreció conferencias para despertar el interés público y consiguió asegurar los medios del Museo de Historia Natural Americano y de una fuente individual de Henry Villard. En enero de 1892, una expedición más pequeña salió para México. Esta vez Lumholtz viajó mas al sur, explorando la región deshabitada de los tarahumaras. En 1893, después de regresar a Estados Unidos, reunió una colección de fotografías, artefactos y mediciones antropológicas de los tarahumaras y de los tepehuanos para exhibirlas en la Feria Mundial de Chicago.

En 1984, salió en su tercera y más extensa expedición a México. Por tres años Lumholtz viajó a remotas áreas de México, acompañado por guias nativos. Pasó, un año y medio viviendo con los tarahumaras, y diez meses con los coras y huicholes. En 1898 regresó a los huicholes y los tarahumaras, esta vez acompañado por el Dr. A Hrdlicka. De 1909 a 1910, Lumholtz hizo su última expedición a México. Durante esta expedición viajó hasta el desierto de Sonora, al sur de Arizona. En 1914, Lumholtz viajó a Nueva Guinea, Borneo y las Indias Occidentales Británicas. De estos viajes publicó un libro: *Through Central Borneo*, New York, 1920. Lumholtz falleció en 1921.

Su obra aparece en: *Among Cannibals*, John Murray, London, 1889. *Unknown Mexico*, Charles Scribner and Sons, New York, 1902. *Unknown Mexico*, AMI Press, New York, para el Peabody Museum of Archeology and Ethnology, Harvard University, Cambridge, 1973. *Carl*

1985 to 1987 he made twelve trips to the Mexican border continuing his examination of the journey of undocumented workers from Mexico to the North which he calls "this epic struggle and journey across this invisible line." He has also photographed in Michoacán (1986) and in Oaxaca (1987), documenting the villages, culture, and homes of rural Mexicans who were making the journey to the United States.

His awards include: National Endowment of the Arts Fellowships, 1982 and 1986; Dorothea Lange Fellowship, 1987; Thomas M. Stroke International Journalism Award, 1990.

His work is included in the following publications: *In The Fields*, Harvest Press, 1983; *With These Hands*, Pilgrim Press, 1986, essay by Paula Di Perna and introduction by Cesar Chávez; *To The Promised Land*, Aperture, 1988; *The Circle of Life*, Pages from the Human Family Album, HarperCollins Publisher, 1991.

CARL LUMHOLTZ American. Born in 1851, in Lillehammer, Norway. After studying theology at the University of Cristiania (now Oslo), Lumholtz turned his attention to anthropology, geography, botany, and zoology. His career as an anthropologist started in Australia, where he accompanied a team from the zoological museum of the University of Cristiana. After returning from Australia, he traveled to the United States where he secured funding for an anthropological expedition to the Sierra Madre mountains in Mexico.

His first expedition to Mexico began in the summer of 1890, and ran out of funds in April 1891. Once again, Lumholtz lectured to arouse public interest and was able to secure funding from the American Museum of Natural History and a private individual, Henry Villard. In January of 1892 a smaller expedition left for Mexico. This time Lumholtz traveled farther south, exploring the region inhabited by the Tarahumaras. In 1893, after returning to the United States, he gathered together a collection of photographs, artifacts, and anthropological measurements from the Tarahumaras and Tepehuanos, to exhibit at the Chicago World Fair.

In 1894, he left on his third and longest expedition to Mexico. For three years Lumholtz traveled to remote areas of Mexico, accompanied only by native guides. He spent a year and a half living with the Tarahumaras, and ten months with the Coras and Huicholes. In 1898, he returned to the Huicholes and the Tarahumaras, this time accompanied by Dr. A. Hrdlicka. From 1909 to 1910, Lumholtz made his last expedition to Mexico. During this expedition he traveled to the desert of Sonora and the south of Arizona. In 1914, Lumholtz traveled to New Guinea, Borneo, and the British West Indies, from these travels he published a book, *Through Central Borneo*, New York, 1920. Lumholtz died in 1921.

His work is included in the following publications: *Among Cannibals*, John Murray, London, 1889; *Unknown Mexico*, Charles Scribner and Sons, New York, 1902; *Unknown Mexico*, AMS Press, New York, for Peabody Museum of Archaeology and Ethnology, Harvard University, Cambridge, 1973; *Carl Lumholtz, "Los Indios del Noroeste"*, Rio de Luz, Mexico, 1981; *Symbolism of the Huichol Indians*, Memoir of the American Museum of Natural History, Vol. III., May, 1900; *Mi Vida de Exploración*, Carl Lumholtz, 1921.

TEOBERT MALER Austrian. Born in Germany in 1842, he later became a naturalized Austrian citizen. In 1865, he traveled to Mexico as part of Maximilian's army. In 1867, he began taking photographs of Mexican villages and Indian costumes. He then returned to France, where he spent the next six years giving conferences on Mexico with projections of his images. Maler returned to Mexico in 1884 and began working on a project to systematically document archaeological sites with photography. He worked in the states of Yucatán, Campeche, and Quintana Roo. Between 1892 and 1915, he worked with expeditions in the Mayan territory organized by the Peabody Museum. In 1913 he donated two collections of large-format photographs to the Bibliothèque Nationale in Paris. He retired to Mérida, Mexico, and supported himself by selling tourist reproductions of his photographs of Mexican ruins. Maler died in 1919. Although Maler did not himself publish albums of his work, it was published as part of the *Memoirs of the Peabody Museum of Archaeology and Ethnology* series.

Lumholtz, "Las Indias del Noroeste", Río de Luz, México, 1981. *Symbolism of the Huichol Indians*, Memoir of the American Museum of Natural History, Vol. III, May 1900. *Mi Vida de Exploración*, Carl Lumholtz, 1921.

TEOBERT MALER Austríaco. Nació en Alemania en 1842, naturalizándose más tarde como ciudadano austríaco. En 1865 viajó a México como miembro del ejército de Maximiliano.

En 1867, comenzó a tomar fotografías de las aldeas mexicanas y de las vestimentas indias. Luego regresó a Francia donde habría de permanecer los próximos seis años, dando conferencias sobre México con proyecciones de sus imágenes.

Maler regresó a México en 1884 y comenzó a trabajar en un proyecto para documentar sistemáticamente con fotografías los sitios arqueológicos. Trabajó en los estados de Yucatán, Campeche y Quintana Roo. Entre 1892 y 1915, colaboró con expediciones organizadas por el Museo Peabody, dentro del territorio maya. En 1913 donó dos colecciones de fotografías de formato grande, a la Biblioteca Nacional de París. Se retiró a vivir en Mérida, México, viviendo de la venta a los turistas de las reproducciones de sus fotografías de las ruinas mexicanas. Maler murió en 1919. Aunque Maler no publicó personalmente los álbumes de su obra, la misma fue publicada como parte de las series de *Memorias del Museo Peabody de Arqueología y Etnología*.

SUMNER MATTESON, JR. Americano. Nacido el 15 de septiembre de 1867, en Iowa. Asistió a la universidad de Minnesota, recibiendo su diploma en 1888. Después de su graduación trabajó en el negocio bancario de su padre. Después de varios años, se convirtió en vendedor de la Overman Wheel Company; luego fue agente de esa compañía en la ciudad de Denver, donde también vendió bicicletas y representaba las cámaras Kodak. Vendiendo ambos productos, Matteson viajó por Norteamérica en bicicleta, documentando sus viajes con fotografías. Trabajó como fotógrafo libre desde 1898 hasta 1908, colaborando con las publicaciones siguientes: *The Cosmopolitan*, *Leslie's Weekly*, *The Pacific Monthly*, y *Country Life in America*. Después de diez años de constante viajar en Estados Unidos, Cuba y México, Matteson decidió establecerse en Milwaukee. Dejó la fotografía y aceptó un empleo como tenedor de libros. En 1920, después de una década de retraimiento, Matteson decidió regresar a la vida de fotógrafo libre y a destajo, y salió para México. Había planificado un viaje de tres meses, pero allí quedó hasta su muerte, siete meses después. Sus pulmones se quebrantaron en el ascenso al monte Popocatépetl, falleciendo un 26 de octubre de 1920.

Su obra aparece en: *Side Trips, The Photography of Sumner W. Matteson, 1898–1908*, Louis B. Casagrande y Phillips Bourns, Milwaukee Public Museum y The Science Museum of Minnesota, 1983.

RICHARD MISRACH Americano. Nacido el 11 de julio de 1949 en Los Angeles, California. Estudió, psicología en la Universidad de California en Berkeley, donde se graduó en 1971. Comenzó a trabajar en la fotografía en 1970 y aunque mayormente autodidacto, recibió ayuda técnica del A.S.U.C. Studio en la UC Berkeley. Fue instructor de fotografía en el A.S.U.C. Studio de 1971 hasta 1978. También ha enseñado en las siguientes instituciones: UC Berkeley, 1984; UC Santa Barbara, 1986; California Institute for the Arts, Valencia, 1990. Actualmente es un fotógrafo libre con base en Emeryville, California.

Sus premios incluyen: beca del National Endowment for the Arts, 1973, 1977, 1986; una beca Guggenheim, 1979; Premio del International Center of Photography for Outstanding Publication en 1988 (Desert Cantos); Medalla de Plata, en la International Book Design Exhibition en Leipzig, Alemania 1989 (Desert Cantos); Premio The Pen Center West, por Bravo 20; y el Premio Koretz Israel, 1992.

Su obra aparece en los libros: *Bravo 20; The Bombing of American West*, con Myriam Weisang Mirasch, John Hopkins University Press, 1990. *Desert Cantos*, University of New Mexico Press, 1987. *Richard Misrach: 1975–1987*, Gallery Min, Tokio, 1988.

TINA MODOTTI Italiana. Nacida el 16 de agosto de 1901, en Udine, Italia. De 1908 hasta 1913, trabajó en una fábrica textil en Udine. Emigró a los Estados Unidos en 1913, yendo a trabajar a una fábrica de seda en San Francisco. De 1914 a 1917, se auto empleó como

SUMNER MATTESON, JR. American. Born September 15, 1867, in Iowa. He attended the University of Minnesota, and received a B.S. degree in 1888. After graduation he worked for his father's banking business. After several years, he became a salesman for the Overman Wheel Company, then became manager of the Overman Company located in Denver, which sold bicycles and also carried a line of Kodak cameras. Integrating the two products, Matteson traveled across North America by bicycle, documenting his voyages with photographs. He worked as a freelance photographer, from 1898 to 1908, and contributed to: *The Cosmopolitan, Leslie's Weekly, The Pacific Monthly*, and *Country Life in America*. After ten years of constant traveling in the United States, Cuba, and Mexico, Matteson decided to settle down in Milwaukee. He gave up photography and took a bookkeeping position. In 1920, after over a decade of retirement, Matteson decided to return to freelance photographic work, and he left for Mexico. He had originally planned a three-month trip, but stayed until his death seven months later. His lungs gave out after climbing Mount Popocatepetl, and he died on October 26, 1920.

His work is included in the following publications: *Side Trips: The Photography of Sumner W. Matteson, 1898–1908*, Louis B. Casagrande and Phillips Bourns, Milwaukee Public Museum and The Science Museum of Minnesota, 1983.

RICHARD MISRACH American. Born July 11, 1949, in Los Angeles, California. He studied psychology at the University of California at Berkeley, where he received his B.A. in 1971. He began to work in photography in 1970, and although mainly self-taught, he received technical aid from the A.S.U.C. Studio at University of California, Berkeley. He was a photography instructor at the A.S.U.C. Studio from 1971 to 1978. He has also taught at the following institutions: UC Berkeley, 1984; UC Santa Barbara, 1986; California Institute for the Arts, Valencia, 1990. He currently works as a freelance photographer based in Emeryville, California.

His awards include: National Endowment for the Arts Fellowships in 1973, 1977, 1984, and 1986; Guggenheim Fellowship, 1979; International Center of Photography Award for Outstanding Publication, 1988 (Desert Cantos); Silver Medal at the International Book Design Exhibition in Leipzig, Germany, 1989 (*Desert Cantos*); Pen Center West Award for *Bravo 20*; Koretz Israel Prize, 1992.

His work is included in the following publications: *Bravo 20: The Bombing of the American West*, with Myriam Weisang Misrach, Johns Hopkins University Press, 1990; *Desert Cantos*, University of New Mexico Press, 1987. *Richard Misrach: 1975–1987*, Gallery Min, Tokyo, 1988.

TINA MODOTTI Italian. Born August 16, 1901, in Udine, Italy. From 1908 to 1913 she worked at a textile factory in Udine. She emigrated to the United States in 1913 and went to work for a silk manufacturer in San Francisco. From 1914 to 1917 she worked as a self-employed dressmaker. In 1918, she moved to Hollywood, where she worked for a short time as an actress. In 1921 she studied photography in Los Angeles with Edward Weston. She moved to Mexico with Edward Weston in 1923, and together they opened a studio in Mexico City. She became involved in politics and became friends with Diego Rivera, Clemente Orozco, and David Alfaro Sigueiros. In 1938 she was deported from Mexico as a result of her political activities. She moved to the Soviet Union in 1931, where she stayed until 1934. She then moved first to France, and then to Spain. From 1935 to 1938 she lived in Spain and worked as a reporter for the Republican Newspaper *Ayuda*. In 1939 she returned to live in Mexico, where she resided until her death on January 6, 1942.

Her work is included in the following publications: *Idols Behind Altars*, Anita Brenner, Boston, 1970; *Tina Modotti: Fotografa e Rivoluzionara*, Milan, 1979; *Tina Modotti: A Fragile Life*, Mildred Constantine, Rizzoli, New York, 1983.

EADWEARD MUYBRIDGE English. Born April 9, 1830, in Kingston-upon-Thames. In his early years, he worked in the family stationery and paper-making business. In 1852, he emigrated to the United States and four years later he opened up his own book selling and distribution shop in San Francisco. He began photographing in the

costurera. En 1918, se mudó para Hollywood, donde trabajó por breve tiempo como actriz. En 1921 estudió fotografía con Edward Weston en Los Angeles. En 1923, ella y Edward Weston se mudaron para México, y juntos abrieron un estudio fotográfico en Ciudad de México. Estuvo envuelta en política e hizo amistad con Diego Rivera, Clemente Orozco y David Alfaro Siqueiros. En 1938 fue deportada de México debido a sus actividades políticas. Fue a vivir a la Unión Soviética en 1931, donde permaneció hasta 1934. Luego se trasladó a Francia, y más tarde a España. De 1935 a 1938 vivió y trabajó en España, siendo corresponsal del periódico republicano Ayuda. En 1939, regresó a vivir en México, donde residió hasta su muerte el 6 de enero de 1942.

Su obra aparece en los libros: *Idols Behind The Altar*, Anita Brenner, Boston, 1970. *Tina Modotti: Fotografae Rivoluzionara*, Milan, 1979. *Tina Modotti, A Fragile Life*, Mildred Constatine, Rizzoli, 1983.

EADWEARD MUYBRIDGE Inglés. Nació el 9 de abril de 1830, en Kingston-upon-Thames. En sus primeros años trabajó con su familia en el negocio de efectos de escritorio y fábrica de papel. En 1852, emigró a los Estados Unidos y cuatro años después abrió su propio negocio de venta y distribución de libros en San Francisco. Comenzó a hacer fotografías. a mediados de los años de 1860, y sus retratos de Yosemite le ganaron reconocimiento en 1869. Fue empleado por el gobierno de EE.UU. como director de mediciones fotográficas a lo largo de la costa del Pacífico. En 1872, el presidente de ferrocarril Central Pacific, Leland Stanford, retó a Muybridge a probar fotográficamente que en algún punto del galope de un caballo. todas las cuatro patas estaban fuera del suelo. En 1877, pudo captar la imagen del caballo en todas sus poses durante el galope. Este experimento inicial llevó a Muybridge a una continuada exploración de la locomoción animal y humana. Los resultados de su búsqueda fueron publicados subsiguientemente en una serie de álbumes. A mediados de 1870, Muybridge viajó a México y América Central donde documentó varios aspectos de la vida indiana. En 1893, Muybridge hizo demostraciones públicas de su invención, el zoopraxógrafo, un mecanismo en el cual las imágenes podían ser rotadas para dar el efecto de movimiento. En 1900, Muybridge regresó a Inglaterra donde murió en 1904.

Su obra aparece en: *Muybridge, Man in Motion*, Robert Bartlett Haas, University of California Press, Berkeley, 1976; *Eadwaeard Muybridge, l'Homme qui a inventé l'Image Animée*, Editions du Chêne, Paris, 1972. *History of Photography*, Helmut and Alison Gernsheim, Oxford University Press, 1955.

PAUL OUTERBRIDGE Americano. Nacido el 15 de agosto de 1896, en la ciudad de Nueva York. Estudió en la Art Students League, en Nueva York, desde 1915 a 1917, después de lo cual se empleó como pintor y diseñador en Nueva York y en Bermuda. Durante la Primera Guerra Mundial sirvió con el Real Cuerpo Aéreo y con el Ejército Americano. En 1921 decidió ser fotógrafo y asistió a la escuela de fotografía de Clarence H. White en Nueva York. De 1922 a 1925 trabajó como fotógrafo libre, colaborando con *Vogue*, *Vanity Fair* y *Harper's Bazaar*. En 1925 pasó a París donde laboraba para la revista *Vogue*. En 1927 abrió su propio estudio en París. En 1929, regresó a Nueva York y comenzó a trabajar en colores para *House Beautiful*, *Harper's Bazaar* y *Mademoiselle*. En 1943 se mudó a Hollywood donde trabajó como retratista. En 1945 abrió un estudio en Laguna Beach, California. De 1947 hasta 1957, viajó por Sudamérica, México y Europa. Fue durante estos viajes que comenzó a experimentar con nuevos procedimientos de color. Murió en Laguna Beach el 17 de octubre de 1958.

Su obra aparece en: *Photographing in Color*, Random House, 1940; *Paul Outerbridge, Jr.* Robert Glenn Ketchum, con ensayo de Graham Howe, Los Angeles Center for Photographing Studies, 1976; *Paul Outerbridge, Jr.*, Rizzoli, New York, 1980.

PETER PFERSICK Americano. Nacido el 8 de mayo de 1942. Estudió sicología en la universidad de Arizona, Tucson, donde fue diplomado. Después alcanzó una maestría en fotografía del Lone Mountain College en San Francisco. Ha sido instructor de fotografía en la Universidad de California, Berkeley; en el A.S.U.C. Studio en la misma universidad; y en el Diablo Valley College en Pleasant Hill, California. Actualmente ostenta la posición de Instructor de Fotografía del Programa de Extensión de la Universidad de California, Berkeley.

mid-1860s, and his pictures of Yosemite earned him recognition in 1869. He worked for the United States government as director of photographic surveys along the Pacific coast. In 1872, Leland Stanford, the president of Central Pacific Railroad, challenged Muybridge to prove photographically that, at some point during a horse's gallop, all four of its legs are off the ground. In 1877 he was able to capture the horse in all of its various stances as it galloped. This initial experiment led Muybridge to a continued exploration of human and animal locomotion. The results of his findings were subsequently published in a series of albums. In the mid-1870s Muybridge journeyed to Mexico and Central America, where he documented various aspects of Indian life. In 1893, Muybridge gave public demonstrations of his invention, the zoopraxograph, a device on which images could be rotated to give the effect of movement. In 1900, Muybridge returned to England, where he died in 1904.

His work is included in the following publications: *Muybridge: Man in Motion*, Robert Bartlett Haas, University of California Press, Berkeley, 1976; *Eadweard Muybridge, l'Homme qui a Inventé l'Image Animée*, Editions du Chêne, Paris, 1972; *History of Photography*, Helmut and Alison Gernsheim, Oxford University Press, 1955.

PAUL OUTERBRIDGE American. Born August 15, 1896, in New York City. He studied at the Art Students League in New York from 1915 to 1917, after which he worked as a painter and a designer in New York and Bermuda. During World War I, he served in the British Royal Flying Corps and the American Army. In 1921, he decided to become a photographer and attended the Clarence H. White School of Photography in New York. From 1922 to 1925 he worked as a freelance photographer, contributing to *Vogue*, *Vanity Fair*, and *Harper's Bazaar*. In 1925, he moved to Paris and worked for *Vogue* magazine. In 1927 he opened up his own studio in Paris. In 1929, he returned to New York and began working in color for *House Beautiful*, *Harper's Bazaar*, and *Mademoiselle*. In 1943 he moved to Hollywood, where he worked as a portrait photographer. In 1945, he opened up a studio in Laguna Beach, California. From 1947 to 1957, he traveled throughout South America, Mexico, and Europe. It was during these voyages that he began to experiment with new color processes. He died in Laguna Beach on October 17, 1958.

His work is included in the following publications: *Photographing in Color*, Random House, 1940; *Paul Outerbridge, Jr.*, Robert Glenn Ketchum, essay by Graham Howe, Los Angeles Center for Photographic Studies, 1976; *Paul Outerbridge, Jr.*, Rizzoli, New York, 1980.

PETER PFERSICK American. Born May 8, 1942. He studied psychology at the University of Arizona, Tucson, and received his B.A. in 1966. He then went on to earn an M.F.A. in photography from Lone Mountain College in San Francisco. He has been a photography instructor at the University of California, Berkeley; the A.S.U.C. Studio at UC Berkeley; and the Diablo Valley College in Pleasant Hill, California. He currently holds the position of photography instructor at the UC Berkeley Extension Program. In addition, Pfersick has curated a series of photography exhibitions, two of which have shown the work of Mexican photographers.

His work is included in the following publications: *Berkeley: A Self-Portrait*, UC Berkeley, Berkeley, California, 1973; *Visual Dialog #4, Photography: Art & Process*, Los Altos, California, 1976.

SYLVIA PLACHY American. Born on May 24, 1943 in Budapest, Hungary. She was educated at the Pratt Institute where she earned her B.F.A. in 1965. She has worked as a freelance photographer with portraits and feature photographs published in *The New York Times Magazine*, *Vogue*, *Ms.*, *Stern*, *Life*, *Sassy*, *Newsweek*, *Geo*, and *Condé Nast Traveler*. Since 1976 she has worked as a photographer for the *Village Voice*, with a photo feature published weekly since 1982.

Her awards include: Guggenheim Fellowship, 1977; Page One Award for Feature Essay, Newspaper Guild, 1981; CAPS Fellowship, 1982; International Center of Photography Infinity Award, Best Publication, for *Unguided Tour*, 1990.

Her work is included in the following publication: *Unguided Tour*, Aperture, New York, 1990.

Además, Pfersick ha sido conservador de una serie de exhibiciones fotográficas, dos de las cuales han incluido el trabajo de fotógrafos mexicanos.

Su obra aparece en: *Berkeley, A Self-Portrait*. UC Berkeley, Berkeley, California, 1973. *Visual Dialog #4, Photography: Art & Process*, Los Altos, California, 1976.

SYLVIA PLACHY Americana. Nacida el 24 de mayo de 1943, en Budapest, Hungría. Fue educada en el Pratt Institute, donde ganó su B.F.A. en 1965. Ha trabajado como fotógrafo libre, con retratos y fotografías de importancia publicadas en *The New York Times Magazine*, *Vogue*, *Ms.*, *Stern*, *Sassy*, *Newsweek*, *Geo* y *Conde Nast Traveler*. Desde 1976 se ha empleado como fotógrafo para *The Village Voice*, con una foto de carácter publicada cada semana, desde 1982.

Sus premios incluyen: una beca Guggenheim, 1977; Premio Page One for Feature Essay, Newspaper Guild, 1981; beca de CAPS, 1982; Premio Infinity del International Center of Photography por la Mejor Publicación, *Unguided Tour*, 1990.

Su obra aparece en: Unguided Tour, Aperture, New York, 1990.

ELIOT PORTER Americano. Nacido el 6 de diciembre de 1901, en Winnetka, Illinois. Estudió Ingeniería Química en la Universidad de Harvard, graduándose en 1924. Asistió a la escuela de Medicina de Harvard recibiendo su doctorado en 1924. Comenzó sus trabajos de fotografías en 1913, iniciando su carrera de fotógrafo en 1939. Durante la Segunda Guerra Mundial trabajó en el laboratorio de radiación del Instituto Tecnológico de Massachussetts. En 1946 se trasladó a Santa Fé, New Mexico, donde trabajó como fotógrafo para la revista Audubon. De 1965 a 1971 fue miembro directivo de Sierra Club. Porter viajo por México en 1951, regresando en 1955, para fotografiar iglesias mexicanas en compañía de Ellen Auerbach. También realizó dos expediciones a Baja California, en 1964 y 1966. Desde 1960, ha viajado y fotografiado en las Islas Galápagos, Grecia, Turquía, Africa, Islandia, Egipto y en la Antártica. Porter murió en 1991.

Sus premios incluyen: beca Guggenheim, 1941, 1949; Premio del Departamento del Interior, 1967; Doctorado honorario del Colby College, Waterville; Premio del Gobernador de la Comisión de Arte de New Mexico, 1976; Medalla de Oro de la Distinción, Academia de Ciencias Naturales, Filadelfia, 1983.

Su obra aparece en: *In Wildness is the Preservation of the World*, H. David Thoreau, Sierra Club, San Francisco, 1962; *Forever Wild: The Adirondacks*, W. Chapman White, Harper & Row, New York, 1966; *Baja California: The Geography of Hope*, Sierra Club, San Francisco, 1967; *The Tree Where Man Was Born: An African Experience*, Peter Matthiessen, E. P. Dutton, New York, 1972; *Eliot Porter*, New York Graphic Society Books, Little, Brown and Company, Boston, 1987.

LAURENCE SALZMANN Americano. Nació en 1944 en Filadelfia, Pennsylvania. Recibió su bachillerato en Literatura Alemana en 1965; su Maestría en Antropología en 1974, en Temple University. Salzmann ha laborado como fotógrafo y cineasta desde principios de 1960. Sus proyectos incluyen la documentación de las gentes del pueblo y de los grupos minoritarios que, a menudo, están situados en la periferia de la sociedad, tanto en Estados Unidos como afuera. Entre sus asuntos están los residentes de hoteles de habitaciones individuales, en Nueva York; la transición de la familia rural a la urbanización en Juárez, México. Y la comunidad judía en Turquía. Ha tenido una constante relación fotográfica con México desde que tenía diecisiete años de edad.

Su obra aparece en: *The Last Jews of Radauti*, con textos de Ayse Gursam-Salzmann, Dial/Doubleday, 1983. *Anyos Munchos i Buenos*, textos de Ayse Gursam-Salzmann, Blue Flower/Photo Review, 1991.

AARON SISKIND Americano. Nacido el 4 de diciembre de 1903, en la ciudad de Nueva York. Asistió al City College de Nueva York de 1921 a 1926 y recibió su bachillerato en literatura. de 1926 a 1949, trabajó como maestro de inglés en las escuelas públicas de Nueva York. En 1930, en un viaje a Bermudas, Siskind tomó sus primeras fotografías. Poco después, en 1932, comenzó su carrera como fotógrafo libre. En 1950, comenzó a enseñar fotografía en Trenton College, Carolina del Norte. En 1951 enseñó, con Harry Callahan, en el Black Mountain

ELIOT PORTER American. Born December 6, 1901, in Winnetka, Illinois. He studied chemical engineering at Harvard University, graduating with a B.S. in 1924. He then attended Harvard Medical School, and received his M.D. in 1929. He began working in photography in 1913, and started his career as a photographer in 1939. During World War II Porter worked at the Massachusetts Institute of Technology radiation laboratory. In 1946 he moved to Santa Fe, New Mexico, and worked as a photographer for *Audubon* magazine. From 1965 to 1971 he served as a board member of the Sierra Club. Porter traveled to Mexico in 1951, and returned in 1955 to photograph Mexican churches with Ellen Auerbach. He also made two expeditions to Baja California in 1964 and 1966.

From 1960, he traveled and photographed in the Galapagos Islands, Greece, Turkey, Africa, Iceland, Egypt, and Antarctica. Porter died in November of 1991.

His awards include: Guggenheim Fellowships, 1941, 1949; Award of the Interior Department, 1967; Honorary doctorate from Colby College, Waterville; Governor's Award, New Mexico Arts Commission, 1976; Gold medal for Distinction in Natural History, Academy of Natural Sciences, Philadelphia, 1983.

His work is included in the following publications: *In Wildness is the Preservation of the World*, H. David Thoreau, Sierra Club, San Francisco, 1962; *Forever Wild: The Adirondacks*, W. Chapman White, Harper & Row, New York, 1966; *Baja California: The Geography of Hope*, Sierra Club, San Francisco, 1967; *The Tree Where Man Was Born: An African Experience*, Peter Matthiessen, E. P. Dutton, New York, 1972; *Eliot Porter*, New York Graphic Society Books, Little, Brown and Company, Boston, 1987.

LAURENCE SALZMANN American. Born 1944, in Philadelphia, Pennsylvania. He received his B.A. in German literature in 1965, then his M.S. in anthropology (1974) from Temple University. Salzmann has worked as a photographer and filmmaker since the early 1960s. His projects involve documenting the lives of people from minority groups that are often placed on the fringes of society in the United States and abroad. Among his subjects are: the residents of single room occupancy hotels in New York; a rural peasant family's transition to urbanization in Juarez, Mexico; and the Jewish community in Turkey. He had an ongoing photographic relationship with Mexico since he was seventeen years old.

His awards include: New York State Council on the Arts grant, 1968–70; a Fulbright-Hays grant, 1974–76.

His work is included in the following publications: *The Last Jews of Radauti*, with text by Ayse Gürsam-Salzmann, Dial/Doubleday, 1983; *Anyos Munchos I Buenos*, text by Ayse Gürsam-Salzmann, Blue Flower/Photo Review, 1991.

AARON SISKIND American. Born on December 4, 1903, in New York City. He attended the City College of New York, from 1921 to 1926 and received his B.A. in literature. From 1926 to 1949, he worked as an English teacher in the New York Public Schools. In 1930, while on a trip to Bermuda, Siskind took his first photographs. Shortly after, in 1932, he began a career as a freelance photographer. In 1950, he began teaching photography at Trenton College, in North Carolina. In 1951 he taught at the Black Mountain College with Harry Callahan. From 1951 to 1959, he was a professor of photography at the Institute of Design, Illinois Institute of Technology, Chicago, later becoming head of the photography department, a position that he held until 1971. At that time he began teaching at the Rhode Island School of Design. He retired from teaching in 1976, and worked closely with the Light Gallery in New York. Siskind died in 1991.

Mexico was a constant source of inspiration for his work, and Siskind traveled to there frequently from 1955 to the 1980s.

His awards include: Guggenheim Fellowship, 1966; National Endowment for the Arts grant, 1976; Distinguished Career in Photography Award, from the Friends of Photography, Carmel, California, 1981; Governor's Prize for the Arts, Rhode Island, 1983.

His work is included in the following publications: *Aaron Siskind: Pleasures and Terrors*, Carl Chiarenza, Little Brown and Company, Boston, 1982; *Places: Aaron Siskind Photographs*, New York, 1976; *Photography in America*, Minor White, Robert Doty, 1974; *Aaron Siskind: Photographs*, Howard Rosenberg, New York, 1959.

College. De 1951 a 1959, fue profesor de fotografía del Instituto de Diseño del Instituto de Tecnología de Illinois, en Chicago. Más tarde fue jefe del departamento de fotografía, posición que mantuvo hasta 1971. En esa fecha comenzó a en el Rhode Island School of Design. Se retiró en 1976, trabajando junto a la Light Gallery de Nueva York. Siskind murió en 1991.

México fue una fuente constante de inspiración para Siskind en su trabajo, viajando con frecuencia ese país, desde 1955 hasta los años de 1980. Sus premios incluyen: beca Guggenheim, 1966; una donación del National Endowment for the Arts, 1976; Premio de Carrera Distinguida en Fotografía otorgado por los Amigos de la Fotografía, Carmel, 1981; Premio del Gobernador para las Artes, Rhode Island, 1983.

Su obra aparece en: *Aaron Siskind: Pleasures and Terrors*, Carl Chiarenza, Little Brown and Company, Boston, 1982; *Places: Aaron Siskind Photographs*, New York, 1976; *Photography in America*, Minor White, Robert Doty, 1974; *Aaron Siskind: Photographs*, Howard Rosenberg, New York, 1959.

WILFRED DUDLEY SMITHERS Americano. Nacido en San Luis de Potosí, México, en 1913. Su familia se mudó a San Antonio, Texas, en 1910. Fue en ese mismo año, después de presenciar el primer vuelo del único avión del ejército de EEUU, que Smithers decidió documentar con fotografías y palabras los eventos importantes que presenciara. A través de su vida, Smithers cubrió una amplia gama de asuntos en el área del Big Bend, en Texas. Esos asuntos abarcan la revolución mexicana, la patrulla fronteriza del ejército de EEUU, la prohibición, la industria, los ferrocarriles, la agricultura y la aviación. En 1966, la colección completa de Smithers, aproximadamente diez mil impresiones, fue adquirida por el Centro de Investigaciones Harry Ransom de la Universidad de Texas, en Austin. Aun después de la venta de esa colección, Smithers continuó trabajando la fotografía. Murió en El Paso, Texas, en 1974.

Su obra aparece en: *Chronicles of the Big Bend, A Photographic Memoir of Life on the Border*, W. D. Smithers, Madrona Press, Inc. Texas.

ROSALIND SOLOMON Americana. Nacida el 2 de abril de 1930. En Highland Park, Illinois. En el Goucher College, de Baltimore, Maryland, cursó estudios y obtuvo su bachillerato en Ciencias Políticas. De 1965 al 68, fue Directora del Experimento en la Vida Internacional, viajando por Bélgica y Francia. Comenzó a fotografiar en 1968, y aunque nunca asistió a una escuela de arte, estudió privadamente con Lisette Model desde 1974 a 1976. Ha viajado extensamente por América Latina: a Ecuador, Guatemala, Brasil, México y Perú. Rosalind Salomon hizo su primer viaje a México en 1976, regresando en 1985. También ha viajado a la India, de 1981 a 1985. Desde 1979 reside en la ciudad de Nueva York, donde continúa su trabajo.

Sus premios incluyen: una beca Guggenheim, 1979 y 1980; una beca del Instituto Americano de Estudios Indios, 1981 al 84; una beca del National Endowment for the Arts, 1988 al 89.

FREDERICK STARR (Y CHARLES B. LANG) Americano. Nació el 2 de septiembre de 1858, en Auburn, New York. En 1885 recibió su doctorado el Lafayette College en Pennsylvania. Enseñó en el Coe College, Cedar Rapids, Iowa, y en el instituto Chautauqua, en New York, más tarde prestó servicios en el departamento de Etnología del Museo Americano de Historia Natural. En 1981, fue decano del Departamento de Ciencias del Pomona College, en Claremont, California. Después de solamente un año, dejó ese cargo para organizar el Departamento de Antropología de la Universidad de Chicago, donde enseñó durante los treinta años siguientes. A través de su carrera, Starr viajó extensamente haciendo trabajo antropológico. Charles B. Lang, fotógrafo, viajaba con frecuencia con Starr para documentar sus estudios. Starr trabajó y viajó por todos los Estados Unidos, así como en Japón, las Filipinas, Corea, Africa y México. Starr falleció el 14 de agosto de 1933 en Japón.

Su obra aparece en: *Some First Steps in Human Progress*, 1895; *American Indians*, 1898; *Indians of Southern Mexico*, 1898; *Readings from Modern Mexican Authors*, 1904; *The Truth About the Congo*, 1907; *The Indian Mexico*, 1908; *Korean Buddhism*, 1918; *Fujiyama, The Sacred Mountain of Japan*, 1924.

WILFRED DUDLEY SMITHERS American. Born in 1895 in San Luis Potosí, Mexico. His family moved to San Antonio, Texas, in 1910. It was that same year, after witnessing the first flight of the U.S. Army's only plane, that Smithers decided to document, with photographs and words, the outstanding events he witnessed. Throughout his lifetime, Smithers covered a wide range of subjects in the Big Bend area of Texas. These subjects include the Mexican Revolution, the U.S. Army and border patrol, prohibition, industry, railroads, agriculture, and aviation. In 1966, Smithers' entire photographic collection, approximately ten thousand prints, was acquired by the Harry Ransom Research Center at the University of Texas at Austin. Even after the sale of his collection, Smithers continued working in photography. Smithers died in El Paso, Texas, in 1974.

His work is included in the following publication: *Chronicles of the Big Bend, A Photographic Memoir of Life on the Border*, W. D. Smithers, Madrona Press, Inc., Texas.

ROSALIND SOLOMON American. Born April 2, 1930, in Highland Park, Illinois. She obtained her B.A. in political science from Goucher College in Baltimore, Maryland. From 1965 to 1968 she worked as the director of the Experiment in International Living, traveling to Belgium and France. She began to photograph in 1968, and although she never attended art school, she did study privately with Lisette Model from 1974 to 1976. She has traveled extensively in Latin America, to Ecuador, Guatemala, Brazil, Mexico, and Peru. Solomon made her first trip to Mexico in 1976, and returned again in 1985. She has also traveled and worked in India, from 1981 to 1985. Since 1979, she has lived in New York City, where she continues to work.

Her awards include: Guggenheim Fellowship, 1970–80; American Institute of Indian Studies Fellowship, 1981–84; National Endowment for the Arts Fellowship, 1988–89.

FREDERICK STARR (AND CHARLES B. LANG) American. Born September 2, 1858, in Auburn, New York. In 1885, he received his Ph.D from Lafayette College in Pennsylvania. He taught at Coe College, Cedar Rapids, Iowa, and Chautauqua University, Chautauqua, New York, and later worked in the department of ethnology at the American Museum of Natural History. In 1891, he became dean of the science department at Pomona College, Claremont, California. After only a year he left to organize the anthropology department at the University of Chicago, where he taught for the next thirty-one years. Throughout his career, Starr traveled extensively doing anthropological fieldwork. Charles B. Lang, a photographer, often traveled with Starr in order to visually document his studies. Starr traveled and worked throughout the United States as well as Japan, the Philippines, Korea, Africa, and Mexico. Starr died on August 14, 1933, in Tokyo.

His work is included in the following publications: *Some First Steps in Human Progress*, 1895; *American Indians*, 1988; *Indians of Southern Mexico*, 1898; *Readings from Modern Mexican Authors*, 1904; *The Truth about the Congo*, 1907; *The Indian Mexico*, 1908; *Philippine Studies*, 1909; *Korean Buddhism*, 1918; *Fujiyama, The Sacred Mountain of Japan*, 1924.

EDWARD STEICHEN American. Born March 27, 1879, in Luxembourg. His family emigrated to the United States in 1881 and settled in Hancock, Michigan. While working as an apprentice designer in a lithographic firm, the American Fine Art Company, he began using photographs for advertising purposes. In 1896, Steichen and a group of fellow art students formed the Milwaukee Art Students League, placing themselves under the tutelage of the German painter Richard Lorenz. In 1900, he traveled to Europe to study painting. En route, he stopped in New York, where he met Alfred Stieglitz. At the Royal Photographic Salon in London he met F. Holland Day, who selected twenty-one of Steichen's prints to be included in an exhibition of American photography. After returning to the United States in 1902, he became a founding member of the Photo-Secession group in New York, where he opened the Little Galleries of the Photo-Secession, later to be known as "291." From 1906 to 1914 he spent the majority of his time in Paris painting and photographing. During World War I Steichen served in the United States Air Force, where he directed the Photography Services Department. In

EDWARD STEICHEN Americano. Nacido el 27 de marzo de 1879, en Luxemburgo. Su familia emigró a Estados Unidos en 1881, estableciéndose en Hancock, Michigan. Mientras trabajaba como aprendiz en una firma litográfica, The American Fine Art Company, Steichen comenzó a usar fotografías con fines publicitarios. En 1986, Steichen y un grupo de condiscípulos de arte, fundaron The Milwaukee Art Students League, poniéndose bajo el tutelaje del pintor alemán Richard Lorenz. Al mismo tiempo, continuaba haciendo fotografía, enviando sus trabajos al Chicago Photographic Salon donde fueron vistos por Clarence H. White, que se impresionó con ellos. En 1900, para estudiar pintura, viajó a Europa. En ruta se detuvo en Nueva York, donde conoció a Alfred Stieglitz. En Royal Photographic Salon, en Londres, conoció a F. Holland Day, que seleccionó veintiún impresiones de Steichen para ser incluídas en una exhibición de fotografías americanas. En París, Steichen estudió pintura brevemente en la Academie Julian, antes de decidirse a trabajar independientemente. Después de regresar a Estados Unidos, en 1902, fue miembro fundador del grupo Photo Seccesion, en Nueva York, donde abrió The Little Galleries of Photo Secession, conocida más tarde como 291. De 1906 a 1914, pasó la mayoría de su tiempo en París, pintando y fotografiando. Durante la Primera Guerra Mundial, Steichen sirvió en la Fuerza Aérea de EE.UU, donde dirigió el Departamento de Servicios Fotograficos. En 1920, Steichen decidió dedicarse exclusivamente a la fotografía. En 1923, se mudó de Paris para Nueva York, abriendo un estudio de retratos de moda, donde trabajó hasta 1938. Ese mismo año, habiéndose cansado de lo repetitivo y artificial del trabajo de retratos en boga, Steichen decidió cerrar el estudio y viajar a México.

Durante la Segunda Guerra Mundial, Steichen prestó servicios en la Marina de EE.UU, con el grado de capitán de corbeta, a cargo de organizar la división de fotografía de guerra. Al término del conflicto bélico fue nombrado director del Departamento de Fotografía del Museo de Arte Moderno de Nueva York, una posición que fue creada para él. Steichen organizó importantes exhibiciones de fotografía, la más famosa fue la de 1955, titulada La Familia del Hombre. En julio de 1962, se retiró del museo, muriendo el 25 de marzo de 1973 en West Redding, Connecticut.

Su obra aparece en: *Steichen, the Photographer*, Carl Sandburg, New York, 1929. *U.S. Navy War: Pearl Harbor to Tokyo*, New York, 1946. *The Family of Man*, con un prefacio por Carl Sandburg, The Museum of Modern Art, New York, 1955. A *Life in Photography*, Edward Steichen, Doubleday & Company, Inc., New York, 1963. *Edward Steichen*, Ruth Kelton, Rochester, 1978. *Steichen: The Master Prints, 1895–1914*, New York, 1978.

PAUL STRAND Americano. Nació el 16 de octubre de 1890 en la ciudad de Nueva York. Fue educado en la Ethical Cultura School, en Nueva York. En la primavera de 1908, estudió fotografía en ECS, con Lewis Hines. En 1909, se unió al Camera Club de Nueva York, y en 1912 comenzó a trabajar la fotografía comercial. En 1915, su obra fue mostrada a Alfredo Steiglitz, que organizó una exhibición de su obra al año siguiente y publicó su trabajo en la revista Camera Work. En 1918, sirvió en el ejército, asignado al Cuerpo Médico en Minnesota, como técnico de rayos equis. En 1922, comenzó una vez más su trabajo comercial. En el otoño de 1932, viajó a México por invitación de Carlos Chávez, Jefe del Departamento de Bellas Artes, donde trabajó en películas y en educación artística.

Strand regresó a Nueva York en 1934, y comenzó a dedicar mayor tiempo a las filmación de películas. En 1937, se puso al frente de Frontier Films, haciendo una serie de filmes relacionados con asuntos políticos. En 1943, después de haber trabajado en filmes casi una década, Strand reanudó su interés por la foto grafía fija, y trabajó como fotógrafo libre, con base en Nueva York, hasta 1950. En esa fecha Strand abandonó los Estados Unidos a causa de la atmósfera creada por el Macartismo. Se estableció en Orgeval, Francia, donde continuó su labor como fotógrafo libre hasta su muerte el 31 de marzo de 1976.

Sus premios incluyen: Miembro honorario de la American Society of Magazine Photographers, 1963; La medalla David Octavius Hill, 1967.

Su obra aparece en: *Photographs of Mexico*, Virginia Stevens, New York, 1940; *Time in New England*, Oxford University Press, Gran Bretana, 1950; *La France de Profil*, La Guide du Livre, Lausana, 1952; *Paul Strand: A Retrospective Monograph*, 2 volumenes, Aperture, New York,

1920, Steichen decided to devote himself exclusively to photography. In 1923, he moved from Paris to New York, and opened a fashion portrait studio where he worked until 1938. In 1938, after becoming tired of the repetitiveness and artificiality of the fashion world, Steichen decided to close his studio, and travel to Mexico.

During World War II, Steichen served in the United States Navy, as a Lieutenant-Commander, in charge of organizing the war photography division. When the war ended, he was appointed director of the photography department of the Museum of Modern Art in New York, a post which was created for him. Steichen organized many important photography shows, the most famous of which was the 1955 *Family of Man* exhibition. He retired from the museum in July of 1962 and died on March 25, 1973, in West Redding, Connecticut.

His awards include: Honorary Membership and Silver Medal from the Royal Photographic Society, Great Britain, 1931 and 1961 respectively; Honorary Membership of the American Society of Magazine Photographers; Medal of the President John F. Kennedy, 1963; Commander of the Order of Merit, Luxembourg, 1966.

His work is included in the following publications: *Steichen the Photographer*, Carl Sandburg, New York, 1929; *U.S. Navy War: Pearl Harbor to Tokyo*, New York, 1946; *The Family·of Man*, preface by Carl Sandburg, Museum of Modern Art, New York, 1955; A *Life in Photography*, Edward Steichen, Doubleday & Company, New York, 1963; *Edward Steichen*, Ruth Kelton, Rochester, 1978; *Steichen: The Master Prints, 1895–1914*, New York, 1978.

PAUL STRAND American. Born October 16, 1890, in New York City. He was educated at the Ethical Culture School in New York. In the spring of 1908, he studied photography at the ECS, under Lewis Hines. In 1909, he joined the Camera Club of New York, and in 1912 he began to work as a commercial photographer. In 1915, his work was shown to Alfred Stieglitz, who organized an exhibition of his work the following year and published his work in *Camera Work* magazine. In 1918, he served in the army, assigned to a Medical Corps in Minnesota, as an X-ray technician. In 1922, he began working once more as commercial photographer in New York. In the fall of 1932 he traveled to Mexico at the invitation of Carlos Chávez, Chief of the Department of Fine Arts, in Mexico City. He was appointed by Chávez to the Department of Fine Arts, where he worked on films and art education.

Strand returned to New York in 1934, and he began to devote more of his time to filmmaking. In 1937, he became head of Frontier Films, and made a series of films dealing with political issues. In 1943, after working in film for almost a decade, Strand resumed his interest in still photography, and worked as a freelance photographer based in New York until 1950. At that time, Strand left the United States because of the political atmosphere generated by McCarthyism. He settled in Orgeval, France, where he continued to work as a freelance photographer until his death on March 31, 1976.

His awards include: Honorary Member of the American Society of Magazine Photographers, 1963; David Octavius Hill Medal, 1967.

His work is included in the following publications: *Photographs of Mexico*, Virginia Stevens, New York, 1940; *Time in New England*, Oxford University Press, Great Britain, 1950; *La France de Profil*, La Guilde du Livre, Lausanne, 1952; *Paul Strand: A Retrospective Monograph*, 2 volumes, Aperture, New York, 1971; *Paul Strand, Essays on His Life and Work*, Aperture, New York, 1990.

ARTHUR TRESS American. Born November 24, 1940, in Brooklyn, New York. He studied painting and art history under Heinrich Bluecher, at Bard College. He received his B.F.A. in 1962. In 1963 he began photographing while traveling in Mexico, Japan, India, and Europe. From 1966 to 1968 he worked as a photographer at the Stockholm Ethnographical Museum. In 1968, he returned to New York and worked as a freelance photographer. From 1969 to 1970, he worked as a documentary photographer for the United States government. From 1976 to the present he has been a visiting instructor at the New School for Social Research in New York.

His work is included in the following publications: *The Dream Collector*, text by John Minahan, Westover Press, Virginia, 1972; *Theater of the Mind*, texts by Duane Michals, Michel Tournier, and A. D. Coleman, Morgan and Morgan, New York, 1976; *Arthur Tress: Talisman*, texts by

1971; *Paul Strand. Essays on His Life and Work*, Aperture, New York, 1990.

ARTHUR TRESS Americano. Nacido el 24 de noviembre de 1940, en Brooklyn, New York. Estudió, pintura e historia del arte con Heinrich Blueccher, en Bard College; recibió sus grados en 1962. En 1963 comenzó a fotografiar mientras viajaba por México, Japón, India y en Europa. De 1966 a 1968 trabajó como fotógrafo del Museo Etnográfico de Estocolmo. En 1968, regresó a Nueva York, para trabajar como fotógrafo libre. De 1969 a 1970, como fotógrafo documental, trabajó para el gobierno de EE.UU. De 1976 hasta el presente, ha sido instructor visitante de New School for Social Research de Nueva York.

Su obra aparece en: *The Dream Collector*, textos de John Minahan, Westover Press, Virginia, 1972. *Theater of the Mind*, con textos por Duane Michals, Michel Tourniery A. D. Coleman, Morgan and Morgan, New York, 1976. *Arthur Tress: Talisman*, textos por Athur Tress y Marco Livingstone, Museum of Modern Art, Oxford and Thames and Hudson, 1986. *Fish Tank Sonata*, Chronicle Books, 1990.

ED(WARD) VAN DER ELSKEN Noruego. Nació el 10 de marzo de 1925 en Amsterdam. Asistió a la escuela en Amsterdam; aunque mayormente autodidacto en fotografía, tomó lecciones por correspondencia de la Nederlandse Fotvakschool, en La Haya. Trabajó como fotógrafo libre en Amsterdam desde 1947 a 1950, y en Paris de 1950 al 55. En los primeros años sesenta VanDer Elsken, viajó a México, como parte de un viaje alrededor del mundo para su proyecto "Sweet Life." Desde 1965, trabajó mayormente en Edam, ampliando su trabajo para incluir filmación de películas por contratación libre. En 1971, recibió el premio estatal de películas The Hague. Murió en Edam, en 1991.

Su obra aparece en: *Love on the Left bank*, Amsterdam, London, New York and Paris, 1954; *Jazz*, Amsterdam, 1959. Bagara, Central Africa, Amsterdam y Paris, 1959; *Sweet Life*, Amsterdam, New York and London, 1963; *Elsken: Paris 1950–1954*, Tokio, 1985.

ALEX WEBB Americano. Nació en San Francisco, California, 5 de mayo de 1952. Webb recibió la afición fotográfica de su padre, comenzando su trabajo fotográfico en 1968. De 1970 a 1974, estudió historia y literatura en la Universidad de Harvard, asistiendo a cursos de artes visuales en el Centro Carpenter de Harvard. En 1972 asistió al Apeiron Photographie Workshop, en Millerton, New York, donde estudió fotografía con Bruce Davidson y Charles Harbutt. En 1974, Webb fue nominado a Magnum y comenzó a trabajar como fotógrafo libre. En 1976, fue miembro asociado de Magnum Photos. De 1976 a 1977, su trabajo se concentró en el sur americano. En 1978 Webb comenzó a trabajar con la fotografía en colores, viajando por México, el Caribe, y Africa. En 1979 alcanzó la membresía completa con Magnum. Sus premios incluyen: Premio del Overseas Press Club por su trabajo en la frontera de EE.UU. y México, 1980; donación del New York State Council on The Arts, 1986; el premio Leopold Godowsky Jr. por su fotografía en colores; donación del National Endowment for The Arts, 1990; donación suplementaria de la W. Eugene Smith Foundation, 1990.

Su obra aparece en: *Hot Light/Half-Made Worlds: Photographs from the Tropics*, New York and London: Thames & Hudson, 1986; *Under a Grudging Sun: Photographs from Haiti Libéré*, 1986–1989. New York and London: Thames & Hudson, 1989.

EDWARD WESTON Americano. Nacido el 24 de marzo de 1886, en Highland Park, Illinois. En 1907, Weston asistió al Illinois College of Photography. Se trasladó a Los Angeles, donde trabajó como impresor, antes de abrir su estudio, en 1911. En 1922 viajó a Nueva York, donde conoció a Alfredo Steiglitz, Paul Strand y Charles Scheeler. En 1923, se mudó a México con la fotógrafa Tina Modotti, y su hijo mayor Chandler. En México, junto con Tina Modotti, abrió un estudio, y comenzó su trabajo en una nueva gama de asuntos. En diciembre de 1924, Weston dejó México y regresó a California. Trabajó brevemente en San Francisco antes de regresar a Méjico, donde se reunió con Tina Modotti.

Fue durante su estancia en México que el trabajo de Weston tomó una nueva dirección y en donde maduró como artista. En 1926, regresó permanentemente a Estados Unidos. Dos años más tarde hubo de abrir

---

Arthur Tress and Marco Livingstone, Museum of Modern Art, Oxford, and Thames and Hudson, 1986; *Fish Tank Sonata*, Chronicle Books, 1990.

ED(WARD) VAN DER ELSKEN Dutch. Born March 10, 1925, in Amsterdam. He attended schools in Amsterdam, and although mainly self-taught in photography he did take correspondence lessons from the Nederlandse Fotovakschool, The Hague. He worked as a free-lance photographer, in Amsterdam from 1947 to 1950, and in Paris from 1950 to 1955. In the early 1960s Van der Elsken traveled to Mexico as part of a voyage around the world for his project "Sweet Life." Since 1965, he worked mainly in Edam, expanding his work to include free-lance filmmaking. In 1971, he was the recipient of the Staatsprijs voor de filmkunst, The Hague. He died in Edam in 1991.

His work is included in the following publications: *Love on the Left Bank*, Amsterdam, London, New York, and Paris, 1954; *Jazz*, Amsterdam, 1959. *Bagara, Central Africa*, Amsterdam and Paris, 1959; *Sweet Life*, Amsterdam, New York and London, 1963; *Elsken: Paris 1950–1954*, Tokyo, 1985.

ALEX WEBB American. Born May 5, 1952, in San Francisco, California. Webb was introduced to photography by his father, and began to photograph seriously in 1968. From 1970 to 1974 he studied history and literature at Harvard University, and attended courses at Harvard's Carpenter Center for the Visual Arts. In 1972, he attended the Apeiron Photographic Workshop in Millerton, New York, where he studied photography with Bruce Davidson and Charles Harbutt. In 1974, Webb became a Magnum nominee, and began working as a freelance photographer; in 1976 he became an associate member of Magnum Photos. From 1976 to 1977 his work focused on the American South. In 1978 Webb began working with color photography while traveling in Mexico, the Caribbean, and Africa. He became a full member of Magnum in 1979.

His awards include: Overseas Press Club Award for his work on the U.S.–Mexico border, 1980; New York State Council on the Arts grant, 1986; Leopold Godowsky, Jr., Color Photography Award, 1988; National Endowment for the Arts Grant, 1990; W. Eugene Smith Foundation Supplementary Grant, 1990.

His work is included in the following publications: *Hot Light/Half-Made Worlds: Photographs from the Tropics*. New York and London: Thames & Hudson, 1986; *Under a Grudging Sun: Photographs from Haiti Libéré*, 1986–1989. New York and London: Thames & Hudson, 1989.

EDWARD WESTON American. Born March 24, 1986, in Highland Park, Illinois. In 1907, Weston attended the Illinois College of Photography. He moved to Los Angeles, where he worked as a printer, before opening his own studio in 1911. In 1922 he traveled to New York, where he met Alfred Stieglitz, Paul Strand, and Charles Scheeler. In 1923, he moved to Mexico with his eldest son Chandler and photographer Tina Modotti. In Mexico he opened a studio with Tina Modotti, and began to work on a new range of subject matter. In December of 1924 Weston left Mexico to return to California. He worked briefly in San Francisco before returning to Mexico, where he rejoined Tina Modotti.

It was during his stay in Mexico that Weston's work took on a new direction and that he matured as an artist.

In 1926, he returned permanently to the United States. Two years later he was to open a photographic studio in San Francisco with his son Brett. In 1929, he and Brett moved their studio to Carmel. In 1932 he joined the Group f/64. In 1948, he was afflicted with Parkinson's disease, and was unable to use camera or darkroom. Weston died on January 1, 1958, at his home in Carmel, California.

His awards include: Guggenheim Fellowships 1937, 1938; Honorary member of the American Photographic Society, 1951.

His work is included in the following publications: *California and the West*, Duell, Sloan & Pearce, New York, 1940; *Leaves of Grass*, text by Walt Whitman, *Limited Editions Club*, New York, 1942; *Edward Weston: Omnibus, A Critical Anthology*, Gibbs M. Smith, Inc., Peregrine Smith Books, Salt Lake City, 1984; *Edward Weston in Mexico, 1923–1926*, Amy Conger, University of New Mexico Press, Albuquerque, 1983.

un estudio fotográfico con su hijo Brett, en San Francisco. En 1929, él y Brett mudaron el estudio para Carmel. En 1932 se unió al grupo f/64, En 1948, comenzó a addecer del mal de Parkinson, viéndose impos-ibilitado de usar la cámara o el cuarto oscuro. Weston murió el lo de enero de 1958, en su hogar en Carmel.

Sus premios incluyen: beca Guggenheim, 1937 y 1938; Miembro Honorario de la American Photographic Society, 1951.

Su obra aparece en: *California and the West*, Duell, Sloan & Pearce, New York, 1940; *Leaves of Grass*, textos de Walt Whitman, Limites Editions Club, New York, 1942; *Edward Weston: Omnibus, A Critical Anthology*, Gibbs M. Smith, Inc. Peregrine Smith Books, Salt Lake City, 1984; *Edward Weston in Mexico, 1923–1926*, Amy Conger, Uni-versity of New Mexico Press, Alburquerque, 1983.

JOEL-PETER WITKIN Americano. Nacido el 13 de septiembre de 1939, en Brooklyn, New York. Witkin comenzó a tomar fotografías la edad de dieciséis años, y recibió entrenamiento formal como fotógrafo de combate con el ejército de EEUU donde sirvió desde 1961 hasta 1964. En esa fecha comenzó a estudiar escultura en Cooper Union, en Nueva York. Después de obtener su diploma (BA) en 1974, fue a la Universidad de New México, para estudiar fotografía inmóvil. Alcanzó su maestría en 1976 (M.A.) y su M.F.A. en 1986, ambos diplomas en fotografía. En julio de 1990 viajó a México para tomar fotografías.

Sus premios incluyen: "Chevalier des Arts et des Lettres," del Minis-terio de Cultura de Francia, 1991; Premio del International Center of Photography, 1988; beca del National Endowment for the Arts, 1981, 1984 y 1986. Su obra aparece en: *Gods of Earth and Heaven*, Twelvetrees Press, Pasadena California, 1991; *Joel-Peter Witkin: Photo-Poche, vol. 49*, publicado por el Centro Nacional de la Forografía, Paris, 1991; Joel-Peter Witkin, Baudouin Lebon, Paris, 1991.

VIA WYNROTH Americana. Nacida en Paris, Francia. Asistió al Art Institute de Chicago, donde obtuvo un M.F.A. en fotografía. A finales de 1960, trabajó como fotoperiodista, apareciendo sus trabajos en publicaciones como *Time, Life*, The *New York Times, Newsweek* y *Stern*. Ella es la directora fundadora de educación del Centro Internacional de Fotografía, y actualmente enseña y dirige los programas de verano de ICP. Wynroth ha viajado frecuentemente a México durante la última década. Su libro recién *Dreaming in Mayan*, es un diario personal fotográfico de su encuentro con la gente y la tierra de Yucatán.

También hace videocintas y ha hecho las siguientes: *Home on the Range; Happy Birthday Miss Liberty, 1986–1989; Mermaids of Coney Island; Parade of Shame; Women's Voices; Mayan Celebration of the Day of the Dead* y *Brian Weil: The Aids of Photographs*. Ha sido premiada con una beca de New York State Foundation on Arts, 1991. Su obra aparece en: *Women of Vision*, Unicorn Publishing Company, 1982; *The Looking Glass*, Morgan and Morgan, 1978.

JOEL-PETER WITKIN American. Born September 13, 1939, in Brooklyn, New York. Witkin began taking photographs at the age of sixteen, and had formal training as a combat still photographer in the U.S. Army, which he served from 1961 to 1964. He then went on to study sculpture at the Cooper Union in New York. After obtaining his B.A. in 1974, he went to the University of New Mexico in order to study still photography. He earned his M.A. in 1976 and his M.F.A. in 1986, both degrees in photography.

He traveled to Mexico to photograph in July of 1990. His awards include: Chevalier des Arts et des Lettres, French Ministery of Culture, 1991; International Center of Photography Award, 1988; National En-dowment of the Arts Fellowships, 1981, 1984, and 1986.

His work is included in the following publications: *Gods of Earth and Heaven*, Twelvetrees Press, Pasadena, California, 1991; *Joel-Peter Witkin: Photo-Poche, Vol. 49*, published by Centre National de la Photo-graphie, Paris, 1991; *Joel-Peter Witkin*, Baudouin Lebon, Paris, 1991.

VIA WYNROTH American. Born in Paris, France. She attended the Art Institute of Chicago, where she earned a M.F.A. in photography. In the late 1960s she worked as a photojournalist with her work appearing in such publications as *Time, Life*, The *New York Times, Newsweek*, and *Stern*. She is the founding director of education at the International Center of Photography and currently teaches and heads the ICP Sum-mersite programs.

Wynroth has traveled frequently to Mexico during the last decade. Her current project in Mexico, *Dreaming in Mayan*, is a personal photographic diary of her encounter with people and the land of the Yucatán.

She also works in video, and has made the following documentary videos: *Home on the Range; Happy Birthday Miss Liberty*, 1986–1989; *Mermaids of Coney Island; Parade of Shame; Women's Voices; Mayan Celebration or the Day of Dead* and *Brian Weil: The Aids Photographs*. She was awarded a New York State Foundation on Arts Fellowship in 1991.

Her work is included in the following publications: *Women of Vision*, Unicorn Publishing Company, 1982; *The Looking Glass*, Morgan and Morgan, 1978.

ANONYMOUS

Gran Corrida de Toros. s.f.
Gran Corrida de Toros, n.d.

Carole Naggar es escritora, pintora, conservadora y editora americana de Camera International. Sus libros incluyen: A Dictionary of Photographers, George Rodger en Africa; Wiliam Klein, fotógrafo, etc. Actualmente trabaja en un libro de ficción.

Fred Ritchin, autor de "In Our Own Image: The Coming Revolution in Photography", ha sido conservador de exposiciones fotográficas, incluyendo "Contemporary Latin American Photographers", "An Uncertain Grace: The Photographs of Sebastiao Salgado", y "The Legacy of W. Eugene Smith". Enseña en la Universidad de New York.

Gertrude Duby Blom, desde su llegada a México, en 1940, ha dedicado su vida a los pueblos ladino y maya de Chiapas. Ha trabajado como periodista, ecologista y activista social, así como fotógrafo.

El escritor francés André Breton, fundador del movimiento surrealista, viajó por México en 1938, para encontrarse con Leon Trotsky, con quein colaboró en un manifesto: "Por un arte revolucionario independiente".

El cineasta soviético Serguei Eisenstein pasó quince meses en México (1930–1932) filmando su película Qué Viva México!; dibujando y escribiendo extensamente sobre sus experiencias.

Víctor Flores Olea, ex-Ministro de Cultura de México, ha tenido una exhibición de su fotografía en el Museo de Arte de México. Es autor de ensayos y cuentos cortos.

Max Kozloff, es un fotógrafo de exteriores que trabaja en colores y ha sido crítico de fotografía muy activo. Sus libros incluyen: Photography and Fascination; The Privileged Eye; y Duane Michals, Now Becoming Then.

El poema sobre Tina Modotti, del chileno Pablo Neruda, está incluído en su celebrado libro Residencia en la tierra.

Michele Pérez, que escribió las biografías de los fotógrafos, ganó recientemente su diploma en historia de arte de la Universidad de California en Berkeley.

Naomi Rosenblum, historiadora de arte y maestra, es autora de "A World History of Photography", y actualmente está terminando un libro sobre mujeres fotógrafos.

Phillipe Roussin es un especialista en fotografía mexicana del siglo diecinueve y es investigadora para el Ministero Francés de Cultura, y a cargo de su colección mexicana.

Ramón Eduardo Ruíz, escritor y profesor de la Universidad de California, en San Diego, se especializa en historia mexicana. Es autor de "Triumphs and Tragedy: A History of the Mexican People".

El californiano Edward Weston, un innovador de la fotografía de foco agudo y de formato grande, pasó tres de sus más productivos años en México, de 1923–26, fotografiando y llevando un reflexivo diario en sus Daybooks.

Carole Naggar is a writer, painter, curator, and American editor of Camera International. Her books include A Dictionary of Photographers, George Rodger in Africa, William Klein, Photographer etc. She is currently working on a book of fiction.

Fred Ritchin, author of In Our Own Image: The Coming Revolution in Photography, has curated photographic exhibitions, including "Contemporary Latin American Photographers," "An Uncertain Grace: The Photographs of Sebastiao Salgado," and "The Legacy of W. Eugene Smith." He teaches at New York University.

Gertrude Duby Blom, since her arrival in Mexico in 1940, has devoted her life to the Ladino and Mayan peoples of Chiapas. She has worked as a journalist, ecologist and social activist, as well as a photographer.

French writer André Breton, the founder of the Surrealist movement, traveled to Mexico in 1938 to meet with Leon Trotsky, with whom he collaborated on a manifesto, "For an independent revolutionary art."

Soviet filmmaker Sergei Eisenstein spent fifteen months in Mexico (1930–32) shooting his film, Que Viva Mexico!, drawing, and writing extensively about his experiences.

Victor Flores Olea, Mexico's former Minister of Culture, has had a one-man exhibition of his photography at Mexico's Museum of Art and is a writer of essays and short stories.

Max Kozloff is a street photographer working in color, and has long been active as a photography critic. His books include Photography and Fascination, The Privileged Eye, and Duane Michals, Now Becoming Then.

Chilean Pablo Neruda's poem on Tina Modotti is included in his celebrated book, Residencia en la Tierra.

Michele Perez, who wrote the photographers' biographies, recently earned a degree in art history from the University of California at Berkeley.

Naomi Rosenblum, art historian and teacher, is author of A World History of Photography and is currently completing a book on women photographers.

Philippe Roussin is a specialist in nineteenth-century Mexican photography, and a researcher for the French Ministry of Culture responsible for their Mexican collection.

Ramon Eduardo Ruiz, a writer and professor at the University of California, San Diego, specializes in Mexican history. He is the author of Triumphs and Tragedy: A History of the Mexican People.

Californian Edward Weston, an innovator of large-format, sharp-focus photography, spent three of his most productive years in Mexico from 1923 to 1926, photographing and keeping a reflective journal, his Daybooks.

ABBAS
Luz de Boda, 1983
Luz de Boda, 1983

LIST OF ILLUSTRATIONS

Hugo Brehme 92
Vista parcial de las ruinas de
  Mitla, 1921.
Impresión en gelatina de plata.
Fototeca del Instituto Nacional
  de Antropología e Historia,
  Hidalgo, México.

Hugo Brehme 93
Cholula con la pirámide, 1921.
Impresión en gelatina de plata.
Fototeca del Instituto Nacional
  de Antropología e Historia,
  Hidalgo, México.

Hugo Brehme 135
Hermanos Zapata, s.f.
Impresión en gelatina de plata.
Del Andreas Brown Postcard
  Collection, Resource Collec-
  tions del Centro Getty para la
  Historia del Arte y de las
  Humanidades.

Marilyn Bridges 72–73
Cenote sagrado, Chichén Itzá,
  Yucatán, 1991.
Impresión en gelatina de plata.
Cortesía de la artista y de Felicia
  C. Murray.

Marilyn Bridges 74
Conjunto Las Pinturas, Coba
  (Quintana Roo), 1991.
Impresión en gelatina de plata.
Cortesía de la artista y de Felicia
  C. Murray.

Marilyn Bridges 75
El Caribe, al sur de Tulum
  (Quintana Roo), 1991.
Impresión en gelatina de plata.
Cortesía de la artista y de Felicia
  C. Murray.

Marilyn Bridges 76
Vista general, Tulum (Quintana
  Roo), 1991.
Impresión en gelatina de plata.
Cortesía de la artista y de Felicia
  C. Murray.

Brown Brothers 136
Pancho Villa, s.f.
Impresión en gelatina de plata.
Cortesía de Brown Brothers,
  Sterling, Pa.

Anton Bruehl 110
Patio, c. 1930.

Impresión en gelatina de plata.
Cortesía de Stephen Daiter.

Antón Bruehl 111
Las manos del alfarero, c. 1930.
Impresión en gelatina de plata.
Colección de Terry Etherton,
  Tucson, Arizona.

Harry Callahan 247
México, 1983.
Impresión de tinte transferido
  (imbibición de tinte.) Colec-
  ción Fotográfica Hallmark,
  Tarjetas Hallamark, Kansas
  City, MO.

Harry Callahan 246
México, 1982.
Impresión de tinte transferido
  (imbibición de tinte.) Collec-
  ción Fotográfica Hallmark,
  Tarjetas Hallmark, Kansas
  City, MO.

Robert Capa 126–27
Ciudad México, Julio 9, 1940.
Impresión en gelatina de plata.
Colección Permanente, Centro
  Internacional de Fotografía,
  NY.
Cortesía de Cornell Capa.

Robert Capa 128–29
Campana Presidencial del Gen-
  eral Avila Camacho, 1940.
Impresión en gelatina de plata.
Colección Permanente, Centro
  Internacional de Fotografía,
  NY.
Cortesía de Cornell Capa.

Cornell Capa 112
Tamayo en su alberca, 1963.
Impresión en gelatina de plata.
Cortesía de Cornell Capa, Cen-
  tro Internacional de
  Fotografía, NY.

Henri Cartier-Bresson 35
Ciudad de México, 1934.
Impresión en gelatina de plata.
Cortesía del artista.

Henri Cartier-Bresson 36
Santa Clara, México, 1934.
Impresión en gelatina de plata.
Cortesía del artista.

Henri Cartier-Bresson 39
México, 1934.

Hugo Brehme 92
Partial view of the ruins of Mitla,
  1921
Gelatin-silver print
Fototeca del Instituto Nacional
  de Antropologia e Historia,
  Hidalgo, Mexico

Hugo Brehme 93
Cholula with Pyramid, 1921
Gelatin-silver print
Fototeca del Instituto Nacional
  de Antropologia e Historia,
  Hidalgo, Mexico

Hugo Brehme 135
Hermanos Zapata, n.d.
Gelatin-silver print
From the Andreas Brown Post-
  card Collection, the Resource
  Collections of the Getty Cen-
  ter for the History of Art and
  Humanities

Marilyn Bridges 72–73
Sacred Cenote, Chitchén Itzá,
  Yucatán, 1991
Gelatin-silver print
Courtesy of the artist and Felicia
  C. Murray

Marilyn Bridges 74
Conjunto Las Pinturas, Coba
  (Quintana Roo), 1991
Gelatin-silver print
Courtesy of the artist and Felicia
  C. Murray

Marilyn Bridges 75
Caribbean, South of Tulum
  (Quintana Roo), 1991
Gelatin-silver print
Courtesy of the artist and Felicia
  C. Murray

Marilyn Bridges 76
Overview, Tulum (Quintana
  Roo), 1991
Gelatin-silver print
Courtesy of the artist and Felicia
  C. Murray

Brown Brothers 136
Pancho Villa, n.d.
Gelatin-silver print
Courtesy of the Brown Brothers,
  Sterling, Pa.

Anton Bruehl 110
Patio, c. 1930

Gelatin-silver print
Courtesy of Stephen Daiter

Anton Bruehl 111
Hands of the Potter, c. 1930
Gelatin-silver print
Collection of Terry Etherton,
  Tucson, Ariz.

Harry Callahan 247
Mexico, 1983
Dye-transfer (dye imbibition)
  print
Hallmark Photographic Collec-
  tion, Hallmark Cards, Inc.,
  Kansas City, Mo.

Harry Callahan 246
Mexico, 1982
Dye-transfer (dye imbibition)
  print
Hallmark Photographic Collec-
  tion, Hallmark Cards, Inc.,
  Kansas City, Mo.

Robert Capa 126–27
Mexico City, July 9, 1940
Gelatin-silver print
Permanent Collection, Interna-
  tional Center of Photography,
  New York; Courtesy of Cornell
  Capa

Robert Capa 128–29
Presidential Campaign of Gen-
  eral Avilia Camacho, 1940
Gelatin-silver print
Permanent Collection, Interna-
  tional Center of Photography,
  New York; Courtesy of Cornell
  Capa

Cornell Capa 112
Tamayo in his swimming pool,
  1963
Gelatin-silver print
Courtesy of Cornell Capa, International Center of Photography, New York

Henri Cartier-Bresson 35
Mexico City, 1934
Gelatin-silver print
Courtesy of the artist

Henri Cartier-Bresson 36
Santa Clara, Mexico, 1934
Gelatin-silver print
Courtesy of the artist

ANONYMOUS
Mirando al Viejo México, Fred's Auto Tours, s.f.
Seeing Old Mexico, Fred's Auto Tours, n.d.

Impresión en gelatina de plata.
Cortesía del artista.

Henri Cartier-Bresson 38
Calle Cuauhtemoctzin, Ciudad
  México, 1934.
Impresión en gelatina de plata.
Cortesía del artista.

Henri Cartier-Bresson 40
Puebla, México, 1934.
Impresión en gelatina de plata.
Cortesía del artista.

Henri Cartier-Bresson 320
Sin título, 1934.
Impresión en gelatina de plata.
Cortesía del artista.

Henri Cartier-Bresson 36
Los Remedios, México, 1963.
Impresión en gelatina de plata.
Cortesía del artista.

Henri Cartier-Bresson 34
Juchitán, México, 1934.
Impresión en gelatina de plata.
Cortesía del artista.

Henri Cartier Bresson 37
Juchitán, México, 1934.
Impresión en gelatina de plata.
Cortesía del artista.

Désiré Charnay 80–81
La Casa Roja, Chichén Itzá,
  México, 1860.
Impresión en albúmina.
Colección Centro Canadiense de
  Arquitectura, Montreal.

Désiré Charnay 293
Yucatán, México, 1856.
Impresión en albúmina.
Collección Museo del Hombre,
  París.

Désiré Charnay 82
Figura gigantesca en la base de la
  Segunda Pirámide, Izamal,
  México, 1860.
Fotolitografía.
Collección Centro Canadiense
  de Arquitectura, Montreal.

Désiré Charnay 83
Convento de la antigua ciudad
  maya en Uxmal, México,
  c. 1858.
Impresión en albúmina.
Cortesía del Museo Internacional
  de Fotografía George Eastman
  House.

Mark Cohen 278
Sin título, 1991.
Impresión en gelatina de plata.
Cortesía del artista.

Mark Cohen 279
Sin título, Cuernavaca, 1991.
Impresión en gelatina de plata.
Cortesía del autor.

Mark Cohen 280
Sin título, Ciudad de México,
  1981.
Impresión en gelatina de plata.
Cortesía del artista.

Mark Cohen 280
Sin título, Ciudad de México,
  1981.
Impresión en gelatina de plata.
Cortesía del artista.

Mark Cohen 281
Sin título, Ciudad México,
  1981.
Impresión en gelatina de plata.
Cortesía del artista.

Mark Cohen 281
Sin título, Veracruz, 1985.
Impresión en gelatina de plata.
Cortesía del artista.

Mark Cohen 282
Sin título, Ciudad México,
  1991.
Impresión en gelatina de plata.
Cortesía del artista.

Mark Cohen 283
Sin título, Ciudad México,
  1991.
Impresión en gelatina de plata.
Cortesía del artista.

Linda Connor 32
Silla, Baja, México, 1975.
Impresión por contacto en gel-
  atina de plata.
Cortesía de la artista.

Linda Connor 33
Angel, Oaxaca, México, 1976.
Impresión por contacto en gel-
  atina de plata.
Cortesía de la artista.

Linda Connor 31
Chichén Itzá, Yucatán, México,
  1976.
Cortesía de la artista.

Laura Gilpin 77
Cornisa, Templo de Kukulcán,
  Chichén Itzá, Yucatán, 1932.
Impresión en platino.
Centro para la Fotografía Cre-
  ativa, Tucson, Arizona.

Laura Gilpin 78
Escalones del Castillo, Chichén
  Itzá, 1932.
Impresión de bromuro de plata
  sobre papel Gevaluxe.
Amon Carter Museum, Laura
  Gilpin Archives.

Laura Gilpin 79
Escalones del Castillo, Chichén
  Itzá, 1932.
Impresión en bromuro de plata
  sobre papel Gevaluxe.
Amon Carter Museum, Laura
  Gilpin Archives.

Eugene Omar Goldbeck 46–47
Patrulla de Inmigración en la
  Frontera, Febrero 1926.
M. M. Hanson, Inspector
  Encargado.
Impresión en gelatina de plata.
Cortesía de Etherton/Stern
  Gallery.

John Gutmann 270
Danza Macabra, México, 1960.
Impresión en gelatina de plata.
Cortesía del artista.

Charles Harbutt 194–195
Vendedores de globos, Carnaval,
  Mérida, Yucatán, 1977.
Impresión en gelatina de plata.
Cortesía del artista.

Charles Harbutt 197
Luis Aquí, 5:47 P.M., 1976.
Impresión en gelatina de plata.
Cortesía del artista.

Charles Harbutt 193
Maniquí de sastre, Mérida,
  Yucatán, 1977.
Impresión en gelatina de plata.
Cortesía del artista.

Charles Harbutt 196
Belle Chuli, Mérida, Yucatán,
  1982.

Henri Cartier-Bresson 39
Mexico, 1934
Gelatin-silver print
Courtesy of the artist

Henri Cartier-Bresson 38
Cuauhtemoctzin Street, Mexico
  City, 1934
Gelatin-silver print
Courtesy of the artist

Henri Cartier-Bresson 40
Puebla, Mexico, 1934
Gelatin-silver print
Courtesy of the artist

Henri Cartier-Bresson 320
Untitled, 1934
Gelatin-silver print
Courtesy of the artist

Henri Cartier-Bresson 36
Los Remedios, Mexico, 1963
Gelatin-silver print
Courtesy of the artist

Henri Cartier-Bresson 34
Juchitán, Mexico, 1934
Gelatin-silver print
Courtesy of the artist

Henri Cartier-Bresson 37
Juchitán, Mexico, 1934
Gelatin-silver print
Courtesy of the artist

Désiré Charnay 80–81
The Red House, Chichén Itzá,
  México, 1860
Albumen print
Collection Centre Canadien
  d'Architecture / Canadian
  Centre for Architecture,
  Montreal

Désiré Charnay 293
Yucutan, Mexico, 1856
Albumen print
Collection Musée de L'Homme,
  Paris

Désiré Charnay 82
Gigantic Figure at Base of the
  Second Pyramid, Izamel,
  Mexico, 1860
Photolithograph
Collection Centre Canadien
  d'Architecture / Canadian
  Centre for Architecture,
  Montreal

Désiré Charnay 83
Nunnery at the ancient Mayan
  City in Uxmal, Mexico,
  c. 1858
Albumen print
Courtesy of International Mu-
  seum of Photography at
  George Eastman House

Mark Cohen 278
Untitled, 1991
Gelatin-silver print
Courtesy of the artist

Mark Cohen 279
Untitled, Cuernavaca, 1991
Gelatin-silver print
Courtesy of the artist

Mark Cohen 280
Untitled, Mexico City, 1981
Gelatin-silver print
Courtesy of the artist

Mark Cohen 280
Untitled, Mexico City, 1981
Gelatin-silver print
Courtesy of the artist

Mark Cohen 281
Untitled, Mexico City, 1981
Gelatin-silver print
Courtesy of the artist

Mark Cohen 281
Untitled, Veracruz, 1985
Gelatin-silver print
Courtesy of the artist

Mark Cohen 282
Untitled, Mexico City, 1991
Gelatin-silver print
Courtesy of the artist

Mark Cohen 283
Untitled, Mexico City, 1991
Gelatin-silver print
Courtesy of the artist

Linda Connor 32
Chair, Baja, Mexico, 1975
Gelatin-silver contact print
Courtesy of the artist

Linda Connor 33
Angel, Oaxaca, Mexico, 1976
Gelatin-silver contact print
Courtesy of the artist

Linda Connor 31
Chichén Itzá, Yucatán, Mexico,
  1976
Gelatin-silver contact print
Courtesy of the artist

Laura Gilpin 77
Cornice, Temple of Kukulcan,
  Chichén Itzá, Yucatán, 1932
Platinum print
Center for Creative Photography,
  Tucson, Ariz.

Laura Gilpin 78
Steps of the Castillo, Chichén
  Itzá, 1982
Silver bromide print on Gevaluxe
  paper
© Amon Carter Museum, Laura
  Gilpin Archives

Laura Gilpin 79
Steps of the Castillo, Chichén
  Itzá, 1982
Silver bromide print on Gevaluxe
  paper
© Amon Carter Museum, Laura
  Gilpin Archives

Eugene Omar Goldbeck 46–47
Immigration Border Patrol, Feb-
  ruary 1926, M. M. Hanson,
  Inspector in Charge
Gelatin-silver print
Courtesy of Etherton/Stern
  Gallery

John Gutmann 270
Dance Macabre, Mexico, 1960
Gelatin-silver print
Courtesy of the artist

Charles Harbutt 194–195
Balloon Sellers, Carnival, Mér-
  ida, Yucatán, 1977
Gelatin-silver print
Courtesy of the artist

Charles Harbutt 197
Luis Aquí, 5:47 P.M., 1976
Gelatin-silver print
Courtesy of the artist

Charles Harbutt 193
Tailor's Dummy, Mérida,
  Yucatán, 1977
Gelatin-silver print
Courtesy of the artist

Charles Harbutt 196
Beautiful Chuli, Mérida,

Impresión en gelatina de plata.
Cortesía del artista.

Fritz Henle 117
Diego Rivera tomando la siesta en su jardín, 1943.
Impresión en gelatina de plata.
Cortesía del artista.

Fritz Henle 116
José Clemente Orozco, 1943.
Impresión en gelatina de plata.
Cortesía del artista.

Walter Horne 130
Balas usadas por los insurrectos en Agua Prieta, México, 13 de abril, 1911.
Impresión en gelatina de plata.
Biblioteca de la Asociación Histórica de Arizona, Tucson; Collección de tarjetas.
Neg. No. 43167.

Walter Horne 140
Triple Ejecución en México, s.f.
Impresión en gelatina de plata.
De la Collección de Tarjetas Andreas Brown, Resource Collections, Centro Getty para La Historia del Arte y de las Humanidades.

Walter Horne 140
Triple Ejecución en México, s.f.
Impresión en gelatina de plata.
De la Colección de Tarjetas Andreas Brown, Resource Collections, Centro Getty para la Historia del Arte y de las Humanidades.

Walter Horne 141
Los cuerpos de tres hombres después de ser ejecutados, s.f.
Impresión en gelatina de plata.
De la Colección de Tarjetas Andreas Brown, Resource Collections, Centro Getty para la Historia del Arte y de las Humanidades.

William Henry Jackson 89
Una vista de Guanajuato, México, c. 1880.
Impresión en albúmina.
Plancha gigante.
Museo de Fotografía de California, Collección University Print, Universidad de California en Riverside.

William Henry Jackson 86–87
Canal de Drenaje de Nochistongo, México, c. 1880.
Impresión en albúmina.
Plancha gigante.
Museo de Fotografía de California, Colección University Print, Universidad de California en Riverside.

William Henry Jackson 88
Mercado en Aguascalientes, México, c. 1883.
Impresión en albúmina.
Collección del Museo J. Paul Getty, Malibú, California.

Jeff Jacobson 250–251
Morelia, México, 1989.
Impresión Cibachrome (blanqueado en tinte de plata)
Cortesía del artista.

Jeff Jacobson 248
Oaxaca, México, 1989.
Impresión Cibachrome (blanqueado en tinte de plata)
Cortesía del artista.

Jeff Jacobson 249
Oaxaca, México, 1989.
Impresión Cibachrome (blanqueado en tinte de plata)
Cortesía del artista.

André Kertèsz 261
Acapulco, 1953.
Impresión en gelatina de plata.
André Kertèsz, Ministerio de la Cultura, Francia.

André Kertèsz 262–263
Acapulco, 1953.
Impresión en gelatina de plata.
André Kertèsz, Ministerio de la Cultura, Francia.

André Kertèsz 264
Acapulco, 1953.
Impresión en gelatina de plata.
André Kertèsz, Ministerio de la Cultura, Francia.

André Kertèsz 265
Acapulco, 1953.
Impresión en gelatina de plata.
André Kertèsz, Ministerio de la Cultura, Francia.

Kent Klich 236–237
Pelón, 1987.
Impresión en gelatina de plata.
Cortesia del artista.

Kent Klich 238
Efeo, 1987.
Impresión en gelatina de plata.
Cortesía del artista.

Kent Klich 241
Japone sufre un ataque epiléptico, 1988.
Impresión en gelatina de plata.
Cortesía del artista.

Kent Klich 240
Tunco, 1990.
Impresión en gelatina de plata.
Cortesía del artista.

Kent Klich 242–243
Maíz y Sal, 1989.
Impresión en gelatina de plata.
Cortesía del artista.

Kent Klich 239
Toño y Chicelin, 1989.
Impresión en gelatina de plata.
Cortesía del artista.

Max Kozloff 179
Vidriera con efectos de ferretería, Ciudad de México, 1992.
Impresión Ektacolor (revelado cromogénico).
Cortesía del artista.

Max Kozloff 177
Músico ciego, Mérida, 1992.
Impresión Ektacolor (revelado cromogénico).
Cortesía del artista.

Charles B. Lang y Frederick Starr 85
Otomís: Huixquilucán, del álbum Indios del Sur de México, c. 1899.
Impresión en albúmina.
Colección Privada.

Charles B. Lang y Frederick Starr 84
Tarascos: Janicho, del álbum Indios del Sur de México, c. 1899.
Impresión en albúmina.
Colección privada.

Yucatán, 1982
Gelatin-silver print
Courtesy of the artist

Fritz Henle 117
Diego Rivera having a siesta in his garden, 1943
Gelatin-silver print
Courtesy of the artist

Fritz Henle 116
José Clemente Orozco, 1943
Gelatin-silver print
Courtesy of the artist

Walter Horne 130
Bullets used by rebels in battle at Agua Prieta, Mexico, April 13, 1911
Gelatin-silver print
Arizona Historical Society Library, Tucson; Postcard Collection, Neg. #43167

Walter Horne 140
Triple Execution in Mexico, n.d.
Gelatin-silver print
From the Andreas Brown Postcard Collection, the Resource Collections of the Getty Center for the History of Art and the Humanities

Walter Horne 140
Triple Execution in Mexico, n.d.
Gelatin-silver print
From the Andreas Brown Postcard Collection, the Resource Collections of the Getty Center for the History of Art and the Humanities

Walter Horne 141
Bodies of three men lying as they fell after being executed, n.d.
Gelatin-silver print
From the Andreas Brown Postcard Collection, the Resource Collections of the Getty Center for the History of Art and the Humanities

William Henry Jackson 89
A Glimpse of Guanajuato, Mexico, c. 1880
Albumen print
Mammoth plate
California Museum of Photography, University Print Collection, University of California, Riverside

William Henry Jackson 86–87
Drainage Canal of Nochistongo, Mexico, c. 1880
Albumen print
Mammoth plate
California Museum of Photography, University Print Collection, University of California, Riverside

William Henry Jackson 88
Market in Aguascalientes, Mexico, c. 1883
Albumen print
Collection of the J. Paul Getty Museum, Malibu, California

Jeff Jacobson 250–251
Morelia, Mexico, 1989
Cibachrome (silver dye-bleach) print
Courtesy of the artist

Jeff Jacobson 248
Oaxaca, Mexico, 1989
Cibachrome (silver dye-bleach) print

Courtesy of the artist
Jeff Jacobson 249
Oaxaca, Mexico, 1989
Cibachrome (silver dye-bleach) print
Courtesy of the artist

André Kertèsz 261
Acapulco, 1953
Gelatin-silver print
André Kertèsz, Ministère de la Culture, France

André Kertèsz 262–263
Acapulco, 1953
Gelatin-silver print
André Kertèsz, Ministère de la Culture, France

André Kertèsz 264
Acapulco, 1953
Gelatin-silver print
André Kertèsz, Ministère de la Culture, France

André Kertèsz 265
Acapulco, 1953
Gelatin-silver print
André Kertèsz, Ministère de la Culture, France

Kent Klich 236–237
Pelon, 1987
Gelatin-silver print
Courtesy of the artist

Kent Klich 238
Efeo, 1987
Gelatin-silver print
Courtesy of the artist

Kent Klich 241
Japone is having an epileptic fit, 1988
Gelatin-silver print
Courtesy of the artist

Kent Klich 240
Tunco, 1990
Gelatin-silver print
Courtesy of the artist

Kent Klich 242–243
Corn and salt, 1989
Gelatin-silver print
Courtesy of the artist

Kent Klich 239
Toño and Chicelin, 1989
Gelatin-silver print
Courtesy of the artist

Max Kozloff 179
Hardware display window, Mexico City, 1992
Ektacolor (chromogenic development) print
Courtesy of the artist

Max Kozloff 177
Blind musician, Mérida, 1992
Ektacolor (chromogenic development) print
Courtesy of the artist

Charles B. Lang and Frederick Starr 85
Otomis: Huixquilucan, from the album Indians of Southern México, c. 1899
Albumen print
Private Collection

Charles B. Lang and Frederick Starr 84
Tarascans: Janicho, from the album Indians of Southern México, c. 1899
Albumen print
Private Collection

Helen Levitt 232
México, 1941.
Impresión en gelatina de plata.
Cortesía de la Galería Laurence Miller, Nueva York.

Helen Levitt 233
México, 1941.
Impresión en gelatina de plata.
Colección privada.

Helen Levitt 234–235
México, 1941.
Impresión en gelatina de plata.
Cortesía de Laurence Miller.

Ken Light 170
Agente de la patrulla de Frontera, con "la perrera" (carro para los perros) con hombres apresados en "Japs Drive", San Ysidro, 1985.
Impresión en gelatina de plata.
Cortesía del artista.

Ken Light 168
Indocumentados descubiertos en el baúl de un coche abandonados por su Coyote, San Ysidro, 1986.
Impresión en gelatina de plata.
Cortesía del artista.

Ken Light 275
Efigie, Oficina de inmigración Sector de Chula Vista, 1987.
Impresión en gelatina de plata.
Cortesía del artista.

Ken Light 167
Familia de Michoacán, con niños de cinco meses y de cuatro años, aprehendidos en San Ysidro, 1985.
Impresión en gelatina de plata.
Cortesía del artista.

Ken Light 169
Tablilla para boletines, INS, San Ysidro, 1985.
Impresión en gelatina de plata.
Cortesía del artista.

Anne Morrow Lindbergh 101
Vista aérea de Chichén Itzá, México, 1929.
Impresión en gelatina de plata.
Museo Peabody, Universidad de Harvard.

Carl Lumholtz 64
Muchacha tarahumara, Guajochic, 1892.
Impresión en albúmina.
Reproducción cortesía del Instituto Nacional Indigenista, México.

Carl Lumholtz 2
Muchacha tarahumara, 1892.
Impresión en albúmina.
Reproducción cortesía del Instituto Nacional Indigenista, México.

Carl Lumholtz 54
Mujer tarahumara, 1892.
Impresión en albúmina.
Reproducción cortesía del Instituto Nacional Indigenista, México.

Carl Lumholtz 55
Mujer huichola, 1894.
Impresión en albúmina.
Reproducción cortesía del Instituto Nacional Indigenista, México.

Carl Lumholtz 56–57
Danza aikule, Santa Catania, 1890.
Impresión en albúmina.
Reproducción cortesía del Instituto Nacional Indigenista, México.

Carl Lumholtz 58
Muchacho tarahumara con tortilla, Norogachic, c. 1892.
Impresión en albúmina.
Reproducción cortesía del Instituto Nacional Indigenista, México.

Carl Lumholtz 59
Hombre y muchacho tarahumaras con arco, c. 1892.
Impresión en albúmina.
Reproducción cortesía del Instituto Nacional Indigenista, México.

Carl Lumholtz 60
Casas y graneros antiguos en una cueva, c. 1892.
Impresión el albúmina.
Reproducción cortesía del Instituto Nacional Indigenista, México.

Carl Lumholtz 61
Indios huicholes con estatua del Dios del Fuego, su silla y objetos ceremonia les, c. 1892.
Impresión en albúmina.
Reproducción cortesía del Instituto Nacional Indigenista.

Carl Lumholtz 62
Sin título, c. 1890.
Impresión en albúmina.
Reproducción cortesía del Instituto Nacional Indigenista, México.

Carl Lumholtz 63
Felipe, fabricante principal de ídolos entre los huicholes, México, 1890.
Impresión el albúmina.
Reproducción cortesía del Instituto Nacional Indigenista, México.

Teobert Maler 95
Chiapas-Palenque, México, c. 1900.
Impresión en albúmina.
Colección Museo del Hombre, París.

Teobert Maler 96
Chiapas-Palenque, México, c. 1900.
Impresión en albúmina.
Colección Museo del Hombre, París.

Sumner Matteson 104–105
Mujeres vendiendo hierbas en el mercado exterior, Cuernavaca, 1907.
Impresión de contacto de solio.
Museo de Ciencia de Minnesota.

Sumner Matteson 108
Vendedores de alfarería yendo hacia Uruapán, 1907.
Impresión de contacto de solio.
Museo de Ciencia de Minnesota.

Sumner Matteson 108
Lugareños bajando del tren en Amecameca, 1907.
Impresión de contacto de solio.
Museo de Ciencia de Minnesota.

Helen Levitt 232
México, 1941
Gelatin-silver print
Courtesy of Laurence Miller Gallery, New York

Helen Levitt 233
Mexico, 1941
Gelatin-silver print
Private collection

Helen Levitt 234–235
Mexico, 1941
Gelatin-silver print
Courtesy of Laurence Miller

Ken Light 170
Border Patrol agent with "la perrera" (car for the dogs) and men apprehended at "Japs Drive," San Ysidro, 1985
Gelatin-silver print
Courtesy of the artist

Ken Light 168
Illegal aliens discovered in the trunk of a car abandoned at the border, San Ysidro, 1986
Gelatin-silver print
Courtesy of the artist

Ken Light 275
Mug Shot, INS Office, Chula Vista sector, 1987
Gelatin-silver print
Courtesy of the artist

Ken Light 167
Family from Michoacán with children five months and four years old, apprehended in San Ysidro, 1985
Gelatin-silver print
Courtesy of the artist

Ken Light 169
Bulletin Board, INS, San Ysidro, 1985
Gelatin-silver print
Courtesy of the artist

Anne Morrow Lindbergh 101
Aerial View of Chitzén Itzá, Mexico, 1929
Gelatin-silver print
Peabody Museum, Harvard University

Carl Lumholtz 64
Tarahumara girl, Guajochic, 1892
Albumen print
Reproductions courtesy of the Instituto Nacional Indigenista, Mexico

Carl Lumholtz 2
Tarahumara girl, 1892
Albumen print
Reproductions courtesy of the Instituto Nacional Indigenista, Mexico

Carl Lumholtz 54
Tarahumara woman, 1892
Albumen print
Reproductions courtesy of the Instituto Nacional Indigenista, Mexico

Carl Lumholtz 55
Huichol woman, 1894
Albumen print
Reproductions courtesy of the Instituto Nacional Indigenista, Mexico

Carl Lumholtz 56–57
Aikule dancing, Santa Cantania, 1890

Albumen print
Reproductions courtesy of the Instituto Nacional Indigenista, Mexico

Carl Lumholtz 58
Tarahumara boy with tortilla, Norogachic, c. 1892
Albumen print
Reproductions courtesy of the Instituto Nacional Indigenista, Mexico

Carl Lumholtz 59
Tarahumara man and boy with bow, c. 1892
Albumen print
Reproductions courtesy of the Instituto Nacional Indigenista, Mexico

Carl Lumholtz 60
Ancient cave houses and granaries, c. 1892
Albumen print
Reproductions courtesy of the Instituto Nacional Indigenista, Mexico

Carl Lumholtz 61
Huichol Indians with statue of the God of Fire, his chair, and ceremonial objects, c. 1892
Albumen print
Reproductions courtesy of the Instituto Nacional Indigenista, Mexico

Carl Lumholtz 62
Untitled, c. 1890
Albumen print
Reproductions courtesy of the Instituto Nacional Indigenista, Mexico

Carl Lumholtz 63
Felipe, principal maker of idols among Huichols, Mexico, 1890
Albumen print
Reproductions courtesy of the Instituto Nacional Indigenista, Mexico

Teobert Maler 95
Chiapas, Palenque, Mexico, c. 1900
Albumen print
Collection Musee de L' Homme, Paris

Teobert Maler 96
Chiapas, Palenque, Mexico, c. 1900
Albumen print
Collection Musee de L' Homme, Paris

Sumner Matteson 104–105
Women selling herbs in outside market, Cuernavaca, 1907
Solio contact print
The Science Museum of Minnesota

Sumner Matteson 108
Pottery peddlers bound for Uruapan, 1907
Solio contact print
The Science Museum of Minnesota

Sumner Matteson 108
Native people leaving train at Amecameca, 1907
Solio contact print
The Science Museum of Minnesota

Edward H. Thompson 95
Estructura ruinosa en Chichén
    Itzá, Templo de los Jaguares,
    1912.
Cortesía del Departamento de
    Servicios Bibliotecarios,
    Museo Americano de Historia
    Natural, Neg. No. 46301.

Edward H. Thompson 94
Pietro Grisanti y su obra. Templo
    de los Jaguares, 1912.
Cortesía del Departamento de
    Servicios Bibliotecarios,
    Museo Americano de Historia
    Natural, Neg. 46305.

Emile Tissé 155
Vista fija del filme Que Viva
    México, 1931.
Impresión en gelatina de plata.
Fototeca de Cahiers du Cinéma,
    Paris.

Arthur Tress 226
Cuervo, San Miguel de Allende,
    1964.
Impresión en gelatina de plata.
Cortesía del artista.

Arthur Tress 227
Soldado, Oaxaca, 1965.
Impresión en gelatina de plata.
Cortesía del artista.

Arthur Tress 230
Muchacha en el Museo de His-
    toria natural, Ciudad de Méx-
    ico, 1964.
Impresión en gelatina de plata.
Cortesía del artista.

Arthur Tress 228–229
Estudiantes en el Museo de His-
    toria Natural, Ciudad México,
    1964.
Impresión en gelatina de plata.
Cortesía del artista.

Arthur Tress 231
Muchacho en el mercado, Oax-
    aca, 1965.
Impresión en gelatina de plata.
Cortesía del artista.

Ed van der Elsken 118
México, 1960.
Impresión en gelatina de plata.
Cortesía de la heredad de Ed van
    der Elsken.

Ed van der Elsken 119
México, 1960.
Impresión en gelatina de plata.
Cortesía de la heredad de Ed van
    der Elsken.

Ed van der Elsken 120
México, 1960.
Impresión en gelatina de plata.
Cortesía de la heredad de Ed van
    der Elsken.

Ed van der Elsken 121
México, 1960.
Impresión en gelatina de plata.
Cortesía de la heredad de Ed van
    der Elsken.

Ed van der Elsken 122
México, 1960.
Impresión en gelatina de plata.
Cortesía de la heredad de Ed van
    der Elsken.

Ed van der Elsken 123
México, 1960.
Impresión en gelatina de plata.
Cortesía de la heredad de Ed van
    der Elsken.

Ed van der Elsken 124
México, 1960.
Impresión en gelatina de plata.
Cortesía de la heredad de Ed van
    der Elsken.

Ed van der Elsken 124–25
México, 1960.
Impresión en gelatina de plata.
Cortesía de la heredad de Ed van
    der Elsken.

Ed van der Elsken 125
México, 1960.
Impresión en gelatina de plata.
Cortesía de la heredad de Ed van
    der Elsken.

C. B. Waite 115
Obrero del país caliente, Méx-
    ico, n.d.
Collección del Museo del Hom-
    bre, Paris.

Alex Webb 189
Santa Cruz Papaluta, México,
    1982.
Impresión Cibachrome (blan-
    queado en tinte de plata).
Cortesía del artista, Magnum
    Photos y Rick Wester.

Alex Webb 189
Oaxaca, México, 1982.
Impresión Cibachrome (blan-
    queado en tinte de plata).
Cortesía del artista, Magnum
    Photos y Rick Wester.

Alex Webb 186
Nuevo Laredo, México, 1978.
Impresión Cibachrome (blan-
    queado en tinte de plata).
Cortesía del artista, Magnum
    Photos y Rick Wester.

Alex Webb 188
Oaxaca, México, 1982.
Impresión Cibachrome (blan-
    queado en tinte de plata).
Cortesía del artista, Magnum
    Photos y Rick Wester.

Alex Webb 187
Frontera México-EE.UU. (San
    Ysidro, Cal.) 1979.
Impresión Cibachrome (blan-
    queado en tinte de plata).
Cortesía del artista, Magnum
    Photos y Rick Wester.

Alex Webb 188
León, México, 1987.
Impresión Cibachrome (blan-
    queado en tinte de plata).
Cortesía del artista, Magnum
    Photo y Rick Wester.

Edward Weston 206
Desnudo (Espalda de Anita),
    1925.
Impresión en gelatina de plata.
Centro para la Fotografía Recre-
    ativa, 1981. Consejo de Re-
    gentes, Arizona.

Edward Weston 216–217
Indio orinando, Tepotzotlán,
    México, 1924.
Impresión en gelatina de plata.
Centro para la Fotografía Recre-
    ativa, 1981. Consejo de Re-
    gentes, Arizona.

Edward Weston 214–215
Crepusculo, 1924.
Impresión en gelatina de plata.
Centro para la Fotografía Recre-
    ativa, 1981. Consejo de Re-
    gentes, Arizona;

Emile Tissé 155
Still photograph from the film
    Que Viva México, 1931
Gelatin-silver print
Photothèque Cahiers due Cin-
    éma, Paris

Arthur Tress 226
Raven, San Miguel de Allende,
    1964
Gelatin-silver print
Courtesy of the artist

Arthur Tress 227
Soldier, Oaxaca, 1965
Gelatin-silver print
Courtesy of the artist

Arthur Tress 230
Girl in the Museum of Natural
    History, Mexico City, 1964
Gelatin-silver print
Courtesy of the artist

Arthur Tress 228–229
Students in the Museum of Nat-
    ural History, Mexico City,
    1964
Gelatin-silver print
Courtesy of the artist

Arthur Tress 231
Boy in Market, Oaxaca, 1965
Gelatin-silver print
Courtesy of the artist

Ed van der Elsken 118
Mexico, 1960
Gelatin-silver print
Courtesy of Ed van der Elsken
    Estate

Ed van der Elsken 119
Mexico, 1960
Gelatin-silver print
Courtesy of Ed van der Elsken
    Estate

Ed van der Elsken 120
Mexico, 1960
Gelatin-silver print
Courtesy of Ed van der Elsken
    Estate

Ed van der Elsken 121
Mexico, 1960
Gelatin-silver print
Courtesy of Ed van der Elsken
    Estate

Ed van der Elsken 122
Mexico, 1960
Gelatin-silver print
Courtesy of Ed van der Elsken
    Estate

Ed van der Elsken 123
Mexico, 1960
Gelatin-silver print
Courtesy of Ed van der Elsken
    Estate

Ed van der Elsken 124
Mexico, 1960
Gelatin-silver print
Courtesy of Ed van der Elsken
    Estate

Ed van der Elsken 124–125
Mexico, 1960
Gelatin-silver print
Courtesy of Ed van der Elsken
    Estate

Ed van der Elsken 125
Mexico, 1960
Gelatin-silver print
Courtesy of Ed van der Elsken
    Estate

C. B. Waite 115
Hot Country Laborer, Mexico,
    n.d.
Collecion Musée de L'Homme,
    Paris

Alex Webb 189
Santa Cruz Papaluta, Mexico,
    1982
Cibachrome (silver dye-bleach)
    print
Courtesy of the artist, Magnum
    Photos, and Rick Wester

Alex Webb 189
Oaxaca, Mexico, 1982
Cibachrome (silver dye-bleach)
    print
Courtesy of the artist, Magnum
    Photos, and Rick Wester

Alex Webb 186
Nuevo Laredo, Mexico, 1978
Cibachrome (silver dye-bleach)
    print
Courtesy of the artist, Magnum
    Photos, and Rick Wester

Alex Webb 188
Oaxaca, Mexico, 1982
Cibachrome (silver dye-bleach)
    print
Courtesy of the artist, Magnum
    Photos, and Rick Wester

Alex Webb 187
U.S.–Mexico Border (San
    Ysidro, LA), 1979
Cibachrome (silver dye-bleach)
    print
Courtesy of the artist, Magnum
    Photos, and Rick Wester

Alex Webb 188
León, Mexico, 1987
Cibachrome (silver dye-bleach)
    print
Courtesy of the artist, Magnum
    Photos, and Rick Wester

Edward Weston 206
Nude (Anita's Back), 1925
Gelatin-silver print
© 1981 Center for Creative Pho-
    tography, Arizona Board of
    Regents

Edward Weston 216–217
Indian pissing, Tepotzotlán,
    Mexico, 1924
Gelatin-silver print
© 1981 Center for Creative Pho-
    tography, Arizona Board of
    Regents

Edward Weston 214–215
Dusk, 1924
Gelatin-silver print
© 1981 Center for Creative Pho-
    tography, Arizona Board of
    Regents

Edward Weston 218
Hat and Shoes, 1926
Gelatin-silver print
Crocker Art Museum, Sacra-
    mento, Calif.; Gift of Hardie
    C. Setzer

Edward Weston 219
Pyramid of the Sun, Teotihua-
    cán, 1923
Gelatin-silver print
San Francisco Museum of Mod-
    ern Art, Gift of Brett Weston

Edward Weston 213
Galván shooting (Manuel Her-
    nandez Galván, Mexico),
    1925

Edward Weston 218
Sombrero y Zapatos, 1926.
Impresión en gelatina de plata.
Museo de Arte Crocker, Sacramento, California. Donación de Hardie C. Setzer.

Edward Weston 219
Pirámide del Sol, Teotihuacán, 1923.
Impresión en gelatina de plata.
Museo de Arte Moderno de San Francisco. Donación de Brett Weston.

Edward Weston 213
Galván disparando. (Manuel Hernández Galván, México), 1925.
Impresión en gelatina de plata.
Museo de Arte Moderno de San Francisco, Colección Albert M. Bender, Fondo de Compras del legado de Albert M. Bender.

Joel Peter Witkin 156–57
Fiesta de los Tontos, Ciudad de México, 1990.
Impresión en gelatina de plata.
Joel Peter Witkin
Cortesía de PACE/MacGill, Nueva York y Galería Fraenkel, San Francisco.

Joel Peter Witkin 158
Cabeza del hombre Muerto, Ciudad de México, 1990.

Impresión en gelatina de plata.
Joel Peter Witkin: Cortesía de PACE/MacGill, Nueva York y Galería Fraenkel, San Francisco.

Joel Peter Witkin 159
Hombre con perro, Ciudad de México, 1990.
Impresión en gelatina de plata.
Joel Peter Witkin: Cortesía de PACE/MacGill, Nueva York y Galería Fraenkel, San Francisco.

Via Wynroth 192
Doña Epifemia y su nieta Margaly, posando para un retrato de bodas, Chicxulub Puerto, 1990.
Impresión Cibachrome (blanqueado en tinte de plata)
Cortesía de la artista.

Via Wynroth 190
Rosie y Maya entrando en el Golfo, Chicxulub Puerto, Yucatán, México, 1989.
Impresión Cibachrome (blanqueado en tinte de plata)
Cortesía de la artista.

Via Wynroth 191
Esperando los recortes, Sisal, Yucatán, México, 1988.
Impresión Cibachrome (blanqueado en tinte de plata)
Cortesía de la artista.

Gelatin-silver print
San Francisco Museum of Modern Art, Albert M. Bender Collection, Albert M. Bender Bequest Fund Purchase

Joel Peter Witkin 156–57
Feast of Fools, Mexico City, 1990
Gelatin-silver print
© Joel Peter Witkin: Courtesy of Pace/MacGill, New York, and Fraenkel Gallery, San Francisco

Joel Peter Witkin 158
Head of the Dead Man, Mexico City, 1990
Gelatin-silver print
© Joel Peter Witkin: Courtesy of Pace/MacGIll, New York, and Fraenkel Gallery, San Francisco

Joel Peter Witkin 159
Man with Dog, Mexico City, 1990
Gelatin-silver print
© Joel Peter Witkin: Courtesy of

Pace/MacGill, New York, and Fraenkel Gallery, San Francisco

Via Wynroth 192
Doña Epifemia and granddaughter, Margaly, posing for a wedding picture, Chicxulub Puerto, 1990
Cibachrome (silver dye-bleach) print
Courtesy of the artist

Via Wynroth 190
Rosie and Maya entering the Gulf, Chicxulub Puerto, Yucatán, Mexico, 1989
Cibachrome (silver dye-bleach) print
Courtesy of the artist

Via Wynroth 191
Waiting for scraps, Sisal, Yucatán, Mexico, 1988
Cibachrome (silver dye-bleach) print
Courtesy of the artist

COPYRIGHT CREDITS

LENDERS TO THE EXHIBITION AND BOOK

CANADA
Centre Canadien d'Architecture / Canadian Centre for Architecture, Montreal, Quebec

DENMARK
Kent Klich

FRANCE
Abbas, Paris
Association Française Pour la Diffusion du Patrimoine Photographique
Edouard Boubat, Paris
Henri Cartier-Bresson, Paris
Musee de L'Homme, Paris
Photothèque Cahiers du Cinéma, Paris
RAPHO, Paris

GERMANY
Manfred Heiting

MEXICO
Gertrude Duby Blom, Na-Bolom Cultural Association, Chiapas
Fototeca del Instituto Nacional de Antropologia e Historia, Hidalgo, Mexico
Instituto Nacional Indigenista
National Archive, Mexico City

THE NETHERLANDS
Ed van der Elsken Estate

THE UNITED STATES

Arizona

Arizona Historical Society, Tucson
Center for Creative Photography, Tucson
Terry Etherton
Etherton/Stern Gallery, Tucson

California
California Museum of Photography, Riverside
Linda Connor
Crocker Art Museum, Sacramento
Frederick P. Currier and Amy S. McCombs
Peter Fetterman Photographic Works of Art, Santa Monica
The Getty Center for the History of Art and the Humanities, Malibu
J. Paul Getty Museum, Malibu
John Gutmann
Susan Herzig and Paul Hertzmann
Graham Howe
Jeff Jacobson
Ken Light
Richard Misrach
Peter Pfersick
San Francisco Museum of Modern Art
Department of Special Collections, Stanford University Libraries, Stanford
Leonard and Marjorie Vernon
Michael G. Wilson
Wendy Worth

Illinois
Stephen Daiter, Stephen Daiter Books and Photographs, Chicago

Massachusetts
Peabody Museum, Harvard University, Cambridge

Minnesota
The Science Museum of Minnesota, Minneapolis

Missouri
Hallmark Photographic Collection, Hallmark Cards, Inc., Kansas City

New Mexico
Joel-Peter Witkin

New York
American Museum of Natural History, New York City
Aperture Foundation, Inc., Paul Strand Archive, Millerton
Ellen Auerbach
Marilyn Bridges and Felicia C. Murray
Cornell Capa
Gotham Book Mart & Gallery, Inc., New York City
Howard Greenberg, Howard Greenberg Gallery, New York City
Charles Harbutt
International Center of Photography, New York City
International Museum of Photography at George Eastman House, Rochester
Max Kozloff
Helen Levitt
Patricia Lowinsky Collection, New York City
Magnum Photos, Inc., New York City
Robert Mann, Robert Mann Gallery, New York City
Charles Melcher
Laurence Miller, Laurence Miller Gallery, New York City
New York State Office of Parks, Recreation and Historic Preservation
Pace/McGill Gallery, New York City
Sylvia Plachy
Rosalind Solomon
Carla Stellweg, Carla Stellweg Gallery, New York
Arthur Tress
Alex Webb
Via Wynroth

Pennsylvania
Brown Brothers, Sterling
Mark Cohen
Laurence Salzmann

Rhode Island
Aaron Siskind Foundation, Greenville

Texas
Amon Carter Museum, Fort Worth
Fritz Henle
Harry Ransom Humanities Research Center, University of Texas at Austin
Nita Stewart Haley Memorial Library, Midland

Wisconsin
Milwaukee Public Museum

HENRI CARTIER-BRESSON

Sin título, 1934
Untitled, 1934